铁路科技图书出版基金资助出版

基于效率与公平的中国高速铁路运价研究

吴　昊◎著

中国铁道出版社有限公司
CHINA RAILWAY PUBLISHING HOUSE CO., LTD.

内 容 简 介

本书从中国高速铁路的特性和历史使命出发，结合国情，借鉴国外高速铁路运价实践经验，提出效率与公平的运价目标，构建了运价理论分析框架，探索逼近供求均衡的定价法。本书不仅对丰富运价理论具有学术价值，而且对于优化铁路运输资源配置、提高高速铁路经济效益和社会效益、推动高速铁路健康发展具有重要的应用价值，同时对其他运输方式和城市交通的价格研究具有参考意义。

本书适合作为高等院校铁道运输、交通运输、运输经济等专业的教学用书，也可供政府部门、铁路运输企业、交通运输研究人员参考。

本书研究内容得到国家社科基金项目“基于效率与公平的我国高速铁路运价研究”（项目编号：13BJY121）和国家社科基金重大项目“中国高铁经济理论解析框架及演化路径研究”（项目编号：17ZDA084）的支持。

图书在版编目(CIP)数据

基于效率与公平的中国高速铁路运价研究/吴昊著．—北京：中国铁道出版社有限公司，2019.6

ISBN 978-7-113-25984-6

Ⅰ.①基… Ⅱ.①吴… Ⅲ.①高速铁路-铁路运输-运价-研究-中国 Ⅳ.①F532.5

中国版本图书馆 CIP 数据核字(2019)第 125395 号

书　　名：基于效率与公平的中国高速铁路运价研究
作　　者：吴　昊

责任编辑：荆志文　　**编辑部电话**：010-51873151　　**电子信箱**：475149003@qq.com
封面设计：崔丽芳
责任校对：王　杰
责任印制：郭向伟

出版发行：中国铁道出版社有限公司（100054，北京市西城区右安门西街 8 号）
网　　址：http://www.tdpress.com
印　　刷：北京建宏印刷有限公司
版　　次：2019 年 6 月第 1 版　2019 年 6 月第 1 次印刷
开　　本：700 mm×1 000 mm　1/16　印张：13.5　字数：232 千
书　　号：ISBN 978-7-113-25984-6
定　　价：49.00 元

前　言

中国高速铁路快速发展，取得了举世瞩目的成就。截至2018年底，中国高速铁路运营里程已达到2.9万km以上，占世界高铁总里程的60%以上。根据《中长期铁路网规划》(2016—2030年)，到2020年建成高速铁路3万km，覆盖80%以上的大城市；到2025年，高速铁路规模达到3.8万km左右，网络覆盖进一步扩大。到2030年，构筑起“八纵八横”高速铁路主通道，建成由高铁主通道、区域连接线和城际客运铁路组成的现代高速铁路网。连接主要城市群，基本连接省会城市和其他50万人口以上大中城市，形成以特大城市为中心覆盖全国、以省会城市为支点覆盖周边的高速铁路网。

中国高速铁路具有诸多特性：一是具有基础性和战略性；二是建设标准高，运输能力巨大；三是网络规模大，覆盖范围广；四是自然垄断、外部市场竞争和内部市场垄断并存；五是兼有经营性和公共性；六是建运一体，国有国营，委托运营；七是需求时空不均衡。高速铁路作为国家战略性基础设施和大运量快速交通方式，在促进区域协调发展、新型工业化、城镇化和实现中华民族伟大复兴的进程中承载着重大的历史使命，对全面建成小康社会、全面建设社会主义现代化强国、实现中华民族伟大复兴，具有重大意义和深远影响。

党的十九大报告提出，“努力实现更高质量、更有效率、更加公平、更可持续的发展”“让改革发展成果更多更公平惠及全体人民”“不断满足人民日益增长的美好生活需要，不断促进社会公平正义”。中国高速铁路运价既关乎广大人民群众的切身利益，也关乎高速铁路的可持续发展，更关系到高速铁路作用的发挥和历史使命的实现。以效率与公平为运价目标，是高速铁路诸多特性和历史使命的客观要求，是高速铁路可持续发展的内在需要，是高速铁路充分发挥经济效益和社会效益的根本保证，是科学发展观的具体体现和党的十九大精神的贯彻落实。以效率与公平为目标，研究中国高速铁路的运价管理体制、形成机制、运价水平和运价策略，对优化客运资源和铁路运输资源配置、提高高速铁路经济效益和社会效益、推动高速铁路健康发展，以及让高速铁路发展成果更多更公平惠及全体人民具有重要的现实意义。

运价影响运量，进而影响高速铁路经济社会效益的发挥。本书针对中国高速铁路运价体系存在的现实问题，运用效率与公平理论、价格理论、运输经济学基本理论，从中国高速铁路的特性和使命出发，结合国情，借鉴国外高速铁路运价实践经验，研究提出以下主要观点：中国高速铁路应建立“行业管理、适度放权、监管有效”的运价管理体制；中国高速铁路应分类实行市场调节价和地区差异化上限运价形式的政府指导价；中国高铁上限运价短期内不应高于现行的运价水平，而且应实行地区差异、速度差异和席别差异，上限运价应根据实际购买力水平和电价的变化定期进行调整；高铁企业在定价权限内应根据需求的时间、空间、人群和数量不同，采用差异化运价策略，针对民航票价策略采用竞争性的运价策略。

本书将运价目标纳入运价的影响因素，构建了效率与公平的运价理论分析框架，探索逼近供求均衡定价法，对丰富运价理论具有学术价值。基于我国国情和高速铁路特性，提出效率与公平运价目标，并基于此目标研究高速铁路运价，具有应用价值，并对其他运输方式和城市交通的价格研究具有参考意义。

本书是在国家社科基金项目“基于效率与公平的我国高速铁路运价研究”（项目编号：13BJY121）研究成果和国家社科基金重大项目“中国高铁经济理论解析框架及演化路径研究”（项目编号：17ZDA084）的阶段性研究成果基础上形成的。在此，对全国哲学社会科学办公室表示感谢。

在本书写作过程中，对中国铁路总公司、京津城际铁路有限公司、哈大铁路客运专线有限责任公司、京石铁路客运专线有限责任公司、京沪高速铁路股份有限公司、郑西铁路客运专线有限责任公司、东南沿海铁路杭甬有限责任公司、东南沿海铁路福建有限责任公司、兰新铁路甘青有限公司、中国铁路北京局集团有限公司、中国铁路广州局集团有限公司、中国铁路兰州局集团有限公司等企业进行了调研，获得了宝贵的资料，得到了有关领导的支持和意见；也得到了潘振峰、李忠奎、魏瑜、王银炉、赵非、许志杰（已故）、郑凡伟、方文斌等专家的支持，获得了宝贵的意见；还参阅了大量的文献资料。另外，在 2013 年 11 月、2014 年 7 月和 2016 年 1 月，分别组织北京交通大学经济学、金融学专业学生在北京、郑州两地以及京沪高铁、京津城际、京广高铁、郑西高铁列车上和互联网上进行问卷调查，获取了大量基础数据。在此，对提供调研机会和支持的企业领导、课题咨询专家、参与调查的学生和接受问卷调查的人员一并致谢。

在课题研究和本书撰写过程中，崔萌萌、马淑芳、邱梦真、郭晓晓、张舒澜、孙雯、王璐璐、朱文倩、李玲、周翠、张莉花、高洁、马磊等做了一些工作。

本书的出版得到了铁路科技图书出版基金的资助。本书在写作过程中参阅了大量的文献资料，在此对相关作者致谢。

效率和公平内涵丰富，关系复杂；交通运输具有较多特殊属性，传统的运价理论的解释力有限，因此，基于效率与公平研究中国高铁的运价具有很大的挑战性。由于本人水平有限，加之铁路运输及其相关数据的获取有一定的滞后性且难度较大，本书一定存在不少不足，请专家和读者指正，以在今后的研究中加以完善。

吴　昊

2019 年 1 月于北京交通大学

目 录

1 引　　言

1.1 研究背景与研究意义

2004年1月7日，国务院审议通过《中长期铁路网规划》，根据该规划，到2020年，建设客运专线1.2万km以上，客车速度目标值达到每小时200 km及以上。我国高速铁路建设从此拉开了序幕。2008年10月31日，经国务院批准，调整后的《中长期铁路网规划》正式颁布实施，根据该调整规划，到2020年，客运专线由1.2万km调整为1.6万km以上。由此，我国高速铁路建设掀起了高潮，自2008年8月1日京津城际铁路开通运营到2018年底，高速铁路运营里程已达到2.9万km以上。根据2016年颁布的《中长期铁路网规划》(2016—2030年)，到2020年建成高速铁路3万km、覆盖80%以上的大城市；到2025年，高速铁路规模达到3.8万km左右，网络覆盖进一步扩大。到2030年，构筑起“八纵八横”高速铁路主通道，建成由高铁主通道、区域连接线和城际客运铁路组成的现代高速铁路网。连接主要城市群，基本连接省会城市和其他50万人口以上大中城市，形成以特大城市为中心覆盖全国、以省会城市为支点覆盖周边的高速铁路网。实现相邻大中城市间1～4 h交通圈，城市群内0.5～2 h交通圈。提供安全可靠、优质高效、舒适便捷的旅客运输服务。

高速铁路大大压缩了时间距离，提高了人们的出行效率，改变着人们的生活方式。高速铁路票价关乎广大民众的切身利益，随着高速铁路相继建成和投入运营，票价成为社会的热点问题。高铁运价影响运营效率，从我国已开通的高速铁路看，运营状况总体不甚理想，主要表现为运量不足、线路运输能力利用率低，尤其是西部高速铁路，运营效率更低。

2016之前，我国高速铁路实行的是试行运价，2015年12月国家发改委发布《关于改革完善高铁动车组旅客票价政策的通知》，从2016年1月1日起，对在中央管理企业全资及控股铁路上开行的设计时速200 km以上的高铁动车组列车一、二等座旅客票价，由铁路运输企业依据价格法律法规自主制定无折扣的公布票价，同时，可根据运输市场竞争状况、服务设施条件差异、客流分布变化规律、旅客承受能力和需求特点等实行一定折扣，确定实际执行票价；商务座、特等座、动卧等票价，以及社会资本投资控股新建铁路客运专线旅客票价继续实行市场调节，由铁路运输企业根据市场供求和竞争状况等因素自主制定。也就是说，政府明确放开了高速铁路动车组旅客票价，铁路运输企业拥有了高速铁路运输的定价权，商务座、特等座、动卧实行市场调节价，一等座、二等座实行上限形式的票价下浮机制。

2017 年 4 月 1 日，东南沿海高铁部分动车组进行了票价调整，其他高铁线路动车组票价几乎没有发生变动，尤其是占比 80%以上的二等座票价没有变动。无论是从社会的反响看，还是从普速铁路车票的受青睐程度看，高速铁路票价普遍定得较高，而且不灵活，无法及时反映市场供求关系，直接影响了高速铁路的有效客座率和线路能力利用率，除少数几条线路(段)外，大部分线路的运营处于亏损或严重亏损状态。一方面，通过巨大投资形成的高速铁路资源被大量闲置和严重浪费；另一方面，大量低收入者被高票价拒之于高铁门外或“被高铁”或“被高价”，有失公平。

本书以效率与公平为目标，运用效率与公平理论和运价理论，紧密结合我国国情和高速铁路的特性，借鉴国外高速铁路运价的实践经验，着重研究我国高速铁路运价形成机制、定价方法、运价水平及调整机制、运价策略，构建效率与公平目标的运价分析框架，对丰富运价理论和定价方法具有理论意义；对优化客运资源和铁路运输资源配置、提高高速铁路经济效益和社会效益、推动高速铁路良性发展，以及让高速铁路发展成果更多更公平惠及广大人民具有现实意义。

1.2 研究问题与研究思路

本书研究的核心问题是我国高速铁路应建立什么样的运价体系才能实现客运资源配置高效率和充分促进公平。运价体系包括运价管理体制、运价形成机制、运价水平、运价调整机制、运价策略五个层面。

本书沿着“效率与公平目标→价格及运价理论→高铁运价形成机制→高铁运价水平→高铁运价水平调整机制→高速铁路运价策略”主线开展研究，研究思路见图 1-1。首先，设定我国高速铁路的定价目标——高效配置客运资源、铁路资源、高速铁路资源和充分体现经济公平和社会公平；其次，运用价格及运价配置资源和促进公平的相关理论，结合我国高速铁路运输特性、客运市场的竞争环境、其他客运方式运价形成机制和国外高速铁路运价形成机制，分析我国高速铁路运价形成机制；然后，根据我国高速铁路供求关系与运输能力、需求弹性与收入函数、时间价值与比价关系、收入水平与支付意愿等测算运价范围；接下来，建立与通货膨胀水平、人均收入水平等因素相联系的我国高速铁路运价动态调整机制；最后，根据高铁需求的时间、空间、人群、数量等差异以及民航的运价策略，研究高铁企业在运价权限内的差异化运价策略。

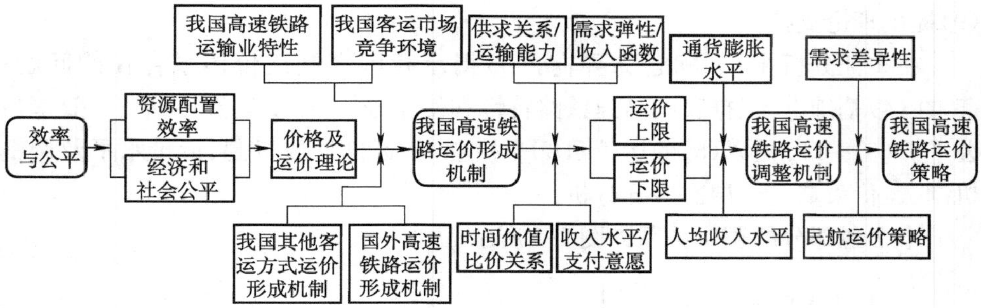

图 1-1　研究思路图

1.3　研究内容及逻辑关系

本书的主要研究内容有：

(1)效率与公平及其关系；

(2)运价与效率和公平的关系；

(3)运价形成的影响因素及内在机理；

(4)我国现行的高速铁路运价体系存在的问题；

(5)我国高速铁路的特性、使命与运价目标；

(6)效率与公平的我国高速铁路运价形成机制；

(7)效率与公平的我国高速铁路定价方法与运价水平；

(8)我国高速铁路上限运价调整机制；

(9)我国高速铁路差异化运价策略。

其中，研究重点是：

(1)我国现行的高速铁路运价体系存在的问题；

(2)我国高速铁路的特性、使命与运价目标；

(3)效率与公平的我国高速铁路运价形成机制；

(4)效率与公平的我国高速铁路定价方法与运价水平及调整机制；

(5)我国高速铁路差异化运价策略。

上述主要研究内容之间的逻辑关系：

(1)～(3)是理论基础,(4)～(9)是实证分析。

在理论分析中,(1)是对效率与公平的界定及其关系的阐述;(2)是在(1)的基础上,对运价与效率和公平的关系进一步阐述;(3)是在(2)基础上,进一步分析除运价目标外的其他因素对运价的影响与机理,为后续实证分析中的(6)～(9)提供理论支撑。

在实证分析中,以问题为导向,(4)揭示我国高铁运价体系存在的问题;(5)在(4)基础上,根据我国高速铁路特性和使命分析,确定运价目标——效率与公平。(6)～(9)是以(5)的运价目标为核心,从运价形成机制、运价水平及调整机制、运价策略三个层次展开分析。

本书各部分的逻辑关系如图 1-2 所示。

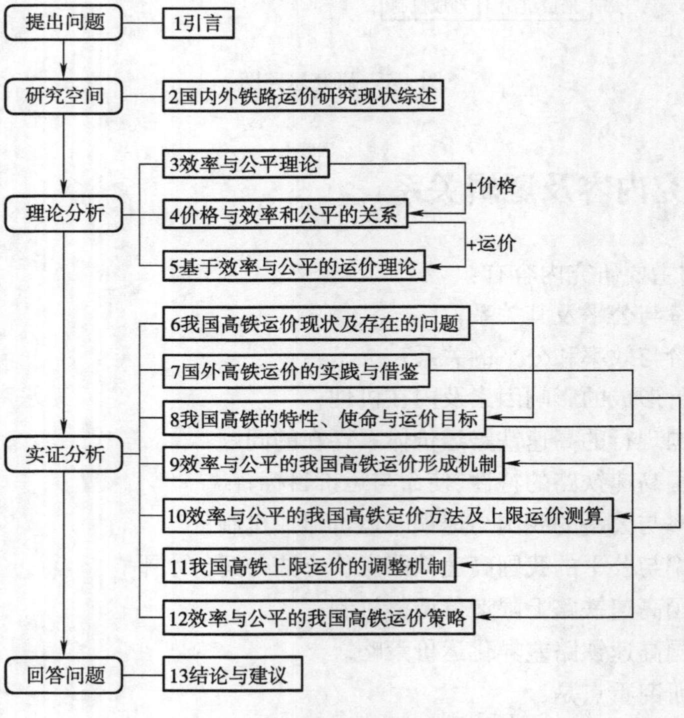

图 1-2　本书各部分之间的逻辑关系

1.4　研究方法与研究创新

本书的研究方法有:第一,理论分析法。梳理了效率与公平理论、价格及运价理论，将运价目标作为影响因素纳入运价分析框架，并分析了运价形成的内在机理；基于效率与公平构建了运价理论分析框架。第二，比较分析法。进行中外人均收入水平比较、中外高铁运价体系比较、国内其他运输方式运价体系比较、通道内不同运输方式的时间价值比较、中外高速铁路与民航比价关系比较、不同地区的人均可支配收入水平比较等。第三，调查分析法。本书参与编写人员于2013 年 11 月、2014 年 7 月和 2016 年 1 月，分别组织北京交通大学经济学、金融学专业学生在北京、郑州两地以及京沪高铁、京津城际、京广高铁、郑西高铁列车上和互联网上进行问卷调查，获取了大量基础数据。同时，调研了中国铁路总公司、京沪高速铁路股份有限公司、中国铁路广州局集团有限公司、郑西铁路客运专线有限责任公司、京石铁路客运专线有限责任公司、哈大铁路客运专线有限责任公司、东南沿海铁路福建有限责任公司、兰新铁路甘青有限公司、中国铁路兰州局集团有限公司等企业，获取了第一手资料。第四，数据分析法。运用调查和调研所获得的数据进行分析，例如，在大量基础数据调查的基础上，测算了典型高速铁路的需求弹性、乘客收入水平与支付意愿等；在京沪高速铁路运量和旅客周转量、收入、利润等数据的基础上，测算了京沪高速铁路的成本并分析了其规模经济特性等；运用典型国家人均可支配收入水平、高速铁路运价、民航运价等数据进行有关分析。第五，案例分析法。分析了国内其他运输方式和典型国家高速铁路的运价体系。

本书的创新之处体现在以下几个方面：第一，理论创新。基于价格及运价理论，将运价目标纳入运价的影响因素，并分析了运价形成的内在机理；在此基础上，基于效率与公平理论，构建了效率与公平的运价理论分析框架。第二，方法创新。基于供求均衡方法，结合高速铁路运输能力限制，探索了以逼近供求均衡为基础，以居民经济承受能力定价法和竞争定价法为辅助的高铁定价方法。第三，观点创新。全面分析了我国高速铁路的特性，从高速铁路的骨干地位和历史使命的高度，提出我国高速铁路的运价目标——效率与公平；首次提出高速铁路应实行地区差异化上限运价的政府指导价。根据我国高速铁路国投、国有、国营和成本构成等特性，建立了基于实际购买力和电价变化率的上限运价水平调整机制；基于调查数据，首次测算了我国典型高速铁路的需求弹性、收入弹性和交叉弹性，并据此提出高速铁路企业应实行时间、空间、人群、数量差异化和针对性运价策略。

2 国内外铁路运价研究现状综述

2.1 关于运价的研究

经济学是研究稀缺资源配置效率的科学，价格是一种配置资源的方法。传统的、经典的经济学假设是厂商的目标是要使利润最大化，为此厂商根据边际成本等于边际收益的条件接受或制定价格。一些经济学家丰富了经典经济学的价格理论，Simon[1]（1959）认为在采取防守策略时，定价目的完全在于保证达到满意的利润水平、安全和市场优势等。Baumol[2]（1962）认为，多数企业在扩张期间采用使销售收入最大化的价格。福利经济学采取更广泛的定价观点，把价格看作是配置资源的方法，用以使社会福利最大化，而不单是供应商福利最大化[3]。社会最优具有多种含义，但其最主要的意思是使总的社会净剩余最大化，即企业总收入减去总成本加上消费者剩余，并证明社会福利在价格等于边际成本时达到最大化，但对是采用长期边际成本还是短期边际成本定价更为合适的问题，不甚清楚。Wiseman[4]（1957）认为，考虑的时间越短，则短期边际成本将显得越低，根据这个事实使用者所付价格也越低；但是对于运输而言，因为运输能力是固定的，所以在短期边际成本之上就应该加价，把加价作为一种有效的定量配给手段来抑制过度的需求。

Lipsey and Lancaster[5]（1956/7）认为对于整个运输市场而言，各种运输方式的运价偏离短期边际成本的程度应该相等，才能使社会福利最大化。Roy J. Sampson[6]（1985）认为运价定得过高或过低都会违背平等、效率和运输资源的配置。Nilson[7]（1992）说明了瑞典铁路货运服务在公路运输收入不能补偿其边际成本的情况下是怎样决定其次优价格的，认为理想的状况是所有的价格都以适当的百分比偏离其边际成本。Keneth J. Button[8]（1974）认为：①定价是一种资源配置的方法，不存在所谓“正确的”价格，只有可以实现预期目标的优化定价策略。②任何运输企业采取的定价策略，都取决于它的基本目标。对于私人运输企业，运输定价可能是为了实现运输供应商福利方面的某些目标，但是对于某些国有运输企业的情况，定价可能是为了增进消费者的福利。③讨论实际定价政策的一个主要问题是确定目标到底是什么。他考察了具有各种各样的目标和面对不同市场条件的运输企业所采取的适当定价政策。Kenneth D. Boyer[9]（1997）研究了运输定价法的经济学原理，主要包括基于收回投资的定价法、基于社会福利最大化的定价法则、定价效率原理等。他认为：①基于私人投资的定价方法是运价等于边际成本，且高于平均成本，同时必须大于平均变动成本。②基于公共投资的社会净福利最大化的定价原理是边际利益等于边际成本，即市场供给等于需求。③在经济学上，判定运价结构的主要标准是经济效率，好的定价结构能促进经济效率，定价结构若导致设施无效率使用，则被判成未基于经济原理而制定；经济效率必须要生产者充分利用他们手中的资源；经济社会若有效率使用资源，就等于经济福利或生活水平是极大化的。④基于经济效率（或社会福利）最大化目标的运价应满足两个条件：首先，所有接受运输服务的客户的总支付意愿的折现值也要大于或等于所有运输资源机会成本的折现值；第二，某项运输服务的价格等于短期边际成本。第一个条件确保整个社会成员能得到运输服务的全部利益——没有任何人被剥夺了愿意为使用运输服务的支付的机会，而且只有那些评价较高的人们可以使用之；第二项条件确保那些被评价最高的运输服务得以继续维持下去，而那些被视为价值比机会成本还低的运输服务则被废弃，以利于整个经济社会。Edward J. Bardi[10]（2009）认为解除管制后的运价意味着基于主要的市场力量所决定的价值或水平，包括一个动态的经济环境，是一个能被顾客所接受的供给和需求变化的市场环境。

2.2 关于铁路运价的研究

2.2.1 国内关于铁路运价的研究

1. 关于铁路运价管理体制的研究

李保知[11]（1989）分析了铁路运价改革的必要性和可能性。丁铭[12]（1993）对社会主义市场经济的铁路运价进行了分析，认为铁路运价改革的目标不仅是理顺运价，而是要建立一种使铁路能适应千变万化的运价管理体制。张秋生[13]（1994）基于我国铁路运输的自然垄断性和运输市场格局的变化，提出建立统一性和灵活性相结合的铁路运价管理体制。张笑雪[14]（1998）以经济学特别是管制经济学的理论为基础，首先分析了铁路行业的服务属性，指出铁路行业的“俱乐部”物品性质决定了政府必须对运价进行管制；其次分析了生产经营的特点，指出铁路行业的自然垄断特性，决定了铁路运价仍应以政府管制为主；再次，从发挥政府管制效率的角度，指出为避免管制失灵，政府对铁路的运价管制应采取激励性管制的方式；最后，指出为实现运价管制的经济意义，铁路必须首先实行政企分开。国建华和文力[15]（2000）分析了铁路运价管制的成因，提出了政府放松对铁路管制的主要理论依据；结合我国铁路实际，研究放松管制的必要性与可行性，指出放松管制将促进铁路发展和满足社会福利最大化的双重收益，不会导致铁路运价的无节制上升。张丽[16]（2002）分析了我国铁路运价管制的负效应和放松管制的正效应，提出应放松铁路运价管制，逐步过渡到市场化。欧国立[17]（2006）对中国铁路运价体制和运价政策变迁路径进行了梳理，分析了运价体制和运价政策变迁的内在原因。李文兴[18]（2007）在阐述铁路行业运价现状的基础上，分析了我国铁路运价模式改革需要考虑的影响因素，提出了我国铁路运价模式改革的“三步曲”设想，即以回报率定价为主的近期方案，以价格上限制为主的中期方案，以市场定价为主的远期方案。黄磊碧[19]（2008）对我国铁路运输规章制度进行了研究，提出建立能够体现运输价值、反映供求关系的运价形成机制，以及在国家宏观调控下能够适应市场需求的铁路运价定价制度，赋予铁路企业一定范围内的客货运价定价权。林媛春[20]（2011）分析了铁路运价体制改革的必要性，并提出区别对待、分层管理、弹性定价等铁路运价体制改革新思路，对铁路运价体制提出切实可行的改革措施。

2. 关于铁路运价形成机制的研究

赵新刚等[21]（1999）分析了改革铁路运价形成机制的必要性、指导思想和基本思路，指出新型铁路运价体制的基本框架是三级运价管理机制，以运价和物价联动为基础的运价形成机制和多元化运价体制。李文兴等[22]（2000）介绍了运价形成机制模式的类型，提出我国铁路运价形成机制改革的“三步曲”，即建立铁路运价综合评价调价机制、铁路运价上限制、铁路运价市场化。李文兴[23]（2001）分析了铁路运价形成机制的现状及存在的问题，主张对国家为实现特定社会经济目标的公益性货物运输实行政府定价；对铁路运输依赖性较强的经营性大宗货物运输实行政府指导价；对运输市场竞争比较激烈且产品价格已经放开的货物运输实行市场定价。李书田[24]（2002）分析了在市场经济体制和市场价格机制条件下，铁路运价改革的必要性和紧迫性，提出我国铁路客运价格应实行政府指导价。张晓玲[25]（2002）分析了我国铁路运价形成机制存在的缺陷，提出了解决思路，认为我国的铁路运价形成机制改革必须分两步走：第一步，在缺乏财政手段有力支持和企业产权制度没有发生根本变革前，进一步完善当前已经试行的铁路运输政府指导价政策；第二步，实行产权制度的根本变革和企业成为真正的市场主体后，对铁路运输价格实行政府指导下的经营者自主定价。

3. 关于铁路定价方法和运价水平的研究

周望军[26](1996)认为铁路合理的运价水平应涵盖两方面的内容：其一，铁路运价水平应能使铁路运输业的发展适应整个国民经济发展的需要，即不仅要能弥补铁路运输简单再生产的运输成本费用，而且要有利润满足铁路适度规模的扩大再生产；其二，铁路是国民经济的基础设施，运价水平在满足自身发展需要的同时，应使其他行业能够承受；并建立了铁路运价与物价水平联动机制的调价模型。蔡美芬和徐曙[27](1998)从理论上对铁路获取最大利润的定价原则、弥补运输成本的定价原则和社会效益最大化的定价原则进行了比较，提出我国铁路运价应在弥补运输成本约束条件下，谋求社会效益最大化。梁小民[28](2002)基于铁路运输的自然垄断性和公益性，提出我国铁路部门如何定价既要参考经济理论，又要考虑我国的实际情况，关键是寻找一种合理的定价方法，就是经营者以市场为导向在政府指导之下定价。李文兴[29](2003)分析了铁路运价的影响因素，建立了我国铁路运价评价体系和铁路运价综合评价调价机制。赵新刚和郭树东[30](2006)在对中国铁路进行投入产出分析的基础上，根据产品价格变动模型以及利率、工资变化与直接消耗系数变化之间的关系构建了中国铁路运价动态调节模型，并给出该模型的求解方法与计算流程。程谦和牛惠民[31](2007)运用需求弹性理论，研究铁路最优运价水平。桑炜[32](2012)对我国铁路运价管制的方法进行了研究，提出铁路运价主管部门应采取边际成本定价原则。

4. 关于铁路运价的综合研究

张光远、张东生和王伟[33](2005)对铁路的经济属性和特点、铁路运价管理体制、铁路客运票价水平与结构、铁路运价存在的问题和完善铁路运价等进行了研究，提出政府定价与市场调节价衔接、统一运价政策下实行灵活机制。赵小平[34](2005)基于我国现行的铁路运输价格管理体制、铁路运价制定依据、原则和程序、铁路客运票价结构等，分析了我国铁路运输价格存在的问题，提出了改革思路。赵小平[35](2006)研究了运输比价及测算指标与方法进行研究，并对各种运输方式的合理比价进行了分析。刘泊[36](2006)基于我国旅客运输市场的不断发展，铁路、航空、公路之间的竞争日益激烈，特别是在长途客运方面，航空的折扣机票政策已经给铁路客运部门带来了很大压力，从铁路客运收益管理的组成、定价、超订、季节性管理、团体管理和网络性优化管理等方面讨论了如何将航空收益管理的理论应用到我国的铁路客运中的问题，并给出了铁路客运收益管理过程中需要应用的数学模型，指出了我国铁路客运实施收益管理应该具备的条件。张秀敏[37](2010)分析了铁路客运在现有"成本加成"的定价方法下,经营内部缺乏效率与活力,外部竞争能力薄弱,提出对于铁路客票销售采用收益管理方法,并从票价折扣幅度定价、席位存量控制调节,以及车上闲置席位的再销售三个方面,探讨了铁路客运席位供应和各层次出行需求的充分适应性问题。王绣春[38](2011)分析了我国铁路客运价格形成机制、价格水平、票价结构、比价关系上存在的问题,总结国外铁路客运运价体系和相关扶持政策对我国的借鉴意义,研究提出在缺乏国家建设投入和运营补贴的前提下,为更好地适应经济社会和综合运输体系发展需要,满足社会需求和促进铁路加快发展,需逐步建立科学合理的铁路客运价格体系。结合我国高速铁路投资主体多元化、建设标准高投资大、沿线区域发展好的特点,提出我国高速铁路应该建立具有灵活性、可持续性、发展性和内部调节性的定价机制。

2.2.2　国外关于铁路运价的研究

1. 关于铁路价格管制的研究

由于铁路运输业长期以来都被认定为是典型的自然垄断行业,所以国外很多学者都主张对其进行规制,如早在 1938 年,Hotelling 就主张应对铁路等公共部门的产品进行价格规制。但更多的国外学者则认为规制会阻碍铁路运输业生产效率的提高,因此,他们主张放松对铁路运输业的规制。Eckel 和 Singal 对英国铁路民营化对其美国竞争者股价的影响以及民营化对铁路票价的影响进行了研究,发现竞争者的股价在民营化后出现了下降,由 BA 和竞争者共同提供服务的线路票价也出现了较大幅度的下降。Gudio Friebel、MarcIvaild 和 Catherine Vibes 对欧洲各国铁路运输业的实证研究也表明,放松规制会促进一个国家铁路运输业生产力的提高,大约每年提高 0.5%[39]。

2. 关于铁路收益管理的研究

收益管理是根据顾客的需求弹性不同而采取差别定价以增加收益的思想提出来的。收益管理的研究主要集中在航空运输领域,在铁路运输尤其是铁路旅客运输领域,收益管理的研究较少。Kimes、Sheryl E.[40](1989)提出收益管理适用于出租车、酒店和铁路等行业;Strasser 和 Sandra[41](1996)提出铁路运输企业为实现成本最小化和资源利用效率最大化,试图提供低价产品,然而这种策略不能被使用;Ciancimino[42](1999)讨论了铁路收益管理的线性规划模型,研究了客车座位优化分配问题。在某些情况下,采用边际成本定价会使企业蒙受财务损失。在这方面典型的例子是成本递减(规模经济)明显的行业,在这些行业中，由于初始投资成本很高，把价格定得等于短期边际成本将会导致出现财务赤字。铁路部门常被当作例子来说明一个行业可以采用边际成本定价以确保最佳的资源利用，但是却使本身成为亏损行业。在许多情况下，一个铁路运输企业本身可以提供许多不同类型的服务，并且在法律范围内可以取得规定的利润水平，或者盈亏平衡，而不是利润最大化。差别定价不仅可应用于运输类型或服务质量，也可应用于旅程的距离。

2.3 关于高速铁路运价的研究

2.3.1 国内关于高速铁路运价的研究

1. 高速铁路运价管理体制和形成机制研究

王彤[43]（2006）分析了我国现行的铁路运价管理体制的弊端，认为我国高速铁路不应是单一的票价，而应是首先制定科学的基准票价，以基准票价为基础，再制定多种不同票价，以满足不同旅客的需要，应对市场竞争。于立强[44]（2011）分析了铁路运价改革的必要性和可行性，认为应放松铁路价格管制和下放铁路定价权。张计划[45]（2011）对高速铁路的定价创新进行了研究，认为高铁定价应该考虑哪些因素以及采用何种定价机制，直接决定着高铁运营后的经济效益和社会效益，呆板的高铁定价难以满足现实需要；高铁定价应考虑铁路部门的定位、高铁成本结构、客运市场的竞争等因素，提出根据运营情况增加价格的灵活性。

2. 基于需求弹性的运价对高速铁路运营收益影响研究

李群仁[46]（1999）应用多方式旅客需求预测模型对未来的京沪高速铁路运量对运价的弹性进行了定量化分析，测算得出京沪高速铁路运量对自身运价富有弹性，弹性系数为−1.2；京沪高速铁路运量对民航的运价比较敏感，交叉弹性系数为+0.4左右。苗晓燕、胡昊和高林杰[47]（2012）运用系统动力学模型分析了城际高速铁路票价和旅客心理票价对城际高速铁路客流的影响。通过对沪宁城际高速铁路仿真模拟表明：当票价低于旅客心理票价时，会诱发更多的旅客选择城际高速铁路出行，客流量增速呈加快趋势；当票价高于旅客心理票价时，客流量增速减缓，当价格高于边界票价时，可能产生负增长；在城际高速铁路建设初期，应以增强城际高速铁路对旅客的吸引力为出发点，考虑旅客出行感知及支付能力，制定具有竞争力的票价政策，吸引更多的客流量，提高城际高速铁路的资源利用率。韩建宇[48](2012)分析了高速铁路运输需求的价格依存关系，认为在我国高速铁路建设的问题上，投资与否取决于需求是否充足，需求又依存于价格，价格取决于定价模式，成本加成定价模式，会使价格水平定得过高而难以满足社会需求，势必会造成社会经济效益的流失；从宏观大经济角度，在坚持国家整体利益的基础上，综合考虑整个社会福利状况，在高速铁路适度规模的水平下进行合理定价，从而在合适票价水平的基础上确保满足运输需求，最终决定高速铁路投资的必要性，以此获取社会的最大收益。杨宇正和周文梁[49](2012)将旅客出行需求分为刚性出行需求、转移出行需求和诱增出行需求，建立了高速铁路旅客出行需求与出行费用的弹性需求函数，分析了运价对高速铁路运营收益的影响。姚晓春和刘云[50](2012)分析了高速铁路运输企业的成本和收益构成以及高速铁路客运的供给弹性和需求弹性的特征，并对武广高速铁路的经济效益进行了分析。

3. 高速铁路运价的定价方法研究

罗雁君和黄柱中[51](2007)对铁路客运专线初期票价制定进行分析，认为有关部门在制定票价政策的时候要考虑更多因素，不仅要考虑投资者的利益，也要顾及居民的消费水平，还要考虑客运专线的社会效益；票价不能制定得太低，也不能制定得太高。王修华[52](2008)对客运专线旅客票价制定机理进行了研究，提出以运输导向定价、运输成本导向定价、各种交通方式竞争导向定价作为核心指标进行综合定价。郭书英[53](2009)对高速铁路运营成本和营运成本(注:原文对运营成本和营运成本进行了定义，但与会计学、成本学的定义不同)进行了分析，认为高速铁路运营成本不仅包括高速铁路营运成本和资本成本，还应当包括有关的其他费用；高速铁路具有资本成本很高的特点，如果高速铁路运价按照运营成本定价，运价就会定得很高，这样会降低同其他客运方式的市场竞争力。强丽霞和刘军[54](2009)分析了国外高速铁路客运定价的理论基础和票价管理的原则及方法，尤其是在经营理念和票价梯度政策方面可借鉴的经验，探讨了适合我国国情的客运专线票价体系应遵循的原则，提出要建立符合市场经济体制的运价多元化体制；实行政府指导“基准价”，允许客运专线公司在基准价基础上有一定的浮动范围。彭进[55](2011)分析了国内外客运专线票价的组成、价格管理以及相应的价格策略，探讨了在建的南宁至广州间的客运专线票价，并提出了几点建议：以运输价值为中心，供求关系为指导制定票价；注重资本的回报；重视市场竞争。张旭等[56](2012)运用博弈论，用斯塔克伯格寡头竞争模型对高速铁路与航空运输的竞争定价过程进行了描述，建立了高速铁路与航空运输的竞争定价多层规划模型，对高速铁路与航空运输客票定价进行了博弈均衡分析。蒋金亮[57]（2012）从运输成本、市场需求、竞争因素、旅客出行特性和政府管制等几个方面讨论了高速铁路票价制定时需要考虑的约束条件；用博弈论的观点对客运通道内高速铁路票价制定博弈过程进行了分析，介绍了非合作博弈的相关理论，对客运通道内有关高速铁路票价制定的博弈类别、原理进行了分析，并讨论了票价对客运量、收益的影响。冯华和薛鹏[58]（2012）从高速铁路的垄断性分析了高速铁路运价管制方法，提出应采用边际成本定价，同时必要时对高速铁路运营亏损进行补贴。韦凌翔等[59]（2015）为了研究客运通道内合理制定高铁票价的方法，从出行者选择出行工具影响因素出发，建立考虑安全性、快捷性、经济性、舒适度、方便性等五大服务特征因素的广义费用函数；构建考虑旅客和高铁运营单位这两个矛盾体双重利益的双层规划模型，其上层规划描述高铁运营单位在政府规定的范围内制定最佳票价策略以实现企业自身的目标，下层规划则描述旅客在城际间各种运输方式竞争合作条件下广义出行费用最小的目标；采用内罚函数算法设计基于径路流量的 Frank-Wolfe 算法的求解。

4. 高速铁路运价水平测算方法研究

侯敬和姜鸿[60]（1995）研究了国外高速铁路客运价格水平以及与民航的比价关系。帅斌和孙朝苑[61]（2006）研究了运用系统动力学模型测算高速铁路运价水平的有效性；并以京沪高速铁路运价的制定为例进行了仿真模拟，结果表明运价的发展趋势以及它对运输总收入、运输利润的影响与构建的系统动力学因果关系是一致的，说明基于系统动力学的高速铁路运价测算模拟模型是有效的。刘晓佳和李友好[62]（2009）以京沪高速铁路最优票价的制定为研究对象，在对京沪运输通道的结构配置、各种运输方式的运营参数及未来的相关参数进行分析和预测的基础上，运用经济学中的有效性原理和运输通道客流量动态分配模型制定出京沪高速铁路的最优票价。周焱等[63]（2016）应用灵敏度分析方法及双层规划模型，研究了成渝客运通道间公路与高铁竞争条件下高铁票价的制定方案。选用价格、快速性、方便性、舒适度、安全性这五个衡量指标来计算广义出行费用，构造双层规划模型，求得旅客与高铁决策部门之间的平衡点。郝丹[64]（2017）提出基于时间价值的中国高速铁路票价制定的双层规划模型，并以我国中西部地区郑西高速铁路为实证研究对象，验证了模型的合理性。研究认为郑西高速铁路目前的票价在合理范围内，一定程度的上浮也在中高收入水平出行者的承受范围之内。

5. 高速铁路运价策略研究

王苏成、杨涛[65](2007)分析了我国铁路客运专线开展收益管理的必要性，并提出了差别定价、柔性开车方案、席位嵌套结构等途径。蓝伯雄等[66](2009)提出了一个适合铁路客运专线的收益管理优化模型，模型以列车运营总收益最大化为目标，优化列车的席位控制和发车间隔。魏楠[67](2010)从运价等角度分析京津城际高速铁路市场营销，认为城际高速铁路运营企业应根据市场需求的特点、旅客的不同类型，采取期限定价、折扣定价等策略。王涛[68](2011)从收益管理的角度，认为高速铁路应实行动态定价策略。张力等[69](2012)探讨收益管理在高速铁路客运中的应用，给出了存在多级票价时，考虑旅客选择行为的铁路客运收益管理模型，优化结果能够同时给出发车指令和座位出售限制。吴明方和李健[70](2012)研究了高速铁路与民航的竞争关系，认为高速铁路的票价同样要考虑竞争模式的性价比，同时可以考虑采取包括提前购买折扣、往返票折扣、非高峰时段票价折扣、最后时间订票折扣等多种价格浮动措施，以吸引更多的旅客，优化运营效率；在技术条件允许及数据完整可靠的情况下，还可以采用类似航空公司的动态定价，进一步优化旅客购票收入。谢俊楠[71](2015)依据价格歧视基本原理，结合民航、地铁等相关行业所采用的定价策略，如非线性定价、峰值定价、搭配销售等，为我国高铁采取动态定价策略合理定价提供一些建议。李明琨等[72](2015)基于市场细分经济原理，以顾客效用和时间价值获得为依据，提出针对高速铁路主要产品特色的差别定价方法以及实施时间差别定价、消费群体差别定价和服务差别定价等建议。黄志伟[73](2016)研究了不同目标客户群的高速铁路票价差异化策略，在一定条件下实施不同目标客户群差别定价不仅能更好地发挥高速铁路的运能，还能增加运营企业的利润，提高经济效益。周茜等[74](2016)基于收益管理、市场细分、差别定价策略等相关理论与方法，对高速铁路旅客类型进行细分，结合我国铁路定价方式及未来改革趋势，提出我国高速铁路收益管理定价及票价差异化的策略。

2.3.2 国外关于高速铁路运价的研究

国外关于运价的研究较多，但对高速铁路运价研究不多见，关于铁路收益管理的研究成果应用于高速铁路的实例比较多见。如日本、法国、德国等国家的高速铁路都实行灵活的票价政策。日本从1997年开始采用按里程计费系统，在价格上限允许的范围内，客运公司可以自行根据市场供求制定票价，票价结构采用基本票价和加成票价相结合的方式。其中，基本票价反映高速铁路的建设成本折旧和运营成本,加成部分为新干线运行后缩短运行时间、提高服务质量而加收的部分。德国于2002年引入了针对长途旅客的PEP收费系统,这一系统与按里程计费不同,它除了按照列车型号和等级不同收取基础运费外,主要依据顾客需求和市场竞争状况来制定票价。英国和法国等欧洲国家也在使用同样的方式确定票价。

2.4 小　结

国内外关于高速铁路运价的研究主要体现在运价管理体制、运价形成机制、运价影响因素、定价方法、运价对收益的影响以及运价策略等方面,大多数研究认为:①应放松运价管制,下放定价权,实行灵活反映供求关系的运价形成机制;②影响高铁运价的因素有很多,包括成本、竞争程度、时间价值、支付能力等,高铁定价应加以综合考虑;③实行差异化运价策略,有利于高铁运营主体实现收益最大化,改善经营状况。

尽管国内关于高速铁路运价的研究有很多,并形成上述较为一致的观点,但是在以下方面研究甚少:①我国高速铁路的特性、使命与运价目标;②以效率与公平为目标的我国高速铁路运价;③我国高速铁路运价浮动的形式及范围;④体现区域发展差异的高速铁路运价水平。对这些问题的深入研究尤为重要,为本书留下了较大的研究空间。

3 效率与公平理论

效率与公平是人类社会追求的两大目标，效率、公平以及效率与公平的关系一直是学者不断探索的重大问题，由此形成了效率与公平理论。

3.1 效率理论

3.1.1 效率观的演进

效率属于经济学范畴，效率问题是经济学的核心问题。与西方经济学的古典政治经济学、新古典经济学、凯恩斯主义及新自由主义发展阶段相对应，效率观也经历了四个阶段。

第一个阶段，古典政治经济学中的效率思想以亚当·斯密的观点为代表，主要关注生产效率与社会效率的问题。在他看来，社会分工是导致生产效率提高的首要决定因素，自由竞争是提高市场效率的基本因素。这一时期效率思想的核心为：自由竞争是导致效率提高的源泉。

第二个阶段，新古典经济学中的效率思想以马歇尔的均衡效率和帕累托效率为代表。马歇尔认为均衡是资源最优化和有效使用的一种状态。在均衡状态下，价格是供给者和需求者的付出同他们获得的价值一致。如果把一方的获益以不损害另一方的利益作为优化的标准，那么非均衡状态下的交换是没有效率的，而均衡状态的交换才是有效率的。帕累托最优指的是包括收入再分配在内的任何方式的资源重新配置，在没有使任何人受到损害的前提下，使得至少一个人受益。

第三个阶段，凯恩斯主义的效率思想主张通过政府干预提高宏观经济效率。以凯恩斯的著作《就业、利息和货币通论》为代表，主张采用扩张性的经济政策，通过增加需求促进经济增长。

第四阶段，新自由主义经济学家包括以英国哈耶克为代表的伦敦学派和以美国弗里德曼为代表的货币学派、卢卡斯为代表的理性预期学派。在效率方面的观点主张概括为“三化”，即“市场化”“自由化”“私有化”。“市场化”强调市场机制能够保证资源配置的效率，主张建立完全“听任自由选择”的市场经济。“自由化”否认政府干预经济的必要性，反对一切政府干预和宏观调控，让市场自由发挥作用，认为充分的自由是提高经济效率的前提。“私有化”主张实行全面的私有化，认为只有私有化才能保证市场的效率。哈耶克认为“私有制是自由的最重要保障”，从而也是自由市场经济的最重要保障。弗里德曼认为，市场经济的前提条件之一就是企业私有制。

3.1.2 效率的含义及本质

一般意义的效率，主要是指人的行为投入与其行为目标实现程度的比例关系，即投入和产出的比率关系。经济学研究稀缺资源的配置问题，所以在经济学中，效率是针对资源配置而言的。经济学家从不同角度，对效率进行了定义。

阿瑟·奥肯认为：“效率意味着从一个给定的投入中获得最大的产出。”[75]萨缪尔森认为：“经济效率要求在给定技术和稀缺资源的条件下，生产最优质量和最多数量的商品和服务。在不会使其他人境况变坏的前提下，如果一项经济活动不再有可能增进任何人的经济福利，则该项经济活动就被认为是有效率的。”[76]平狄克和鲁宾费尔德认为：“一个经济要有效率，商品不仅必须以最低成本生产，而且生产的商品组合与人们购买它们的意愿相一致。”[77]萨缪尔森认为：“效率是指最有效地使用社会资源以满足人类的愿望和需要。”[76]格利戈里·曼昆指出：“效率的实质是通过资源配置使所有社会成员得到总的剩余最大化。”[78]

由此可见，经济学家对效率内涵的解释是一致的。效率的本质是资源配置的最优状态。资源的多配、少配和错配都是无效率的。在本书中，效率是以资源有效配置为核心，以社会成员得到的福利最大化为目标。

3.2 公平理论

3.2.1 公平观的演进

人们对公平的研究，源远流长，形成了不同时期的公平观。①在古希腊，公平等同于正义。柏拉图指出，所谓正义就是一切正当之人、事物与行为之间的完全公平；亚里士多德则认为公平的重要内容是平等。②在启蒙运动时期，倡导每一个人都应当承认他人与自己生而平等。到了 18 世纪，资产阶级提出了“人人平等”的口号，主张公平地占有财产的权利。③随着资本主义社会的确立，“人人平等”的观念被“机会均等”所代替。机会均等的公平观关注的是个体参与市场机会的公平性，认为只要机会均等，收入分配的差距是合理的，也即是公平的。

④随着贫富差距的日益扩大，社会阶层日益分化，各种社会不公现象层出不穷，阶级斗争此起彼伏。在这种背景下，一些西方思想家开始思考收入分配的平等，更加关注分配结果的均等。⑤1929～1933 年的全球经济危机不仅改变了人们对全能市场经济体制的看法，也使公平观发生了质的变化，随着“二战”后社会主义运动的兴起，西方各国不得不纷纷采用缓和社会矛盾的福利政策。这一时期西方各国在理论研究上不仅关注机会均等，同时也开始强烈关注收入分配的结果是否公平的问题。结果均等逐步替代机会均等，成为该时期的公平观。⑥自 20 世纪 80 年代以来，西方资产阶级推行新自由主义思潮，高举“机会均等”的旗帜，鲜明地反对政府对收入分配的干预。

从公平观的历史演进可以看出，公平观是伴随着社会发展不同时期的主要矛盾演进的，可以归纳出三种代表性的观点：第一种是“人人平等”观，认为每一个人生而平等，是公平的本源观。第二种是“机会公平”观。机会公平是指各市场主体在市场中地位平等、自由竞争、机会均等、不受歧视、不享有任何特权，其经营结果由市场的公平竞争决定。第三种观点是“结果公平”。结果公平是指社会成员收入均等化，包括收入分配的均等化和财产分配的均等化。

3.2.2 公平的含义及本质

公平是多学科关注的问题，属于多学科交叉的范畴。社会学、政治学、法学、经济学等不同学科对公平进行了探索，对公平的侧重点不同。社会学以社会公平为核心立足点，更注重社会主体间的利益均衡问题。在政治学中，公平处于首要的地位。法学理论把公正原则放在首位。经济学把实现经济效率作为主要目标，只有公平问题影响到效率的实现时才注重公平，而对于如何定义公平以及如何使其数量化，经济学家之间存在很大分歧。

一般意义的公平，主要是指人与人之间权利、地位的平等，处理人与人之间关系的公正，以及付出与所得的相称、平衡、公道、合理。在本书中，公平属于经济学范畴和社会学范畴，包括经济公平和社会公平。

经济公平是指有关经济活动的制度、权利、机会和结果对于社会经济生活中的不同利益主体的平等和合理，包括机会公平、规则公平和结果公平。机会公平又称起点公平，对于生产者而言，是指平等市场准入标准，对于消费者而言，是指有获得效用的机会。规则公平是指市场规则的普遍适用性，所有市场主体都能在同一规则下平等竞争。结果公平是指资源的分配结果公平。从结果看，公平有四种观点：一是平均主义——社会所有成员得到同等数量的商品；二是罗尔斯主义——使境况最糟的人的效用最大化；三是功利主义——使社会所有成员的总效用最大化;四是市场主导——市场结果是最公平的[79],即按同样的分配尺度公平地对每一参与市场竞争者进行收入分配。在本书中,结果公平侧重于非平均主义的结果公平。

社会公平体现的是人们之间一种平等的社会关系,包括生存公平、产权公平和发展公平。生存公平是指人作为人类社会的一员与其他人的生存权是平等的,在经济上的体现就是提供公民所需要的生存资料是社会的一种责任,政府没有理由不履行这种责任,社会也不能允许一部分人剥夺另一部分人的生存权。在现实中,与生存公平有关的制度有社会保障、劳动权益等。产权公平是指一种资源无论资源的主体是谁都应享有平等的权益。产权有两种形式,一种是与人的生命具有不可分割的产权,这就是个人对自身劳动力的所有权;另一部分是除劳动力以外的各种资源的产权,这些资源主要是通过劳动、交换、继承等方式获得的。发展公平是指公民应享有平等的发展机会、发展权利以及履行相适应的发展责任。要实现发展公平,制度约束和公共品的分配应该是公平的。

经济公平和社会公平的侧重不同,经济学更强调经济公平,社会学更强调社会公平,但公平的实质是公正与平等。在本书中,公平侧重于经济公平中的机会公平、规则公平、结果公平和社会公平中的生存公平、发展公平,如图 3-1 所示。

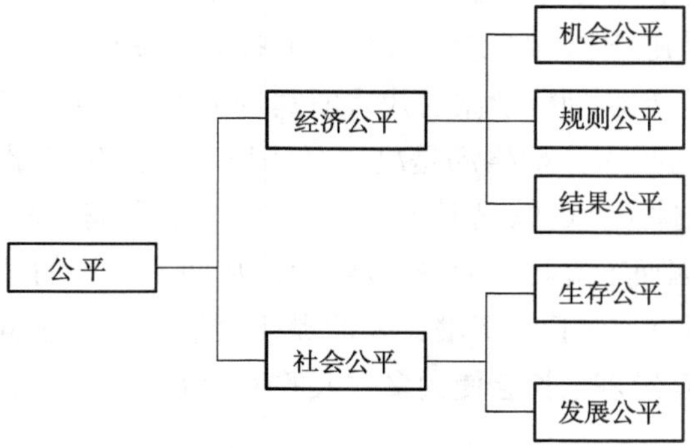

图 3-1　在本书中公平的划分层次

3.3　效率与公平的关系

效率与公平的关系问题长期以来是学界争论的问题。传统理论有两种倾向:一种是将效率与公平对立起来,强调公平与效率相悖,二者不可兼得,要么牺牲公平来获取效率,要么牺牲效率来换取公平。另一种认为效率与公平是统一的,即实现效率同时体现公平。例如,亚当·斯密认为市场经济活动中个人追逐自身利益的行为客观上会带来他利或社会成员都满意的结果[80]。

3.3.1 西方经济学的主要观点

1. 重效率论

该观点认为效率本身就意味着公平，效率决定公平，凡是有效率的必定也是公平的[81]。主要代表人物有罗宾斯、哈耶克和弗里德曼等。罗宾斯认为，社会经济发展必然会带来社会分配不公平，这种现象无法消除，只能通过提高生产效率的手段减轻，而非对再分配过程进行干预。他认为"对社会上较为贫穷阶级境况的改善，起主要影响的一直是人均产量的增加[82]。"哈耶克认为追求效率的同时必然会带来收入及财富分配的不平等，但这种不平等是合理的，并且是应当受到政府行为保护的。因此，政府的职责不是"用特殊干预行动来纠正自发过程所形成的分配状况，而在于保护法律面前的平等以保证效率和自由"[83]。弗里德曼认为追求效率所体现的结果不公平本身就是公平的[84]。

2. 重公平论

该观点认为公平决定效率，收入分配不公平会导致机会的不公平，进而导致收入并非与努力程度成正比，如此就会降低人们提高效率的积极性。主要代表人物有勒米里斯、罗尔斯和新剑桥学派的代表罗宾逊夫人等。英国新剑桥学派从经济增长角度出发，认为收入分配格局是决定经济增长的内生变量，即公平决定着效率；同时，在其他条件不变的情况下，经济增长率越高，利润率及其在国民收入中所占的份额就越大，因而工资收入的份额就越小，从而使工人的处境相对恶化，并加剧了社会不公平现象。尽管经济增长率的提高会带来工资总量的增加，但决不意味着消灭贫困，而且经济增长会使大多数人的生活水平低于社会一般水平[85]。

3. 效率与公平并重论

该观点认为效率与公平两个政策目标同样重要，二者必须并重，关键在于如何以最小的不平等换取最大的效率，或者以最小的效率损失换取最大的平等。该理论的主要代表人物有萨缪尔森、奥肯等。萨缪尔森等认为解决公平问题本身就会带来效率的提高。"为贫困家庭提供保障服务和充足食品计划将增进生产率和效率，而不是减少产出。打破今天的贫困恶性循环，我们明天就能改进贫困家庭儿童的技能、人力资本和生产率"[86]。奥肯认为"平等与效率双方都有价值，而且其中的一方对另一方没有绝对的优先权"。因此，"在它们冲突的方面，就应该达成妥协。这时，为了效率就要牺牲某些平等，并且为了平等就要牺牲某些效率”[87]。

3.3.2　国内学术界的主要观点

国内学术界对效率与公平的关系进行了大量的研究，主要有四种观点：效率与公平无关论、效率与公平统一论、效率与公平矛盾论和效率与公平辩证论。

1. 效率与公平无关论

这种观点认为：公平与效率作为不同领域、不同层次的事物，二者并不是在任何时候都具有必然联系。显然，这种观点是将效率视为经济范畴，把公平视为经济领域以外的范畴，所以二者之间无关。

2. 效率与公平统一论

这种观点认为：公平与效率在本质上是统一的，相辅相成的；权利平等、机会公平、规则公平是效率的前提，效率为结果公平提供物质基础。显然，这种观点是将效率视为经济范畴，将公平也视为经济范畴，所以二者是统一的。

3. 效率与公平矛盾论

这种观点认为：效率与公平之间是相互对立的，因此，必然要在效率与公平之间进行选择或组合，主要包括重效率论、重公平论和效率与公平并重论。重效率论认为“效率优先、兼顾公平”是社会主义本质的必然要求。重公平论认为伴随着改革开放以来中国经济的高速增长，中国社会贫富差距也越来越大，将会影响到发展的可持续性，因此更加注重公平，甚至用公平优先促进效率。关于效率与公平并重论，有学者认为效率与公平的最优选择应是一种和谐的关系，但这种和谐不是折中，而是一种动态平衡的关系，即效率——差距扩大——公平——差距缩小——效率。有学者将公平看作反映社会稳定性的参数，是社会的动力机制。公平的实现有赖于经济效率的提高，而经济效率的提高要以社会的相对公平为实现条件。一部分学者同意“效率与公平并重”的观点，但认为仍应坚持“初次分配注重效率，再分配注重公平”。或者说，市场主要讲求效率，由政府来注重公平。显然，这种观点将效率视为经济范畴，将公平视为社会范畴，所以二者是矛盾的两个对立面。

4. 效率与公平辩证论

这种观点认为：公平与效率是内生于市场经济的基本矛盾之一，两者是对立统一的辩证关系。两者一致性的表现在于：第一，市场越公平完善，越有利于提高市场资源配置效率，市场公平是效率的前提，效率是市场公平的结果；第二，市场配置资源效率越高，越有利于促进社会公平，社会越公平，越有可能实现效率。效率是实现社会公平的物质基础，社会公平是实现效率的保证。二者矛盾性集中体现在社会公平与效率的关系上，社会公平是在市场调节范围之外，运用国家力量对市场公平所产生的效率进行干预的结果，是通过财富在全社会范围内的重新分配来实现的。

3.3.3 本书的观点

中外学界之所以对效率与公平的关系持有不同的观点，是因为对效率与公平的界定不同，尤其是对公平的含义有不同的理解。本书在前人研究成果的基础上，对效率与公平进行界定及分类，认为：①效率与公平的关系应该从效率与经济公平的关系和效率与社会公平的关系去考察，效率与经济公平的关系是统一的，即机会公平、规则公平和市场主导的结果公平促进效率提高；反过来，效率的提高为改善非市场主导的结果公平尤其是收入分配公平提供物质基础。②效率与社会公平的关系既是统一的也是矛盾的。统一关系表现为社会公平促进效率提高；反过来，效率的提高为生存公平和发展公平提供更好的物质条件。矛盾的关系表现为过于强调生存公平和发展公平会在一定程度上牺牲效率。③效率与社会公平的关系是动态的，短期表现为矛盾的关系，长期表现为统一的关系。效率与公平的关系如图 3-2 所示。

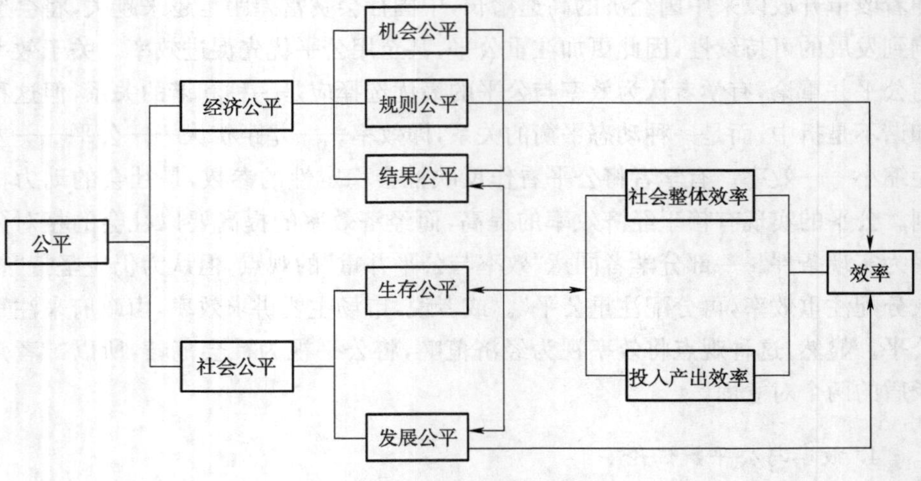

图 3-2　效率与公平的关系图

3.4 效率和公平的实现方式

影响效率和公平的因素有很多，如制度、技术等，本节从效率与公平的关系可以考察效率和公平的实现方式。

3.4.1 效率的实现方式

1. 通过机会公平提高效率

主流经济学理论和发达国家的实践证明，市场是配置资源的有效方式，市场竞争带来经济效率。通过机会公平提高效率，就是倡导机会公平，通过强化市场机制在经济活动中的主导作用，政府制定平等的市场准入标准，打破垄断，放松管制，鼓励竞争，给予企业以充分的权利，对各种经济成分一视同仁，提高企业的投入产出效率和社会整体效率。

2. 通过规则公平提高效率

新制度经济学认为制度是至关重要的，规则属于制度范畴，所以是至关重要的。西方经济学认为规则公平就是公平，或者说，如果规则不公平就是不公平[88]。通过规则公平提高效率，也就是倡导规则公平，政府通过制定公平的规则，使不同经济成分和不同经济主体在同一种规则下开展公平竞争，提高企业的投入产出效率、行业的帕累托效率和社会整体效率。

3. 通过市场主导的结果公平提高效率

市场主导的结果公平是按同样的分配尺度公平地对每一参与市场竞争者进行收入分配，对市场经济活动参与者是一种激励，可以激发市场微观主体的积极性，从而提高效率。结果公平不是平均分配，平均分配会损失效率。尽管结果公平的结果是收入有差异，但有利于提高效率。所以，通过设计一套公平的分配尺度来提高效率。各种生产要素在各自竞争市场中参与分配，将提高效率。

4. 通过价格规制提高效率

效率是资源配置的目标，价格是配置资源的手段，价格直接影响效率，因此通过价格规制提高效率。例如，对于自然垄断行业，市场配置资源失灵，政府应实行价格规制，减少无谓损失，提高效率。

3.4.2 公平的实现方式

1. 通过提高效率促进公平

效率为公平提供物质基础。只有效率提高了，创造出丰富的物质和财富，才能更好地实现人们的生存公平和发展公平。例如，我国的改革开放极大地提高了效率，取得了举世瞩目的成就，创造出了巨大的成果，改革开放的成果惠及广大人民群众，从而促进了社会公平。改革开放的成果，为收入再分配提供了巨大的物质基础，通过财政税收和预算支出等手段，倾斜地向某种团体进行收入再分配，从而增进公平，如采用累进税、转移支付、对低收入阶层的消费补贴等措施促进结果公平[89]。因此，通过不断提高效率，实现更高层次的社会公平。

2. 通过增进经济公平促进社会公平

经济公平是社会公平的前提与保证，只有机会公平、规则公平和结果公平，才能保证生存公平和发展公平。也就是说，为经济活动主体创造平等的机会，制定平等的规则和公平的收入分配尺度，可以提高人们的生存和发展质量，从而实现社会公平。例如，打破行业垄断，放宽市场准入，鼓励和引导民间资本进入法律法规未明确禁止准入的行业和领域，创造公平竞争、平等准入的市场环境，使市场在配置资源中起决定性的作用，通过价格机制、竞争机制等公平的规则，为企业创造平等竞争的机会，为人们创造就业的机会，从而促进生存公平和发展公平。

3. 通过提供公共产品促进公平

主流经济学的主要观点之一认为市场是配置资源的有效方式。但是，对于公共产品的提供，市场是失灵的，政府应该发挥更大的作用。公共产品的投入资金一般来源于财政支出，财政收入主要来源于税收，税收主要来源于经营较好的企业和收入较高的个人，而公共产品具有非竞争性或非排他性，人人都有机会平等地免费或低价消费，从而改善了结果公平，体现了生存公平和发展公平。因此，加大公共产品的提供，并体现公益性，是实现社会公平的有效方式。

4. 通过外部性内部化促进公平

由于外部性的存在，市场配置资源的有效性减弱，市场出现失灵。负的外部性产生社会成本，如果不由制造负外部性的主体承担，对社会其他成员是不公平的；正的外部性产生社会收益，如果不由带来正外部性的主体获得，也是不公平的。因此，外部收益内部化是实现公平的手段之一。例如，对排污收费、对燃油收税、赋予城市轨道交通投资主体对沿线土地的开发权等。

5. 通过价格规制促进公平

对于生产者而言，价格是单位产品的收入；对于消费者而言，价格是单位产品的支出，所以价格影响分配的结果。在收入的第一次分配和第二次分配后，对弱势产业和低收入群体，实行价格保护措施，以促进生存公平和发展公平；对垄断、公共产品等市场失灵的领域实行价格规制，以促进社会公平。

总之，通过市场提高效率，发挥政府的作用促进公平。让市场在配置资源中起决定作用和更好发挥政府的作用，提高效率和促进公平。

4 价格与效率和公平的关系

价格是商品交换的货币形式。在经济学、管理学和会计学中，价格的含义有所不同。在经济学中，价格是配置资源的手段；在管理学中，价格是企业市场营销、开展竞争和收益管理的工具；在会计学中，价格是形成收入的要素，影响企业的收支或盈亏。在本书中，价格是经济学意义上的含义，在涉及收益管理时，兼有管理学意义上的含义。价格体系包含管理体制、形成机制、价格水平与调整机制、价格策略四个层次。价格管理体制涉及价格的管理部门、管理权限、管理程序和监管体制。价格形成机制涉及价格的形成机理、形成主体和形式。价格水平是单位商品被交换的货币量；价格调整机制是指价格水平与影响因素的联动机制。价格策略是企业为实现某一目标在价格权限内采取的价格行为。本部分着重阐述价格的本质及作用、价格与效率的关系以及价格与公平的关系。

4.1 价格的本质及作用

4.1.1 价格的本质

价格是经济学的核心概念之一，不同经济学派对价格的定义及本质属性的理解不尽相同，甚至大相径庭。其中，以政治经济学派、市场经济学派最为典型。

1. 政治经济学关于价格的本质：价格是商品价值的货币表现

劳动价值论是政治经济学的核心理论，代表人物是马克思。劳动价值论认为，劳动创造商品的价值，商品的价值由 C、V、M 三部分构成，C 代表不变资本的转移价值；V 代表可变资本即工人的工资；M 代表剩余价值。价格是价值的货币表现[90]。价格、价值、货币三者之间存在如下关系：第一，价值是决定价格的依据，是价格形成的基础。第二，价格不仅受到商品价值的影响，也受到货币价值的影响。第三，价格是价值的表现形式，两者之间是形式与内容、现象与本质的关系。具体来说，价格的本质属性表现为：①商品价格的基础是商品价值；②价格与价值的偏离贯穿于价格运动的全过程；③价格是交换关系的基础[91]。总之，在马克思看来，价格的本质就是价值的转化形式，为价值所决定，并且受供求关系的影响围绕价值上下波动。

2. 市场经济学关于价格的本质:价格是商品价值的货币评价

价格理论是市场经济学的核心理论,认为市场是买者和卖者相互作用并共同决定商品、劳务和资产的价格以及交易数量的机制,即商品的价格是由买卖双方相互作用共同决定的。价格代表了不同商品可以被交换的条件。在更深层次,价格源于不同市场主体对同一商品价值的评价,由此形成了不同的价格理论[92]。

(1)以效用论为核心的需求价格理论关于价格的本质。效用论从消费者的需要程度中引申出交换价值量,把价格看作一种主观估价,这种主观估价取决于物品的效用和稀缺性。效用具有主观性,所以效用论被称为主观价值论。需求价格取决于需求量,而需求量取决于买方对商品效用的主观估价,因而需求价格是买方对一定数量的产品或服务愿意且能够支付的最高价格。总之,从买方角度看,价格的本质是对商品价值的一种主观估价。一件商品的价格是买方得到它所必须放弃的货币数量。

(2)以生产费用论为核心的供给价格理论关于价格的本质。生产费用论认为产品的价值取决于产品生产所耗费用的大小,所以它和劳动价值论都被称为客观价值论。在古典学派中,斯密认为价值取决于劳动;李嘉图认为价值取决于必要劳动;萨伊认为价值取决于生产费用。在新古典学派中,马歇尔认为供给价格取决于生产费用,于是价值向价格实现了转移。因为生产成本影响供给,因此供给价格是卖方提供一定量商品愿意接受的最低价格。总之,从卖方角度看,价格的本质是对商品价值的一种客观评价。一件商品的价格是卖方放弃它所得到的货币数量。

(3)以供求论为核心的市场价格理论关于价格的本质。供求论认为交换价值水平取决于该商品的供求比例。斯密指出"市场价格决定于商品实际上市量与有效需求之间的比例"[93]。马歇尔基于这一结论,把供给和需求通过市场作用结合起来,认为在商品价值的决定中,两者有同等的重要性,从而建立了他的均衡价格理论。他的均衡价格理论实际上是由效用论、生产费用论、供求论综合而成的。价格取决于市场供给和需求,也就是效用和生产费用是影响价格的两个均等因素。萨缪尔森认为"市场的核心作用是决定商品的价格"[94]。在完全竞争的市场中,供不应求时,买方对商品价值的主观评价高,价格上升;在价格上升的强大力量驱动下,卖方增加产量,直到供求平衡,买卖双方对商品价值的评价相等。供过于求时,买方对商品价值的主观评价低,价格下降;在价格下降的打击下，卖方减少产量，直到供求平衡，买卖双方对商品价值的评价相等。萨缪尔森认为“价格是商品的货币价值。在更深层次，价格代表了不同商品可以被交换的条件”[95]。总之，从买卖双方角度看，价格是买卖双方对商品价值的对等评价。

(4)以竞争论为核心的价格理论关于价格的本质。市场价格是由供给和需求决定，但供给和需求是通过竞争程度影响价格的。在完全竞争的市场中，商品的价格是供给和需求均衡的结果；在不完全竞争市场中，商品的价格是卖方之间竞争、博弈和获取利润的工具。总之，从市场角度看，价格的本质是一种激励信号。

(5)以管制为核心的价格管制理论关于价格的本质。在现实中，由于自然垄断、公共产品、外部性等存在，导致市场机制失灵，价格不能或者无法通过市场供求关系决定。价格管制理论认为政府应对自然垄断行业、公共产品和具有外部性的产品实行价格管制，以弥补市场失灵的后果。总之，从政府角度看，价格的本质是配置资源的手段。

4.1.2 价格的作用

商品的价格直接涉及生产者、消费者的利益，影响生产者和消费者的决策，也是政府进行宏观调控的工具，调节市场供求关系，具有配置资源的功能。

1. 价格是一种指示生产者和消费者决策的信号

对于生产者和消费者来说，价格是一种信号。通常情况下，较高的价格抑制消费者购买，同时会刺激生产；而较低的价格则鼓励消费，同时抑制生产。一方面，企业根据价格信号不断调整经营决策，调节资源配置的方向；与此同时，价格的水平又决定着商品销售的状况。另一方面，消费者根据价格信号进行消费决策，在其他条件不变的情况下，当商品的价格升高时，消费者就可能做出少买或不买这种商品或购买其他商品替代这种商品的决定。因此，价格水平的变动起着改变消费者需求量、需求方向以及需求结构的作用。

2. 价格是一种调节市场供求关系的工具

在市场中，是价格在协调生产者和消费者的决策。较高的价格趋于抑制消费者购买，同时会刺激生产；而较低的价格则鼓励消费，同时抑制生产。价格在市场机制中起着平衡供求的作用。

3. 价格是一种配置资源的手段

价格是一种激励信号，其功能是配置资源。在微观上，价格是一种信号，指示生产者生产什么和生产多少；指示消费者消费什么和消费多少，自动实现配置资源的功能。在宏观上，价格所显示的供求关系变化的信号系统，为国家宏观调控提供了信息。一般来说，当某种商品的价格变动幅度预示着这种商品有缺口时，国家就可以利用利率、工资、税收等经济杠杆，鼓励和诱导这种商品生产规模的增加或缩减，从而调节商品的供求平衡。价格还为国家调节和控制那些只靠市场力量无法使供求趋于平衡的商品生产提供了信息，使国家能够较为准确地干预市场经济活动，在一定程度上避免由市场自发调节带来的经济运行的不稳定，或减少经济运行过程的不稳定因素，使市场供求大体趋于平衡，从而提高资源配置效率。

4. 价格是一种间接分配机制

当收入的一次分配和二次分配完成以后，价格直接影响购买力水平。在其他情况不变的条件下，价格上升，购买力水平下降，相当于收入减少；价格下降，购买力上升，相当于收入增加。

5. 价格也是企业收益管理的工具

价格是形成企业收益的要素。在企业收益管理中，价格策略是最重要的策略。对于不同的人群、不同的时间、不同的购买数量采取差异化的价格策略，可以增加企业的收益。尤其是对于规模经济显著的行业，收益最大化是企业的首要目标，因此收益管理中的价格策略特别重要。

4.2 价格与效率的关系

价格是配置资源的手段，效率是资源配置的最优状态。因此，价格与效率具有内在的必然联系。价格与效率的关系属于手段与目标的关系。

4.2.1 完全竞争市场中价格与效率的关系

在完全竞争市场中，价格机制自动配置资源，促使供求实现均衡，并决定均衡的价格和均衡的数量，市场到达效率状态。如图 4-1 所示，完全竞争市场供求均衡时，总剩余（消费者剩余和生产者剩余之和）达到最大，即社会福利最大化，实现效率。

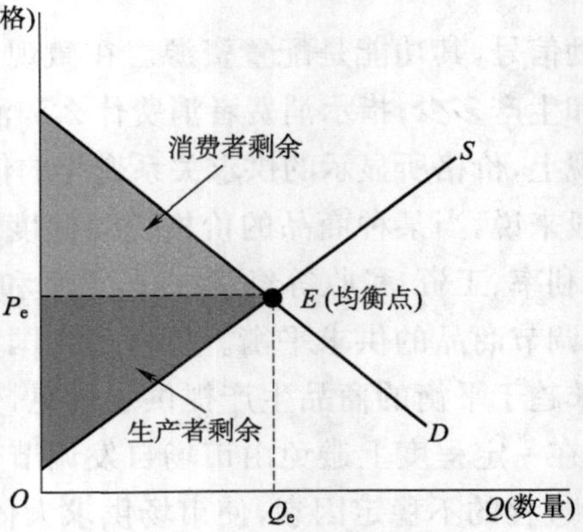

图 4-1　完全竞争供求均衡实现效率

4.2.2　垄断企业的价格策略与效率的关系

1. 单一价格对效率的影响

垄断企业根据利润最大化原则对所有客户制定统一价格。与完全竞争行业相比,单一价格垄断者生产较少的产量,制定较高的价格,获取最大利润,结果是无效率。如图 4-2 所示,垄断企业追求利润最大化,通过边际收益(*MR*)等于边际成本(*MC*)制定单一价格 P^*(高于供求均衡价格 P_e),生产 Q^* 的产量(低于供求均衡产量 Q_e),消费者剩余减少,生产者剩余增加,并产生了无谓损失,因此无效率。

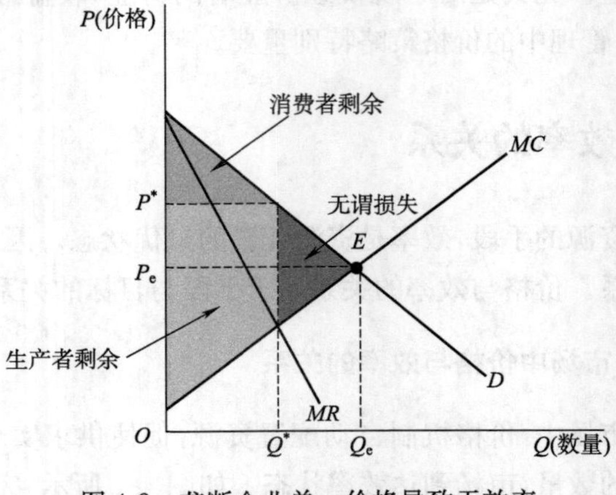

图 4-2　垄断企业单一价格导致无效率

2. 差异化价格策略对效率的影响

对于拥有市场势力的厂商，通过差异化价格策略提高效率。现实中，常见的价格差异化策略有价格歧视、高峰负荷定价、跨期价格歧视和两部收费制等。价格歧视是指基于不同购买者的支付意愿不同，对同一种商品收取不同的价格。

(1)一级价格歧视对效率的影响

一级价格歧视(完全价格歧视)是指拥有市场势力的厂商向每位购买者索取其为所买的每单位商品愿意支付的最高价格(保留价格)，如图 4-3 所示，由于每位购买者被索取正好是他们愿意支付的最高价格，边际收益曲线不再与厂商的产量决策相关。相反，从销售每个额外单位所增加的收益等于购买者为这个单位所支付的价格，因而它由需求曲线给出。因此，产量增加到价格等于边际成本那一点 E(边际成本曲线与需求曲线的交点)。完全价格歧视使消费者剩余归于零，却增加了垄断者的生产者剩余，使之等于完全竞争时的消费者剩余和生产者剩余的总和，从而实现了企业的投入产出效率。无谓损失为零，因此实现效率。

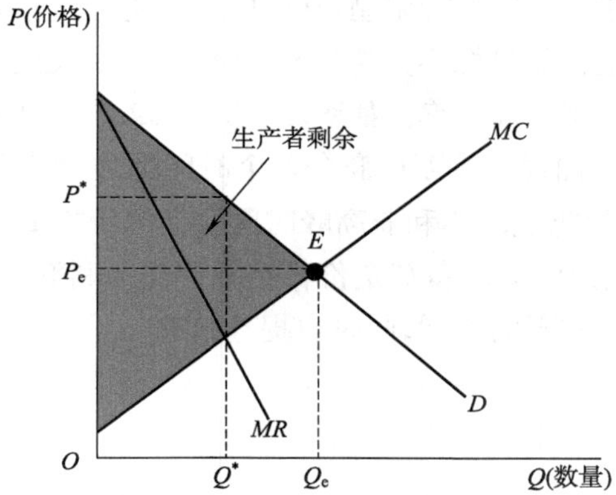

图 4-3 完全价格歧视实现效率

(2)三级价格歧视对效率的影响

由于在实际操作中，垄断厂商很难掌握每位购买者的保留价格信息，所以使用完全价格歧视相当困难。然而，区分对价格敏感程度不同的购买者群相对容易，于是三级价格歧视应运而生。三级价格歧视是指拥有市场势力的厂商对需求弹性不同的人群实行不同的价格，即对需求弹性较大的购买者群实行较低的价格，对需求弹性较小的购买者群实行较高的价格(如图 4-4 所示)。三级价格歧视是最盛行的价格歧视形式，相对于单一垄断价格，既可以攫取消费者剩余，提高垄断企业的投入产出效率，也可以减少无谓的损失，提高效率。

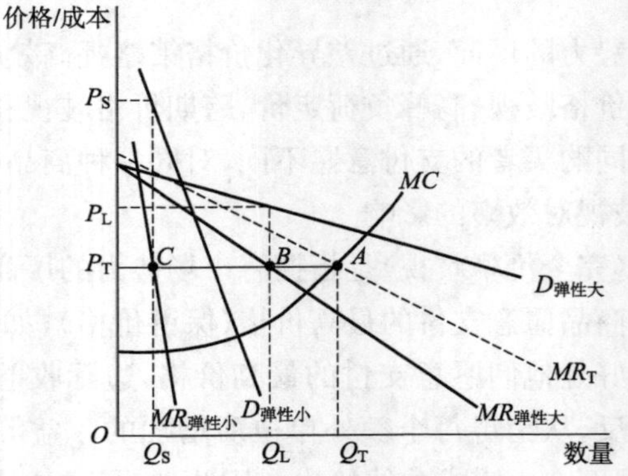

图 4-4　三级价格歧视提高效率

(3)高峰负荷定价对效率的影响

对于某些商品，在特定时间会出现需求高峰，例如交通高峰时间的道路，周末的娱乐场等。由于负荷能力的限制，在高峰时间边际成本较高，因而价格应该高一些。高峰负荷定价的目标不是攫取消费者剩余，而是通过向消费者索取接近于边际成本的价格来提高效率。如图 4-5 所示，D_1是非高峰时间的需求曲线，D_2是高峰时间的需求曲线。垄断厂商令各个时间的边际收益等于边际成本，从而得到高峰时间较高的价格 P_2和非高峰时间较低的价格 P_1以及相应的数量 Q_2和 Q_1。与单一价格相比，高峰负荷定价将垄断厂商的利润增加到高于所有时间都索取同样价格所能实现的水平，同时也提高效率。

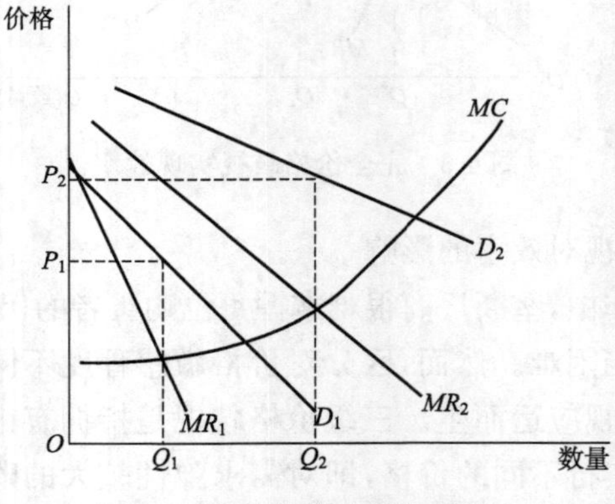

图 4-5　高峰负荷定价提高效率

4.2.3　自然垄断企业的管制价格与效率的关系

在很多情况下，市场的竞争是不完全的，如垄断竞争、寡头和垄断。不完全竞争的市场是无效率的，需要通过价格管制来纠正市场的无效率。例如，政府通过对自然垄断实行价格管制来提高配置资源的效率。

1. 边际成本定价对效率的影响

如图 4-6 所示，由于自然垄断行业存在规模经济，边际成本小于平均成本，长期平均成本曲线（*LRAC*）向右下方倾斜。若按边际成本定价规则，即价格等于边际成本，受价格管制的行业实现总剩余最大化。但是，把价格定在边际成本水平上，受管制的自然垄断企业很可能蒙受经济损失，因为边际成本（价格）低于平均成本，产品的亏损为平均成本减去边际成本（*EF*）。很显然，被要求采用边际成本定价的自然垄断企业难以持续经营。也就是说，实行边际成本定价规则进行价格管制，实现效率，但自然垄断企业难以维持经营。如果政府用其他经济活动的税收对自然垄断企业进行补贴，因为税收本身也会造成无谓损失，额外征税造成的无谓损失，会降低迫使自然垄断企业按边际成本定价所获得的效率。

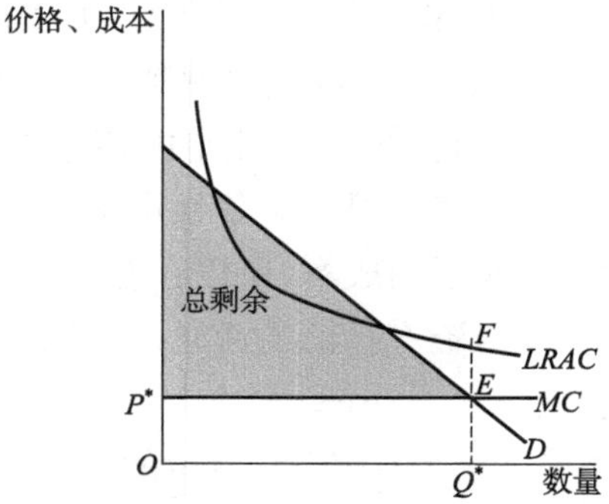

图 4-6　实行边际成本定价，实现效率但垄断企业很可能亏损

2. 平均成本定价对效率的影响

如果按平均成本定价规则对自然垄断企业进行价格管制，可能将无谓损失减少到最小，即可能提高效率。如图 4-7 所示，按照自然垄断企业平均定价水平 P^*，需求量为 Q^*，消费者剩余为左上方的三角形面积，生产者剩余为长方形面积，无谓损失为右下方的三角形面积。尽管存在无谓损失，但由于价格等于平均成本，不需要对受管制的自然垄断企业进行补贴而额外征税。所以，对自然垄断

企业实行平均成本定价，与边际定价相比，受管制企业提高了效率，但产生无谓损失，所以无效率。

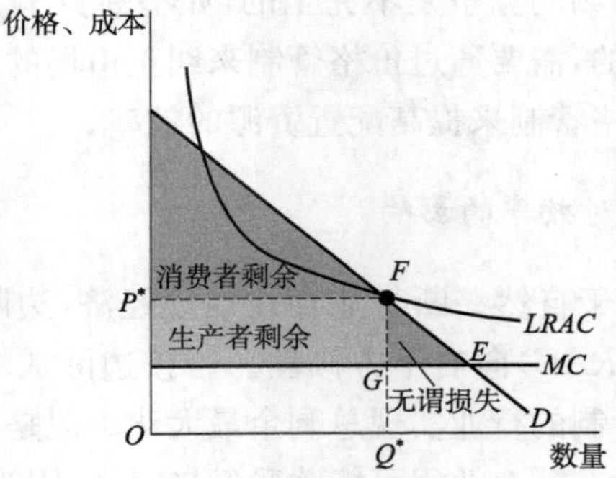

图 4-7　平均成本定价对效率的影响

3. 价格上限管制对效率的影响

由于管制机构对受管制者的边际成本和平均成本了解不如受管制者多，所以在实践中实行边际成本定价规则和平均成本定价规则的难度都较大。管制机构不能直接观察到企业的成本，也不了解受管制企业使成本最小化有多难。因此，管制机构采用两个经验规则：一是收益率管制，二是价格上限管制。

收益率管制是指受管制企业对产品的定价能够保证其资本收益达到某一特定的目标收益水平。目标收益率是根据竞争性市场中正常的收益率来确定的。由于收益率管制价格含有企业平均成本，所以存在受管制企业有增加成本并提高价格的激励和提取更多固定资产折旧的激励。正因为如此，收益率管制逐步为价格上限管制所替代[96]。

价格上限管制是指明确规定企业被允许制定的最高价格的一种规则。这种规则能够激励企业高效运营并且较好地控制成本。图 4-8 表示自然垄断企业的价格上限管制对效率的影响。在不受价格管制并当利润最大化时，自然垄断企业制定的价格为 P，产量为 Q，获取经济利润（长方形阴影部分），无谓损失为三角形 EFG 的面积，即无效率。如果对自然垄断企业实行价格上限管制，则存在如下情况：

(1)制定价格上限为 P_1（$P_1<P$），产量则为 Q_1（$Q_1>Q$），无谓损失为三角形 EF_1G_1 的面积（小于三角形 EFG 的面积），即价格上限管制降低了价格，同时增加了产量，无谓损失减少了，提高了效率。

(2)制定价格上限为 P_2（$P_2<P_1<P$），产量则为 Q_2（$Q_2>Q_1>Q$），无谓损失为三角形 EF_2G_2 的面积（小于三角形 EF_1G_1 的面积），此时价格 P_2 低于平均成本，企业出现亏损。即效率提高了，但企业经营亏损。

(3)制定价格上限为 P^* ($P_2<P^*<P_1$)，产量则为 Q^* ($Q_1<Q^*<Q_2$)，此时价格 P^* 等于平均成本，企业盈亏平衡，无谓损失为三角形 EF^*G^* 的面积（小于三角形 EF_1G_1 的面积），因此，价格上限管制与平均成本定价的结果是相同的。即相对于不受价格管制利润最大化时而言，基于平均成本的价格上限管制降低了价格，同时增加了产量，无谓损失减少了，提高了效率。

综上所述，价格上限管制对效率产生直接的影响，上限价格越逼近边际成本，则效率越高；上限价格越偏离边际成本，则效率就越低。

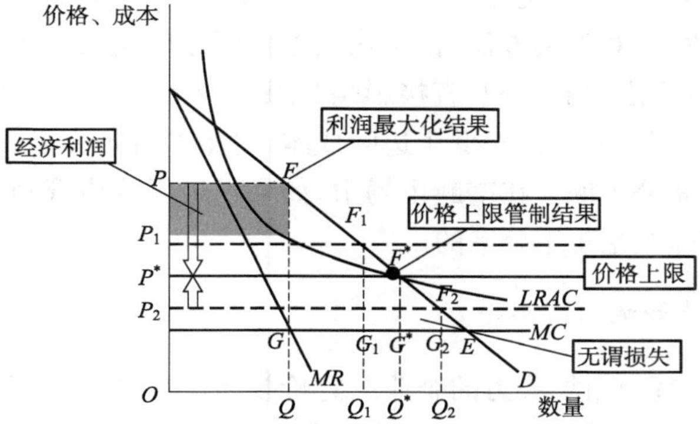

图 4-8　价格上限管制与对效率的影响

4.3　价格与公平的关系

价格涉及市场主体的利益，直接影响公平。价格与公平的关系表现为价格对经济公平的影响和价格对社会公平的影响。

4.3.1　价格对经济公平的影响

价格涉及价格管理体制、价格形成机制、价格水平和价格策略四个层面的内容。价格管理体制与机会公平具有直接关系，形成机制与规则公平关系密切，价格水平和价格策略影响结果公平。

1. 价格管理体制影响机会公平

价格管理体制所规定的定价权是企业的一种权利，体现机会是否公平。在同一个市场中，如果不同企业拥有相同程度的定价权，则表明机会是公平的；否则，表明机会是不公平的。

2. 价格形成机制影响规则公平

价格形成机制是一种规则,体现规则是否公平。在同一个市场中,如果不同企业的价格形成机制相同,那么表明规则是公平的;否则,表明规则是不公平的。例如,在客运市场中,如果各种运输方式的价格形成机制相同或相似,则表明竞争规则是公平的,否则对于某一种或某几种运输方式是不公平的。

3. 价格水平影响结果公平

价格水平是买卖双方交易的条件,体现结果是否公平。对于卖方而言,是销售单位商品的收入;对于买方而言,是购买单位商品的支出。所以,价格水平决定利益在买卖双方之间的分配,直接影响结果是否公平。当价格水平高于边际成本,对消费者不公平;当价格低于边际成本,对生产者不公平。在完全竞争市场中,均衡价格是公平的。在垄断市场中,如果不进行价格管制,价格水平对于被垄断一方而言,结果是不公平的。

4. 价格策略影响结果公平

价格策略是拥有市场势力的企业的定价技巧,不同的价格策略在企业与消费者之间以及在不同消费者群体之间,体现结果是否公平。例如,垄断企业实行完全价格歧视策略,攫取全部消费者剩余,对于消费者而言,结果是不公平的。又如,拥有市场势力的企业实行三级价格歧视策略,对于低收入人群来说,结果比单一价格策略公平。

4.3.2 价格对社会公平的影响

1. 价格对生存公平和发展公平的影响

人的生存基本需求要得到保障,人的发展依赖于生活质量的提高。对于消费者而言,价格是购买商品的一道"门槛",影响家庭购买力水平,从而影响生存和发展公平。在可支配收入一定的情况下,如果价格越高,家庭的购买力就越低,人们的生存和发展质量下降。如果价格越低,家庭的购买力就越高,人们的生存和发展质量提高。

2. 价格调节国民收入分配,影响社会公平

国民收入分配包含两次分配,即初次分配和再分配。国民收入的初次分配是在创造它的物质生产领域进行的分配。国民收入再分配是国民收入继初次分

配之后在整个社会范围内进行的分配，是指各级政府以社会管理者的身份主要通过税收和财政支出的形式参与国民收入分配的过程。国民收入再分配，主要通过财政预算、银行信贷、价格变动等方式来进行。在国民收入的分配和再分配过程中，价格都参与了这些分配过程。价格参与国民收入的分配和再分配，主要是通过价格与价值的一致与不一致以及价格的变动来实现的。在国民收入的初次分配中，价格水平的高低影响国民收入可分配的总数以及国家、企业和个人之间的分配比例；在商品交换过程中，价格的变动则会引起各方已获得的国民收入发生再次转移，使一方的利益转移到另一方。价格调节国民收入分配具有一定的隐蔽性，在一定程度上比较容易操作。因此，必要时国家可以借助价格杠杆调整各方面的收入分配，以促进公平。

另外，政府运用公共财政资源，建设公共基础设施，提供公共产品或公共服务，并以免费或低价形式体现公益性，从而增进社会福利，促进社会公平。例如，政府对低价的城市公共交通服务进行补贴，大量中低收入者类似于间接地增加了收入，获得社会福利，从而促进社会公平。

4.3.3 小　　结

价格与公平的关系表现为价格对经济公平和社会公平的影响。价格对经济公平的影响表现为价格对机会公平、规则公平和结果公平的影响，其中，价格管理体制影响机会公平，价格形成机制影响规则公平，价格水平和价格策略影响结果公平。价格对社会公平的影响表现为价格对生存公平和发展公平的影响，其中，价格水平和价格策略影响生存公平和发展公平。价格与公平的关系见图 4-9。

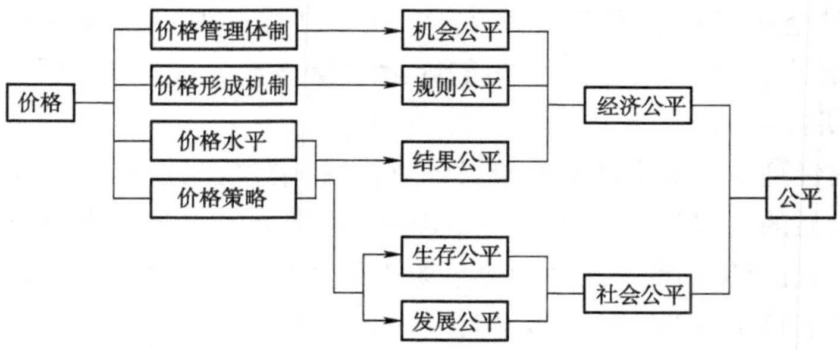

图 4-9　价格与公平的关系

供求均衡价格，实现效率，促进公平；单一的垄断价格，既无效率，也不公平；与单一的垄断价格相比，价格歧视可提高效率，但不公平；垄断的管制价格，越逼近边际成本，越提高效率和增进公平。

5 基于效率与公平的运价理论

效率和公平是人类社会发展中的两大目标。交通运输业是基础产业，具有经营性兼有公益性，交通运输产品属于准公共产品。运价是单位运输产品的价格，运价体系包含运价管理体制、运价形成机制、运价水平和运价策略四个层次。运价体系既要提高效率也要促进公平。

5.1 运价的影响因素及形成机理

5.1.1 价格的影响因素

根据价格理论，影响价格的因素有很多，如生产成本、市场需求、竞争程度等。政治经济学认为价格是由劳动价值决定的。新古典经济学认为价格是由市场的竞争程度决定的。在完全竞争市场中，价格由支付意愿决定的需求和由边际成本决定的供给相互作用实现均衡而决定；垄断市场的价格由垄断厂商根据利润最大化目标而制定；寡头市场的价格由主要寡头以利润最大化为目标而博弈产生；垄断竞争市场的短期价格由厂商根据利润最大化目标制定，长期价格由市场供求决定。由此可见，新古典经济学价格理论的前提是企业以追求利润最大化为目标，也就是说价格是为达到利润最大化而制定的。因此，在影响价格的因素中应该包含一个非常重要的因素，那就是预期目标。

新古典经济学的价格理论抽象了产业特性，暗含着的一个前提是假设所有产业都是同质的。实际上，不同产业的特性不同，如由生产特性决定的成本特征、由产品特性决定的产品属性和由市场特性决定的竞争程度等方面不同，所以价格的影响因素是有差异的。运输业是一个具有显著特性的产业。

5.1.2 运输业的特性

交通运输是人或货物的空间位移活动，完成交通运输活动需要的基本条件有基础设施、交通运输设备、动力以及信息系统。与其他产业相比，运输业在生产、产品、市场和社会方面具有明显特性。

1. 运输业的生产特性

(1)交通基础设施投资巨大,资产专用性强

完成交通运输活动,需要交通基础设施,如交通线路、站场、港口、信号设施等;而交通基础设施不仅需要占用大量的土地资源,而且需要巨大的资金投入。由于交通运输系统与其他经济系统的差异性强,加上交通运输系统内的各种运输方式具有各自的技术经济特点,所以交通基础设施一旦形成,就不能改作他用,意味着巨大的资金发生沉淀。资产专用性的产生是由于沉淀成本,也就是一项投资一旦做出之后,若再改作其他用途就可能丧失全部或部分原有的价值,这部分价值的丧失是不可弥补的。铁路和港口是专用性很强的资产,铁路网和港口一旦形成就很难在空间上转移。

(2)运输生产具有网络性,运输业网络经济显著

运输业属于典型的网络型产业,运输生产活动是在交通网络中进行的,具有显著的网络经济特性。运输业网络经济是指由于运输业的规模经济与范围经济的共同作用,运输总产出扩大引起平均运输成本不断下降的现象。运输业的规模经济是指随着网络上运输总产出的扩大,平均运输成本不断下降的现象;运输业的范围经济是指与分别生产每一种运输产品相比较,共同生产多种运输产品的平均成本可以更低。运输业网络经济有如下一些具体表现:某一条具体线路上由于运输密度增加引起平均成本不断下降;随着单个运载工具运载量增加而平均运输成本逐渐降低;随着车队规模扩大平均运输成本逐渐降低;随着运输网络上港站吞吐及中转客货量、编解列车、配载车辆、起降飞机、停靠船舶等能力的提高引起平均成本逐渐降低;随着距离延长平均运输成本不断降低(即递远递减)等。

(3)运输生产受基础设施能力的限制

运输活动需要基础设施,如交通线路、站场、港口等,而交通基础设施一旦形成后都是具有一定能力的,交通线路具有通过能力,站场和港口具有吞吐能力。当运输量没有超过基础设施的设计能力时,运输生产不会受到能力的制约;当运输量超过交通基础设施设计能力时,运输活动就会受到制约,出现拥挤现象。

(4)运输生产具有时空特性

运输生产是为人或货物提供空间位移服务,而人或货物的空间位移是根据人们的生活和社会的生产需要派生出来的,与人口、自然资源、产业的空间分布直接紧密相关,所以运输生产具有明显的空间特性,货物运输还具有空间的方向

性和地区的不平衡性特征。另外，由于运输需求具有空间上的广泛性，相应地，运输生产也具有空间的广泛性。由于人们的生活和社会的生产在时间上具有一定的规律性，所以运输生产具有明显的时间特性。例如，在一年中具有明显季节性，即旺季运输生产繁忙，淡季运输生产不繁忙；在一天中，高峰时段进行高频次高密度的运输生产，低谷时段进行低频次低密度的运输生产。

2. 运输业的产品特性

(1)运输产品的属性较多

运输产品包含位移、方便性、快捷性、舒适性、可靠性、安全性等多个属性。其中，位移是运输产品最基本的功能，是交通运输的空间属性，由交通运输的起讫点和路径决定。方便性是乘客或客户在交通运输整个过程中的便利程度，受交通运输的一体化程度和频率等因素的影响。快捷性是交通运输的时间属性，由一定空间距离的交通运输速度决定。舒适性是乘客在交通运输过程中的生理和心理感受，受运输装备、服务水平、技术条件等因素的影响。安全性是乘客在运输过程中的生命与财产的保障和货物的保值，受运输技术、可靠性等因素的影响。

(2)运输产品种类非常多

运输产品是人或货物的空间位移，即由运输对象、始发和终到地点构成。相同的运输对象不同的起始终到地点，就是不同的运输产品；不同的运输对象相同的起始终到地点，也是不同的运输产品；不同的运输对象不同的起始终到地点，也是不同的运输产品。由于运输对象繁多，起始终到地点更多，所以运输产品种类繁多。在运输产品统计上，抽象掉了运输对象和空间方向的不同，只体现旅客数量或货物重量和距离，用人公里和吨公里来衡量运输产品的数量。尽管如此，由于起始终到地点不同，运输产品的种类非常多。

(3)运输产品具有准公共性

现代经济学将所有的社会产品划分为公共物品、准公共物品和私人物品三类，其中准公共物品又划分为俱乐部物品（即拥挤性公共物品）和共同资源物品。运输业的基本特征表现在产品利益由集体消费但受拥挤约束，因而运输物品是一种典型的俱乐部物品。但是，不同的运输设施或服务其物品特性不完全相同。根据世界银行 1994 年的发展报告，私人车辆所代表的私人交通是一种私人物品，与此相近的是自备车辆与出租车，铁路在传统独家经营的情况下接近私人物品；运输设施中的道路交通标志属于公共物品，与之接近的是农村道路。城市道路常处于拥挤状态，收费高速公路属于俱乐部物品，机场港口设施接近于俱乐部物品；列车和水空航班运营的位置大体在私人物品与公共物品的中间。显而易见，交通运输作为混合性公共物品既可以是公共物品，也可以是私人物品；既可以由政府提供，也可以由社会成员提供。同时，交通运输作为拥挤性公共物品，在其规模允许的范围内，其消费不具有竞争性与排他性，但当超过其规模允许的范围时，其消费则具有竞争性与排他性[97]。

3. 运输业的市场特性

(1)在某些业务领域存在自然垄断性

运输业是通过一定的运输网络为消费者提供服务的产业，像铁路在其线路建设、铁路路网操作、铁路物资供应、铁路运输机车车辆生产与供应等具体业务中，铁路路网系统的建立和操作具有明显的自然垄断性。如果在同一线路上存在若干家平行的铁轨线，虽然竞争在短期内让消费者受益，但竞争造成的规模经济损失将使企业的效率大为降低，再加上铁路建设大量的沉淀资本，使得在同一运输线铺设平行的铁轨线是一种浪费性的重复设置，造成社会财富的损失。

(2)可替代性和不可替代性并存

从产品的技术角度来说，各种运输方式都提供人和物的空间位移，存在一定程度的相互替代性，它构成了运输方式之间竞争的基础。当然，由于运输产品具有时间上的规定性和空间上的方向性，因此不同运输供给方式的替代性受到限制；各种运输方式的技术经济特征、发展水平、运输费用和在运输网中的分工也不同，所以运输方式之间的替代是一定条件的。

(3)运输需求的时空分布不均衡

运输需求是派生需求，受生产的时空和出行的时空的直接影响，呈现出时空分布不均衡性。例如，夏天是用电高峰期，煤炭运输的需求旺盛；春节前后是人们出行的高峰期，旅客运输的需求旺盛。另外，不同地区由于自然资源分布不均、经济社会发展水平差异，客货运需求空间分布不均衡。例如，一国的经济发达地区的客货运需求比经济欠发达地区大。

4. 运输业的社会特性

交通基础设施是国家的重要基础设施，运输业是国民经济的基础产业，运输业提供的服务是其他许多经济活动得以进展的基础，运输业给区域带来巨大的社会效益，促进区域经济社会发展。另一方面，运输业的负外部性较大，如环境污染、噪声污染和交通事故等。

5.1.3 运价的影响因素

运价主要受运输业特性、运输业使命和收入水平三个维度的影响。运输业特性包括运输的生产特性、产品特性、市场特性和社会特性等；运输业的使命决定运价目标；收入水平是指全社会（或地区）的人均收入水平及分布，决定个人支付意愿。运输业的作用、地位、产品特性和社会特性共同决定运价目标，支付意愿、收入分布和运输业的市场特性决定了运输需求弹性；运输业的生产特性决定了成本特征。因此，运价形成的主要影响因素是运价目标、运输业的成本特征、运输业的需求弹性（见图 5-1）。

图 5-1　运价的主要影响因素

1. 运价目标

运输业的诸多特性中，网络经济特性、公共产品属性、自然垄断性、外部性、公益性、部分可替代性、需求的时空特性决定了运输产品的价格形成不同于一般产品。由于运输业具有诸多特性以及不同的企业性质，所以运价目标不同于私人物品以利润最大化为目标。

2. 运输成本特征

运输成本是一定数量的运输服务所投入的生产要素价值，包括固定成本、财务费用和运营成本。固定成本是由固定设施和移动设备的折旧构成，一般占总成本的比例较高；财务费用是因投资固定设施和移动设备所发生的债务成本(利息),由于交通基础设施投资较大,一般会发生财务费用;运营成本包括固定设施和移动设备维修和养护的费用、人员的工资、运输工具消耗的动力等。

由于客货运输活动是在交通网络中进行的,而且运输对象(客货)不同,运输产品(起讫点)种类非常多,通常发生共同成本,所以不同运输产品的成本和平均成本都难以准确度量。对于运输企业而言,运价与平均成本的对比直接影响经营结果。如果运价大于平均运输成本,运输企业则有利可图,否则,运输企业出现亏损;如果运价大于平均变动运输成本,运输企业则可继续经营,否则将会停产。正因为如此,不受价格管制的运输企业在制定运输价格时,通常制定高于平均运输成本的运价,以期获取利润。受价格管制的运输企业,政府在制定运价时,通常也要考虑运输成本因素。

3. 运输需求弹性

与一般产品一样,运输产品的需求弹性大小主要取决于三个因素:第一,运输产品的需要程度。需要程度越大,需求弹性越小;需要程度越小,需求弹性越大。例如,春节前后,对客运的需要程度很高,运输需求弹性很小。第二,运输产品的替代程度。不同运输方式之间具有一定的替代关系,替代程度越高,需求弹性越大;替代程度越低,需求弹性越小。例如,在长距离,民航对高铁的替代性强,所以高铁的需求弹性大。在短距离,汽车对高铁的替代性强,所以高铁的需求弹性大。第三,运输支出占收入的比例。运输支出占收入的比例越高,需求弹性就越大;否则,需求弹性就越小。例如,不同收入人群的同一种运输产品的需求弹性不同,高收入人群的需求价格弹性较低,低收入人群的需求价格弹性较高。

5.1.4 运价的形成机理

运价形成受多种因素影响,其中运价目标、成本特征、需求弹性是决定因素。运价目标主要受运输业的地位与作用、社会特性以及由运输产品属性决定的运输企业性质的影响,运输业的使命决定了它的地位与作用;运输产品的公共性程度决定企业的产权性质。运输业的成本特征主要受生产特性的影响,运输业最主要的生产特性是网络性,所以表现出显著的密度经济和幅员经济特性。运输业的需求弹性主要受运输市场的供求特征决定的竞争程度和由人们的收入水平决定的支付意愿的影响。运价的形成机理见图 5-2。

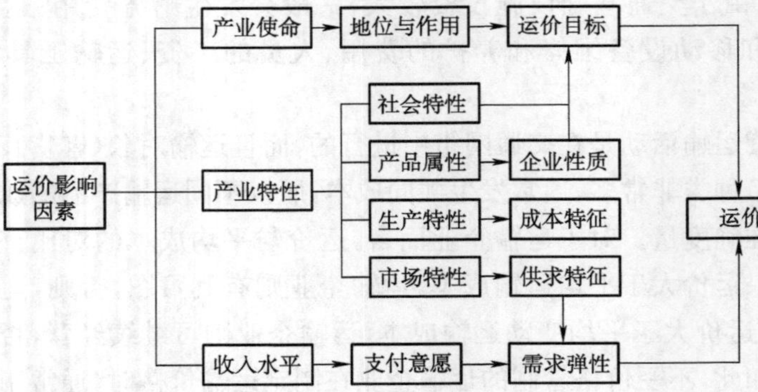

图 5-2　运价的形成机理

5.2　基于效率的运价理论

定价是一种资源配置的方法,不存在所谓“正确的”价格,只有可以实现预期目标的优化定价。运价也不例外,是一种配置运输资源的方法。从理论上看,以效率为目标的运价理论有边际成本定价理论、互不补贴定价理论和次优定价理论等。

5.2.1　运价的效率原则

运价的目标之一应该是效率,一个好的运价结构必定是鼓励运输生产者和消费者有效利用其所得资源。经济活动中的无效率与价格水平的不适当有关。价格是同时引导生产者和消费者的最有效信号,过低的价格会导致某些产品或服务的需求过于旺盛,但生产者没有兴趣增加供给;而过高的价格又会引起生产者在缺少足够社会需求的产品或服务上投入过多资源。此原理也完全适用于运输市场,因为运输服务的供给者与消费者也是根据运输价格做出自己的判断,从而决定了运输市场上运输服务的种类与数量,也决定了需求者的满足程度[98]。

经济效率原则强调消费者愿意支付的重要性。效率原则认为,为了实现资源的有效利用,价格应该等于所提供产品或服务的机会成本。这一原理是普遍适用的,对运输价格也是如此。只有运价等于提供运输位移的机会成本时,社会为该位移所付出的资源数量才是最合理的,否则不是过多就是过少。因此,使运输活动经济效率最大化的定价原则之一是:

$$运价=短期边际成本 \tag{5-1}$$

式(5-1)只是使社会福利最大化的条件之一,条件二是对接受某项运输服务的所有客户(乘客)而言:

$$\text{总的支付意愿} \geqslant \text{所用资源的机会成本} \tag{5-2}$$

式(5-2)表明:提供某项运输服务的社会总剩余不能为负值。

同时满足上述两个条件,运输价格使得运输服务是有效率的,社会福利实现最大化。图 5-3 表示有效率的运价制定。

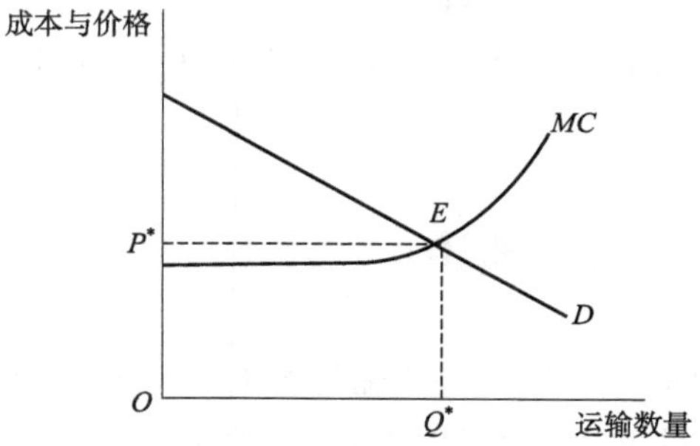

图 5-3　有效率的运价制定

正如第四章所述,边际成本定价是有效率的,但如果边际成本小于平均成本会给企业带来亏损而使得经营不可持续。由于运输业的规模经济显著,所以在实现有效规模之前边际成本小于平均成本,如果根据边际成本制定运输价格,那么运输企业产生经营亏损而财务不可持续。因此,要么政府对运输企业进行补贴,要么采用次优定价原则。

5.2.2　次优定价原则

次优定价原则又称"拉姆齐定价法",是指在最优(最有效或福利最大化)定价无法实行的情况下,采取次优方式分摊固定设施成本,具体地说,是利用不同使用者群体的需求价格弹性差别作为分摊固定成本的基础。根据拉姆齐定价法,每一个使用者群体都要支付一部分固定成本,其中需求弹性最小的使用者群体承担的比重相对最大[99]。

该理论解释的是,任何偏离边际成本的定价都会引起运输设施使用中的无效率,对于那些需求弹性较大的使用者群体,价格上升引起的退出使用的无效率也会较大,而为了尽可能地减少这种无效率,就只好对需求弹性较小的使用者提高价格。拉姆齐定价法的计算公式如下:

$$\frac{P_i - MC_i}{P_i} = \frac{\lambda}{e_i} \tag{5-3}$$

或

$$P_i=\frac{e_i \times MC_i}{e_i-\lambda} \tag{5-4}$$

式(5-3)和式(5-4)中，P_i是对使用者 i 群体收取的单位运价；MC_i是对使用者 i 群体引起的边际运输成本；e_i是对使用者 i 群体的需求弹性；λ 则是对所有使用者群体都相同的常数，其数值由所需要的收入目标决定。拉姆齐定价法规定：价格偏离边际成本的程度与需求弹性成反比。

次优定价原则根据使用者群体的需求弹性定价，也可适用于需求弹性差异的不同地区运价的制定。

5.3 基于公平的运价理论

定价是为了实现预期目标，制定运输价格也不例外。对于私人运输企业来说，在没有价格管制的条件下，定价可能是为了实现运输企业福利方面的某些目标，如利润最大化、收入最大化等，但对于政府经营的运输企业（国有运输企业）来说，定价不是或不应该以利润最大化为目标，而应该是以更多增进社会福利为目标。

由于运输业具有公益性，运输产品具有公共产品属性，运输业具有一定的垄断性和规模经济特性，所以应该对运价进行一定程度的管制，以提高效率和促进公平。给各运输企业同等的定价权是机会公平的体现；给不同的运输方式的运输企业相同或相似的运价形成机制是规则公平的体现；设置运价上限是增进消费者剩余体现结果公平和发展公平的手段。体现结果公平和发展公平的运价上限的方向应该是逼近供求均衡价格，以提高效率和增进运输使用者福利。如图 5-4 所示。运价上限，使之逼近供求均衡价格。

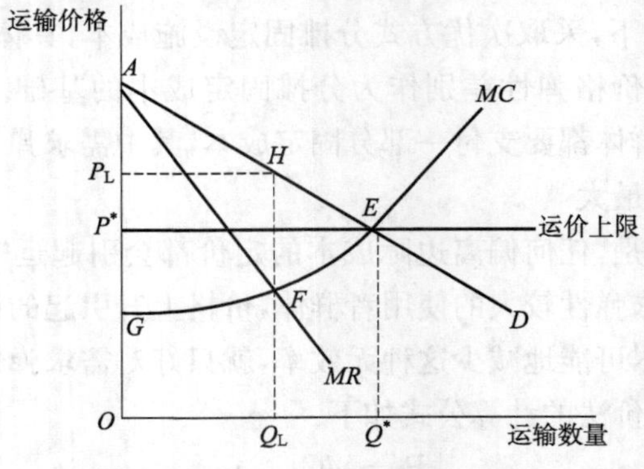

图 5-4　管制运价上限以提高效率和增进运输使用者福利

在图 5-4 中，需求曲线与供给曲线相交于 E 点，P^* 是市场运价，Q^* 为均衡的运输数量。如果垄断的运输企业追求利润最大化，那么定价为 P_L，提供运输服务数量 Q_L 比供求均衡时的数量 Q^* 小，即被满足的需求量减少了 Q^*-Q_L，生产者剩余增加了，消费者剩余减少了，并产生了无谓损失，所以利润最大化的垄断价格既无效率也有失公平。对垄断运输企业实行运价管制，通过设置运价上限 P_L，使之逼近供求均衡运价，最大限度地使社会福利最大化，提高效率并增进运输使用者福利。

5.4 效率与公平的运价理论

根据基于效率的运价理论，在完全竞争的运输市场中，运价等于边际成本且乘客（或客户）总的支付意愿大于或等于所用资源的机会成本，那么运输资源配置是有效率的。在现实中，完全竞争的市场几乎是不存在的，因为存在不完全竞争、外部性、公共物品等。交通运输行业同时具有不完全竞争、外部性和公共物品等特点，所以，运价难以实现绝对效率，而只能实现相对效率。根据机会公平的观点，不同运输方式不同运输企业应具有相同的定价权限；根据规则公平的观点，运输市场中不同运输方式应该具有平等的运价规则；根据结果公平和发展公平的观点，运输价格应是改善处境较差的人的状况。

运价可划分为运价管理体制、运价形成机制、运价水平和运价策略四个层次，因此，分别有效率与公平的运价管理体制、运价形成机制、运价水平和运价策略。

1. 效率与公平的运价管理体制

赋予各种运输方式的运输企业平等的定价权限。运输企业可以在定价权限内定价，提高投入产出效率，运输市场通过运价，有效配置运输资源；同时，也体现不同运输方式之间以及不同运输企业之间的机会公平。

2. 效率与公平的运价形成机制

对于不同运输方式，尤其是对具有竞争关系的运输方式制定相同的运价形成机制，不同运输方式之间的运输企业可以运用价格手段提高配置运输资源的效率，也体现不同运输方式之间的规则公平。

3. 效率与公平的运价水平

制定提高效率和促进公平的运价水平，可以有三种模式。

第一种模式是:不同地区制定不同的运价水平。如图 5-5 所示,假设不同地区各自拥有一条相同能力的运输线路,而且边际成本相同。由于不同地区的经济发展水平和人口规模不同,所以运输需求差异较大,发达地区的需求曲线为 D_D,较发达地区的需求曲线为 D_Z,欠发达地区的需求曲线为 D_X,它们与边际成本曲线 MC 分别相交于 E_D、E_Z 和 E_X 点,形成的均衡运价分别是 P_D、P_Z、P_X($P_D > P_Z > P_X$),所以发达地区制定较高的运价,欠发达地区制定较低的运价,有利于提高效率和促进社会公平。

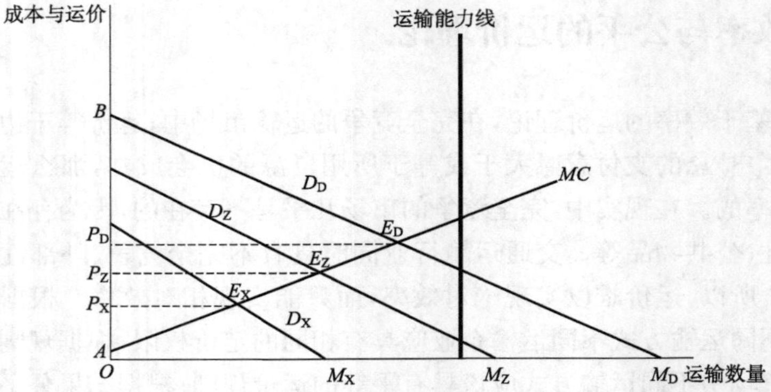

图 5-5　不同地区制定不同水平的运价有利于提高效率和促进社会公平

另一种模式是:运价上限管制+补贴-税收。运输市场是不完全竞争的,运输业具有外部性,运输产品具有一定的公益性,所以基于效率与公平的运价水平应等于或低于完全竞争市场运价。如图 5-6 所示,初始的供求均衡的价格为 P^*,均衡运量为 Q^*,小于线路的运输能力 Q_L,线路的运输能力没有被充分利用。如果对运输企业进行补贴和(或)减税,供给曲线向右移动,当新的供求均衡点在线路运输能力线上时,线路的运输能力得到充分利用,实现了资源配置效率。此时上限运价 $P_L \leqslant P^*$,运输使用者福利至少增加了梯形 $EJHB$ 的面积,即一定程度上实现结果公平。但是,运输使用者福利的增加是以运输生产者剩余的减少为代价的,因此应对运输生产者进行减税或补贴,生产者剩余增加了图形 HKB 的面积减去图形 JGE 的面积,增加了社会总福利,大小为图形 $GKBE$ 的面积。因此,通过实行低于市场价格的上限运价并对运输企业减税和(或)补贴,提高效率也促进公平。

第三种模式是:模式一和模式二的结合。即对经济发展水平不同的地区采用不同的运价上限管制,同时实行补贴或减税等政策以增加运输供给,使运输供给和运输需求尽可能在运输能力线上实现均衡,从而达到效率和公平。

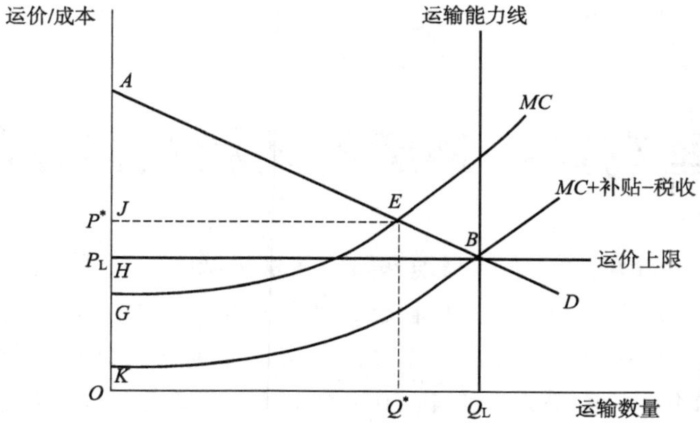

图 5-6 运价上限加补贴减税收可提高效率与促进公平

4. 效率与公平的运价策略

运输企业实行次优运价原则，根据需求弹性大小不同，把消费者分成两个或多个群体，对需求弹性小的群体实行较高的运价，对需求弹性大的群体实行较低的运价。所以，对于低收入群体，增进了福利，促进了公平。实质上是收入较高的群体交叉补贴了收入较低的群体，从而实现次优效率和促进了公平。

6 我国高速铁路运价现状及存在的问题

我国第一条真正意义上的高速铁路——京津城际铁路于 2008 年 8 月 1 日通车，截至 2018 年底，高铁营业里程已达到 2.9 万 km 以上，占全世界高铁总里程的 60%以上。2016 年 6 月，国务院常务会议原则通过《中长期铁路网规划》(2016—2030 年)。根据该规划，到 2020 年，将建成 3 万 km 的高速铁路；2025 年将达到 3.8 万 km，2030 年将建成以沿海、京沪等“八纵”通道和陆桥、沿江等“八横”通道为主干，城际铁路为补充的高速铁路网，实现相邻大中城市间 1～4 h 交通圈、城市群内 0.5～2 h 交通圈。

6.1 我国高速铁路运价现状

分别从运价管理体制、运价形成机制、运价水平和运价策略四个层面描述我国高速铁路运价的现状。

6.1.1 我国高速铁路运价管理体制现状

我国铁路较长时期实行的是高度集中的管理体制，原铁道部作为铁路行业主管部门，同时兼有企业功能，对运输生产进行计划、指挥、调度。铁道部垂直管理铁路局，铁路局是一级法人，直管铁路站段。2013 年 3 月铁路实行了政企分开，原铁道部拟订铁路发展规划和政策的行政职责被划入交通运输部；组建由交通运输部管理的国家铁路局，承担铁道部的其他行政职责，如负责拟订铁路技术标准，监督管理铁路安全生产、运输服务质量和铁路工程质量等；组建中国铁路总公司，承担铁道部的企业职责，负责铁路运输统一调度指挥，经营铁路客货运输业务，承担专运、特运任务，负责铁路建设，承担铁路安全生产主体责任等。

(1)我国铁路运价管理体制形成于 20 世纪 50 年代，铁路客运价格由国务院价格主管部门管理，实行高度集中的政府统一定价。21 世纪以来，逐步放松运价管制。

我国铁路运价管理体制形成于 20 世纪 50 年代的计划经济时期，铁路客运价格管理是依据《中华人民共和国价格法》(以下简称《价格法》)和《政府定价目录》，由国务院价格主管部门管理，实行高度集中的政府统一定价机制。《中华人民共和国铁路法》和《铁路客运运价规则》也规定：现行客运运价实施国家管制，铁路客运运价实施政府定价，其票价率是由铁道部主管部门拟定，报国务院批准后实施。2002 年开始铁路客运票价进行过多次的改革，如实行浮动运价、对部分线路的旅客列车实行政府指导定价等其他运价形式，但是实行新运价形式的铁路线路所占的比重很小，在实际执行过程中也存在较大的局限性，如运价调整浮动幅度较小，价格调整的周期较长，不能根据实际情况做出适时的调整，铁路运价的管理体制仍没有发生根本性的改变，管理权限仍然高度集中在国务院价格主管部门。

(2)2008～2015 年，我国高速铁路实行试行运价，定价权下放到相关铁路运输企业，运价水平由相关运输企业自主制定。

根据《价格法》第十一条的规定，属于政府指导价、政府定价产品范围内的新产品，经营者有权实行试销价格。与普通铁路客运相比，高速铁路客运快捷、舒适，属于铁路客运新产品，直到 2016 年 1 月 1 日前实行的是试行价格。根据《国家发展改革委、铁道部关于京津城际轨道交通运价有关问题的通知》(国发改价格〔2008〕1849 号)和《国家发展改革委、铁道部关于武广、郑西铁路客运专线高速动车组列车运价有关问题的通知》(国发改价格〔2009〕3165 号)之规定：高速铁路运输属于铁路客运新产品，暂时实行试行运价，试行运价水平，由相关铁路运输企业根据市场供求状况自主确定；相关铁路运输企业要按照充分考虑社会承受能力、适当体现优质优价的原则，根据市场供求状况合理确定试行运价水平。具体票价，由相关铁路运输企业向社会公布后执行，并报国家发展改革委、铁道部备案。

(3)2016 年以来，我国高速铁路运价的管理权限已完全下放到铁路运输企业，运价由铁路运输企业自主制定。

2015 年 12 月 23 日，国家发改委发布《关于改革完善高铁动车组旅客票价政策的通知》。根据该通知，从 2016 年 1 月 1 日起，设计时速 200 km 以上的高铁动车组列车一、二等座旅客票价，由铁路运输企业依据价格法律法规自主制定；商务座、特等座、动卧票价，以及社会资本投资控股新建铁路客运专线旅客票价继续实行市场调节，由铁路运输企业根据市场供求和竞争状况等因素自主制定；铁路运输企业制定高铁动车组一、二等座旅客票价时，应当制定无折扣的公布票价，同时，可根据运输市场竞争状况、服务设施条件差异、客流分布变化规律、旅客承受能力和需求特点等实行一定折扣，确定实际执行票价。

6.1.2 我国高速铁路运价形成机制现状

(1)普速铁路客运价格形成机制经历了严格管制阶段、集中统一下的放松管制阶段到采取价格听证会的价格调整阶段,仍实行政府定价为主的运价形成机制。

1949～1982年,铁路运价采取严格管制的政府定价,运价集中统一管理,采取长期的低运价政策,这期间的运价机制对规范经济、稳定市场、促进经济发展起到一定作用。然而,随着时间的推移,这种运价机制不能适应市场需求的缺陷逐渐暴露出来。为解决铁路客运长期存在的运价问题,1995年国务院决定较大幅度提高客运价格,铁路客运基准价由0.038 61元/人公里上调到0.058 61元/人公里。1995年之后,尽管基准票价率并未发生变化,但铁路运价却不断上涨,票价形式也开始向多样化发展,出现了多种运价形式,如新路新价、优质优价、浮动运价、快运运价等。2002年,国家计委主持召开了铁路旅客列车实行政府指导价的价格听证会。出台了《关于公布部分旅客列车票价实行政府指导价执行方案的通知》,政府允许铁路旅客票价在春运、暑运和"黄金周"期间根据实际情况适当浮动。运价管制虽然呈现逐渐放松的趋势,但仍实行政府定价为主的运价形成机制,铁路运输企业难以通过价格杠杆调节客运需求。

(2)高速铁路运价形成机制从试行运价阶段到市场调节价阶段。

由于铁路运输在我国国民经济发展中"大动脉"的作用和垄断性行业的特点,长期以来实行统一的刚性运价。铁路票价率由铁道部相关部门拟定,报国务院批准后实施;部分列车执行浮动价格需要经过物价主管部门的许可;铁路局只可以在一定条件下,对全程都在其管内运行的旅客列车的运价有一定浮动的权利;旅客运输的运价形成与运价由国家来进行计划、调节与监督执行。高速铁路作为新生事物,运价形成机制经历了两个阶段。

第一阶段(2008～2015年),试行运价阶段。2008年我国第一条高速铁路开通运营,依据《价格法》的相关规定,作为铁路客运新产品的高速铁路实行试行价格,该试行客运价格由高速铁路公司或相关运输企业综合考虑建设运营成本、社会承受能力及其他运输方式的价格等因素依法自主制定票价,向社会公布后执行,并报国家发改委和铁道部备案。除儿童减价票、伤残军人半价票和学生减价票三种政策性优惠外,我国高速铁路经营性票价优惠极少,而且灵活性较差。尽管原铁道部相继出台了《关于时速200—250公里动车组列车特等座、商务座等席别票价有关事项的通知》和《关于新建高速铁路动车组列车下浮票价的通知》,实际上,只有少数车次和座席实行了浮动票价。

第二阶段(2016 年至今)市场调节价阶段。根据国家发改委 2015 年 12 月 23 日发布的《关于改革完善高铁动车组旅客票价政策的通知》。从 2016 年 1 月 1 日起,设计时速 200 km 以上的高铁动车组列车一、二等座旅客票价,由铁路运输企业依据价格法律法规自主制定;商务座、特等座、动卧等票价,以及社会资本投资控股新建铁路客运专线旅客票价继续实行市场调节,由铁路运输企业根据市场供求和竞争状况等因素自主制定。由此可见,自 2016 年 1 月 1 日后,我国高速铁路运价的形成机制是市场调节价。

6.1.3 我国高速铁路的运价水平现状

1. 典型高速铁路不同时速列车的运价水平

我国高速铁路(客运专线)有三种设计标准,一种是长大干线(如京沪高铁、京广高铁、沪昆高铁、哈大高铁等),设计时速 350 km 以上,列车最高运行时速为 350 km,车次以 G 字开头;另一种是区域性线路(如合武铁路客运专线、贵广高速铁路、石太铁路客运专线、胶济铁路客运专线等),设计时速 250 km,列车最高运行时速为 200～250 km,车次以 G 字或 D 字开头;还有一种少量的线路(如汉宜铁路等),设计时速 200 km,列车最高运行时速为 200 km,车次以 D 字开头。

运价水平通常用运价率表示,运价率是指单位运输产品的价格,单位为元/人公里,是制订票价的基本依据。同样地,用运价率来反映高速铁路的运价水平。选取分布在东部、中西部、东北地区的 13 条(或段)典型高速铁路,根据以上三种不同类型的高速铁路票价和里程得出运价率,见表 6-1～表 6-3(票价数据采自 2019 年 5 月,下同)。

表 6-1 最高时速为 350 km 的动车组(车次以 G 字开头)运价率

线路	区间	里程(km)	票价(元)				运价率(元/人公里)			
			商务座	特等座	一等座	二等座	商务座	特等座	一等座	二等座
京沪高铁	上海虹桥—南京南	295	429.5	271.5	229.5	134.5	1.46	0.92	0.78	0.46
京沪高铁	北京南—天津南	122	174.5	—	94.5	54.5	1.43	—	0.78	0.45
京沪高铁	北京南—上海虹桥	1 318	1 748	—	933	553	1.33	—	0.71	0.42
沪杭高铁	上海虹桥—杭州东	159	219.5	—	117	73	1.38	—	0.74	0.46

续上表

线路	区间	里程(km)	票价(元)				运价率(元/人公里)			
			商务座	特等座	一等座	二等座	商务座	特等座	一等座	二等座
京广高铁	北京西—广州南	2 298	2 724	—	1 380	862	1.19	—	0.60	0.38
郑西高铁	郑州东—西安北	484.5	731	—	369	229	1.51	—	0.76	0.47
哈大高铁	哈尔滨西—大连北	921	1 273.5	767.5	645.5	403.5	1.38	0.83	0.70	0.44

数据来源：铁路客户服务中心 www.12306.cn。

从表 6-1 可以看出：①运营时速为 300 km 以上的典型高速铁路的商务座、特等座、一等座和二等座运价率的范围分别为 1.19～1.51 元/人公里、0.83～0.92 元/人公里、0.60～0.78 元/人公里和 0.38～0.47 元/人公里，平均分别约为 1.37/人公里、0.90/人公里、0.69/人公里和 0.45 元/人公里。②在运营时速为 300 km 的典型高速铁路中，商务座运价率最高的是郑州东—西安北，为1.51 元/人公里；特等座运价率最高的是上海虹桥—南京南，为 0.92 元/人公里；一等座最高的是上海虹桥—南京南，为 0.78 元/人公里，最低的是北京西—广州南，为 0.60 元/人公里；二等座运价率最高的是郑州东—西安北，为 0.47 元/人公里。

表 6-2　最高时速为 250 km 的动车组(车次以 G 字开头)**运价率**

线路	区间	里程(km)	票价(元)				运价率(元/人公里)			
			商务座	特等座	一等座	二等座	商务座	特等座	一等座	二等座
京津沈高铁	北京南—沈阳北	786	—	552	489.5	296	—	0.70	0.62	0.38
东南沿海高铁	福州—宁波	577	599	—	320	200	1.04	—	0.56	0.35
胶济客专	济南东—青岛北	393	469	281	250	156	1.19	0.72	0.64	0.40
沪汉蓉高铁	武汉—宜昌东	328	364	—	194	121	1.11	—	0.59	0.37
石太高铁	太原南—石家庄	224	204.5	—	109	68	0.91	—	0.49	0.30
沪汉蓉高铁	合肥南—汉口	362	407.5	—	217	135.5	1.13	—	0.60	0.37

数据来源：铁路客户服务中心 www.12306.cn。

从表 6-2 可以看出：①运营时速为 250 km 的典型高速铁路的商务座、特等座、一等座和二等座的运价率范围分别为 0.91～1.19 元/人公里、0.70～0.72

元/人公里、0.49～0.62 元/人公里和 0.30～0.40 元/人公里，其运价率平均为 1.0 元/人公里、0.70 元/人公里、0.55 元/人公里和 0.35 元/人公里；②运营时速为 250 km 的典型高速铁路的商务座运价率最高是的济南东—青岛北，为 1.19 元/人公里；特等座运价率最高的是济南东—青岛北，为 0.72 元/人公里；一等座运价率最高的是济南东—青岛北，为 0.64 元/人公里；二等座运价率最高的是济南东—青岛北，为 0.40 元/人公里。

表 6-3　最高时速 200 km 的动车组(车次以 D 字开头)运价率

区　间	车　次	里程(km)	票价(元)		运价率(元/人公里)	
			一等座	二等座/无座	一等座	二等座/无座
北京—沈阳北	D9	786	330	206	0.42	0.26
福州南—宁波	D3218	577	318	199	0.55	0.35
济南—青岛	D6003	393	194	121.5	0.49	0.31
武汉—宜昌东	D3252	328	194	121	0.59	0.37
太原南—石家庄	D2004	224	109	68	0.49	0.30
合肥南—汉口	D3003	362	213	133	0.59	0.37
上海虹桥—杭州东	D3131	159	89	56	0.56	0.35

数据来源：铁路客户服务中心 www.12306.cn。

从表 6-3 可以看出：①运行时速为 200 km 的典型高速铁路动车的一等座和二等座运价率范围分别是 0.42～0.59 元/人公里和 0.26～0.37 元/人公里，取中值分别为 0.49 元/人公里、0.32 元/人公里。②一等座运价率最高的是武汉—宜昌东、合肥南—汉口，为 0.59 元/人公里；二等座运价率最高的是武汉—宜昌东、合肥南—汉口，为 0.37 元/人公里。

典型高速铁路不同时速动车不同席别的最高运价率与最低运价率见表 6-4。

表 6-4　典型高速铁路不同时速列车最高与最低运价率

高速铁路	席　别	最　高		最　低	
		区间城市	运价率(元/人公里)	区间城市	运价率(元/人公里)
最高时速 350 km	商务座	郑州—西安	1.51	北京—广州	1.19
	特等座	上海—南京	0.92	哈尔滨—大连	0.83
	一等座	上海—南京 北京—天津	0.78	北京—广州	0.60
	二等座	郑州—西安	0.47	北京—广州	0.38

续上表

高速铁路	席别	最高		最低	
		区间城市	运价率（元/人公里）	区间城市	运价率（元/人公里）
最高时速 250 km	商务座	济南—青岛	1.19	太原—石家庄	0.91
	一等座	济南—青岛	0.64	太原—石家庄	0.49
	二等座	济南—青岛	0.40	太原—石家庄	0.30
最高时速 200 km	一等座	武汉—宜昌 合肥—武汉	0.59	北京—沈阳	0.42
	二等座	武汉—宜昌 合肥—武汉	0.37	北京—沈阳	0.26

2. 典型高速铁路运价率部分遵循递远递减原则

我国高铁线运价基本遵循递远递减原则，即运价率随运距增加而不断降低。表 6-5、表 6-6、表 6-7 和表 6-8 是从我国“四纵四横”典型线路选取京沪高铁、京广高铁、郑西高铁和哈大高铁的运价数据。从中可以看出：①随着运距的增加，线路时速 300 km 的运价率基本是呈现微幅下降的趋势。如京沪线，从北京出发，运距最短的廊坊站商务座、特等座、一等座、二等座的运价率分别为 1.41 元/人公里、0.91 元/人公里、0.74 元/人公里和 0.49 元/人公里。随着运距的增加，四种座席的运价率逐渐减小，运距最长的上海站运价率分别为 1.33 元/人公里、0.8 元/人公里、0.71 元/人公里和 0.42 元/人公里。②线路时速 200 km 的动车运价率基本不随着距离的增加变化，通常维持固定的运价率。除郑西线的一等座运价率为 0.51 元/人公里，其他三条线路一等座为 0.49 元/人公里，四条线路的二等座为 0.31 元/人公里。

表 6-5　京沪高铁运价率

起点	终点	里程（km）	时速 300～350 km 运价率（元/人公里）			时速 200 km 运价率（元/人公里）		
			商务座/特等座	一等座	二等座/无座	商务座/特等座	一等座	二等座/无座
北京	廊坊	60	1.41/0.91	0.74	0.49	0.91/0.58	0.49	0.33
	德州东	314	1.45/0.87	0.78	0.46	0.92/0.56	0.49	0.30
	济南西	406	1.45/0.87	0.77	0.45	0.92/0.55	0.49	0.31
	泰安	465	1.45/0.87	0.77	0.46	无	0.49	0.31
	徐州东	692	1.41/0.85	0.75	0.45	无	0.49	0.31

续上表

起　点	终　　点	里程(km)	时速 300～350 km 运价率(元/人公里)			时速 200 km 运价率(元/人公里)		
			商务座/特等座	一等座	二等座/无座	商务座/特等座	一等座	二等座/无座
北京	蚌埠南	848	1.39/0.84	0.74	0.44	无	0.49	0.31
	南京南	1 023	1.37/0.83	0.73	0.43	无	0.49	0.31
	常州北	1 153	1.35/0.81	0.72	0.43	无	0.49	0.31
	昆山南	1 268	1.33/无	0.71	0.42	无	0.49	0.31
	上海	1 318	1.33/0.8	0.71	0.42	无	0.49	0.31

数据来源：铁路客户服务中心 www.12306.cn。

表 6-6　京广高铁运价率

起　点	终　　点	里程(km)	时速 300 km 运价率(元/人公里)			时速 200 km 运价率(元/人公里)		
			商务座/特等座	一等座	二等座/无座	商务座/特等座	一等座	二等座/无座
北京	石家庄	281	1.45/0.87	0.73	0.46	0.92/无	0.49	0.31
	郑州东	693	1.41/0.85	0.71	0.45	0.92/无	0.49	0.31
	武汉	1 229	1.34/0.81	0.68	0.42	0.93/无	0.49	0.31
	长沙南	1 591	1.29/0.78	0.65	0.41	无	无	无
	广州南	2 298	1.19/无	0.60	0.38	无	无	无

数据来源：铁路客户服务中心 www.12306.cn。

表 6-7　郑西高铁运价率

起　点	终　　点	里程(km)	时速 300 km 运价率(元/人公里)			时速 200 km 运价率(元/人公里)		
			商务座/特等座	一等座	二等座/无座	商务座/特等座	一等座	二等座/无座
郑州	洛阳龙门	125	1.66/0.99	0.78	0.50	无	0.52	0.34
	三门峡南	248	1.47/0.9	0.76	0.46	无	0.51	0.31
	渭南北	442	1.47/0.9	0.73	0.46	无	0.51	0.31
	西安北	505	1.47/0.9	0.73	0.45	无	0.50	0.31

数据来源：铁路客户服务中心 www.12306.cn。

表 6-8 哈大高铁运价率

起点	终点	里程(km)	时速 300 km 运价率(元/人公里)			时速 200 km 运价率(元/人公里)		
			商务座/特等座	一等座	二等座/无座	商务座/特等座	一等座	二等座/无座
哈尔滨	长春西	240	无/0.87	0.74	0.46	无/0.56	0.49	0.31
	沈阳北	538	无/0.87	0.73	0.46	无/0.55	0.49	0.31
	大连北	921	无/0.83	0.70	0.44	无	无	无

数据来源：铁路客户服务中心 www.12306.cn。

6.1.4 我国高速铁路运价策略现状

我国高速铁路实行试行运价期间，只有极少数线路、车次的高等级座席运用了运价策略。例如，上海铁路局在 2012 年 5 月份已经对沪宁、沪杭部分高铁列车商务座和特等座实行特惠票价，优惠幅度分别为商务座 30%、特等座 10%；从 2012 年 6 月 27 日起，京沪高铁 85 列动车组列车的商务座票价在现票价基础上下浮 10%～20%，特等座票价在现票价基础上下浮 10%，此次特惠只涉及京沪高铁本线列车。又如，广铁集团从 2013 年 7 月 10 日开始到 8 月 31 日对京广高铁、广深港高铁部分动车组列车的商务座、特等座和一等座，活动按不同时段实行优惠，最低 8 折。

高速铁路实行市场调节价期间，东南沿海高速铁路根据客流情况、发车时间等因素率先运用了价格策略。从 2017 年 4 月 21 日起，东南沿海时速 200～250 km 的动车组高铁列车部分票价开始调整。沪杭段一等座上调 51%，二等座上调 14.3%；杭甬段一等座上调 13.7%，二等座上调 12.5%；而宁波至深圳段一等座普遍涨幅超 50%，二等座涨幅则在 16%～20%；在厦门北到宁波的 26 个动车组车次中，一等座全部涨价，涨幅最高达 58%，只有 D3212 的二等座降价，降幅 7%，其余车次票价涨幅最高达 16.8%。短途票价调整以涨价居多，如福州南站到厦门北站，一等座涨幅 59.7%，二等座涨幅 20.6%；少量车次下调票价，而且下调幅度较低，在深圳北到潮汕的五十多趟 D 字头列车中，D7416 二等座票价下调 18.4%，D2350 二等座票价下调 5%。

6.2 我国高速铁路运价存在的问题

6.2.1 定价权下放过度，运价缺乏监管

高速铁路实行试行运价期间，定价权下放到有关铁路运输企业，试行期为一

年，可是多条线路运价试行期大大超过了一年。以京津城际铁路为例，依据《价格法》有关规定，2008 年下发的《国家发展改革委、铁道部关于京津城际轨道交通运价有关问题的通知》，批准京津城际轨道交通新开行的时速 300～350 km 动车组列车实行试行运价；试行运价水平由京津城际铁路有限公司根据社会承受能力、市场供求状况自主确定；试行满一年后，将按法定程序制定正式运价。但是京津城际铁路自 2008 年 8 月 1 日开通运营以来，一直实行试行运价，直到 2016 年 1 月 1 日。在相关法律法规不完善和制度约束力不足的情况下，高速铁路运价实行试行运价，具体票价由相关运输企业依法自主制定，无须举行听证会，只需向社会公布后执行，并报上级企业和国务院价格主管部门备案，高铁运价缺乏监管。

而其他客运方式的定价权没有完全下放到企业，公路、民航、水运的客运企业只拥有部分定价权，普通铁路客运企业没有定价权。相比之下，高速铁路的定价权下放过度。尽管在客运市场中，高速铁路与民航、高速公路客运存在一定的竞争关系，但在铁路系统内部，中国铁路总公司是唯一的国家铁路运输企业，具有垄断地位，对于具有刚性需求的高速铁路或在对高速铁路具有刚性需求的时间，可利用其垄断地位决定高铁票价，有可能导致效率损失也有失公平。例如，在 2013 年广珠城际铁路全线贯通前，广州南到中山北站的二等座票价为 25 元，一等座票价为 30 元；而在全线贯通后，广州南到中山北站的二等座和一等座票价分别涨到了 40 元和 50 元，涨幅达到 60%。

6.2.2 高铁企业缺乏定价权，制约提高经营效率

我国高速铁路公司（也称“铁路客运专线公司”）是为了建设高速铁路线（段）而设立的法人。从产权关系看，高速铁路公司是根据省部协议成立的法人，即原铁道部（现为中国铁路总公司）与沿线省一级政府达成的投资协议成立的法人，属于合资公司，铁路政企分开之前由原铁道部控股，现由中国铁路总公司控股。从职能上看，高速铁路建成运营之前，属于项目公司性质，主要负责高速铁路项目的融资、投资、建设等职能。高速铁路建成运营之后，属于资产管理公司性质，是高速铁路项目的业主。

众多高速铁路公司尽管是独立法人，但不具备开展运输、车辆维修和线路维护等专业化业务，必须依靠中国铁路总公司及其下属的铁路局（或集团公司）。也就是说，高速铁路公司拥有高速铁路资产但无高速铁路运营和维护的资源与能力，而铁路局（集团公司）拥有高速铁路运营资源但不拥有高速铁路资产，所以高速铁路公司将高速铁路委托给相关铁路局（集团公司）运营。由于铁路局（集

团公司)的传统强势,高速铁路公司常常处于弱势地位。目前,高速铁路公司将运营业务全部或部分委托给相关铁路局(或集团公司),调度指挥权、收入清算权集中在中国铁路总公司,而且由于与中国铁路总公司和铁路局(集团公司)之间的错综复杂的纵向和横向关系,高速铁路公司无法直接从市场中取得收入,也无法根据市场供求关系及时调整运价。由此可见,高速铁路公司缺乏定价权。

总之,由于高速铁路公司与有关铁路局(集团公司)的规模和地位不对等,作为高速铁路的投资主体,高速铁路公司缺乏定价权,无法灵活地运用运价手段配置高速铁路资源,不利于高速铁路经营效率的提高。

6.2.3 实行市场调节价,不利于客运资源优化配置并有失规则公平

根据国家发改委 2015 年 12 月发布《关于改革完善高铁动车组旅客票价政策的通知》,从 2016 年起,高铁动车组商务座、特等座、动卧等票价,以及社会资本投资控股新建铁路客运专线旅客票价继续实行市场调节;高铁动车组一、二等座以公布票价为上限,实行一定折扣,确定执行票价。由于该通知规定公布票价由铁路运输企业自主制定,所以,从表面上看,我国高铁一等座、二等座的运价形成机制是上限形式的政府指导价;从实质上看,同商务座、特等座和动卧一样,运价形成机制是市场调节价。

旅客运输需求具有明显的季节性,在旺季,尤其是在春运期间,客运能力饱和,存在供不应求的状况;在淡季,运输能力过剩,存在供过于求的状况。而且,各种客运方式具有内在比较优势,在综合运输通道内的各种客运方式具有竞争性。因此,这就需要通过运价来优化配置客运资源。然而,在我国,各种客运方式的运价形成机制差别较大,其中,公路和水运实行的是政府指导价,民航实行的是政府指导价或市场调节价,普通铁路实行的是政府定价,高速铁路实行的是市场调节价或近似市场调节价,这样不利于客运资源的优化配置。特别是,高速铁路运输能力巨大,实行市场调节价或近似市场调节价,在客运市场竞争中处于有利地位,对整个客运市场会产生巨大的影响;对其他客运方式而言,也有失规则公平。

我国高速列车有四种座席,即商务座、特等座、一等座和二等座,其中,商务座和特等座的舒适性最好,数量最少,约占 5%,经营性较强,可实行市场调节价。一等座的舒适性较好,数量较少,约占 15%。二等座的舒适性尚好,数量最多,约占 80%。一等座和二等座具有一定的公益性,实行市场调节价,对有刚性需求的中低收入乘客可能有失公平。

6.2.4 运价水平总体较高，降低了效率且有失公平

1. 从人均购买力平价 GDP 看，我国高铁运价比典型国家总体偏高

世界上已经有中国、日本、法国、德国、意大利、西班牙、土耳其、韩国等国家和地区建成运营高速铁路。其中日本、法国、德国和韩国的高速铁路发展时间较长，具有多年的运营经验，在运价实践方面积累的经验比较丰富。因此选取韩国、德国、法国和日本的高铁运价与我国进行对比（见表 6-9～表 6-12），分析我国高铁运价水平。

购买力平价（Purchasing Power Parity，简称 PPP）在经济学上，是一种根据各国不同的价格水平计算出来的货币之间的等值系数，以对各国的国内生产总值进行合理比较。

购买力平价汇率用于比较不同国家之间的生活水平，购买力平价汇率＝本国货币汇率×本国物价指数/外国物价指数。

韩国高速铁路有东西两条线，东线是京釜线，连接首尔—大田—釜山，西线是湖南线，连接首尔—西大田—木浦。设计时速 350 km，运行最高时速为 300 km。2014 年 2 月份，韩国物价指数为 101%，中国的物价指数为 102%。按照 2014 年 2 月 26 日的中间折算汇率（100 韩元＝0.57 元人民币）计算购买力平价汇率为 100 韩元＝0.57 元×101%/102%＝0.56。韩国高铁票价见表 6-9，按照购买力平价汇率计算，韩国的两条线路一等、标准和站票的运价率平均在 0.95 元/人公里、0.68 元/人公里和 0.61 元/人公里。（以下运价率均以人民币表示）

表 6-9 韩国高速铁路运价率

高铁线	起点站	终点站	里程(km)	票价(韩元)			运价率(元/人公里)		
				一等	标准	站票	一等	标准	站票
京釜线	首尔	釜山	408.5	80 200	57 300	48 700	1.11	0.79	0.67
	首尔	大田	159.8	33 200	23 700	20 100	1.17	0.84	0.71
湖南线	西大田	木浦	246.8	32 600	23 300	22 100	0.74	0.53	0.51
	首尔	木浦	407.6	61 400	43 900	41 700	0.85	0.60	0.57
合计(平均)			1 222.7	207 400	148 200	132 600	0.95	0.68	0.61

数据来源：韩国高铁网 www.korail.com。

德国 ICE 高速铁路网由多条线路组成，列车运行最高时速为 300 km。2014 年 2 月份，德国物价指数为 101%，中国的物价指数为 102%。按照 2014 年 2 月

26日的中间折算汇率(1欧元=8.046 3元人民币)计算购买力平价汇率为1欧元=8.046 3元×101%/102%=7.9674元。德国高铁票价如表6-10所示,按照购买力平价汇率计算,德国高速铁路一等座的运价率约为2.97元/人公里,二等座的运价率约1.82元/人公里。

表6-10 德国高速铁路运价率

起点站	终点站	车次	里程(km)	票价(欧元)		运价率(元/人公里)	
				一等	二等	一等	二等
柏林	法兰克福	ICE 640	354	180	111	4.07	2.50
汉堡	法兰克福	ICE 75	451	198	122	3.50	2.16
柏林	杜塞尔多夫	ICE 1511	610	183	110	2.39	1.43
柏林	慕尼黑	ICE 1509	658	211	130	2.55	1.57
合计(平均)			2 073	772	473	2.97	1.82

数据来源:德国高铁网 www.reiseauskunft.bahn.de/bin/query.exe。

法国TGV高速铁路网主要包括东南线、大西洋线、北方线、东南延伸线(或称罗纳河—阿尔卑斯线)、巴黎地区联络线、地中海线和东部线等7个组成部分。列车最高运行时速为270~350 km。2014年2月份,法国物价指数为100.9%,中国的物价指数为102%。按照2014年2月26日的中间折算汇率(1欧元=8.046 3元人民币)计算购买力平价汇率为1欧元=8.046 3元×100.9%/102%=7.967 4元。法国高铁票价见表6-11,按照购买力平价汇率计算,法国一等座的运价率约为2.57元/人公里,二等座的运价率约为1.66元/人公里。

表6-11 法国高速铁路运价率

起点站	终点站	车次	里程(km)	票价(欧元)		运价率(元/人公里)	
				一等	二等	一等	二等
巴黎	里昂	TGV 6634	369	130	92	2.81	1.99
里昂	拉罗切利	TGV 6604转8373	580	223.6	147.7	3.07	2.03
巴黎	拉罗切利	TGV6614	642	151	85	1.87	1.06
斯特拉斯堡	拉罗切利	TGV 2350转8373	673	226.8	146.8	2.69	1.74
合计(平均)			2 625	864.4	562.5	2.57	1.66

数据来源:法国高铁网 www.ch.voyages-sncf.com。

日本是世界上第一个建成高速铁路的国家。1964年10月1日东海道新干线正式营业,1975年山阳新干线通车营业,列车最高时速270 km;1985年东北新干线通车营业,列车最高时速240 km;1982年上越新干线通车营业,列车最高时速 240 km；1997 年长野新干线通车营业，列车最高时速 260 公里。2014 年 2 月份，日本物价指数为 101.3%，中国的物价指数为 102%。按照 2014 年 2 月 26 日的中间折算汇率（100 日元＝5.986 元人民币）计算购买力平价汇率为 100 日元＝5.986 元×101.3%/102%＝5.945 2 元。日本高铁票价见表 6-12，按照购买力平价汇率计算，日本新干线运价率平均约为 1.32 元/人公里。

表 6-12　日本高速铁路运价率

高铁线	起点站	终点站	里程（km）	票价（日元）	票价（人民币）	运价率（元/人公里）
上越新干线	东京	新潟	333.9	10 270	614.79	1.83
东北新干线	东京	新青森	713.7	16 870	1 003	1.41
山形新干线	东京	新大阪	552.6	13 750	823.12	1.48
山阳新干线	东京	广岛	894.2	18 050	1 115	1.20
山阳新干线	东京	博多	1 174.9	21 720	1 300.22	1.10
合计（平均）			3 669.3	80 660	4 856.13	1.32

数据来源：日本铁路网 http://www.jreast.co.jp、http://www.westjr.co.jp 和 http://jr-central.co.jp。

为了从收入角度对比我国与典型国家高铁的运价水平，故选取人均购买力平价 *GDP* 作为人均收入指标，并以我国的人均购买力平价 *GDP* 和运价率作为基础，比较典型国家人均购买力平价 *GDP* 与我国的人均购买力平价 *GDP* 的倍数和典型国家高速铁路运价率与中国高速铁路运价率的倍数。基于人均购买力平价 *GDP* 的中国高速铁路相对运价水平用式(6-1)来衡量。

$$\alpha=\left(\frac{AGDP_F/AGDP_C}{P_F/P_C}-1\right)\times 100\% \tag{6-1}$$

在式(6-1)中，α 表示中国高速铁路高出其他国家高速铁路运价的程度，α 大于 0 说明中国的相对运价较高，α 的值越大说明中国的相对运价越高。$AGDP_F$ 表示国外某一国家人均购买力平价 *GDP*，$AGDP_C$ 表示我国人均购买力平价 *GDP*，P_F 表示国外某一国家高速铁路的绝对运价水平，P_C 表示中国高速铁路的绝对运价水平。

为了增加可比性，在与韩国高铁运价比较时，也同样选取我国高铁的 4 条路段，距离分别是 160 km、250 km、400 km 和 410 km 左右。经计算，一等座平均运价率为 0.76 元/人公里，二等座平均运价率为 0.46 元/人公里。在与德国高铁运价比较时，也同样选取我国高铁的 4 条路段，距离分别是 350 km、450 km、600 km 和 650 km 左右。经计算，一等座平均运价率为 0.75 元/人公里，二等座平均运价率为 0.45 元/人公里。在与法国高铁运价比较时，也同样选取我国高铁的 4 条路段，距离分别是 360 km、580 km、640 km 和 670 km 左右。经计算，一等座平均运价率为 0.74 元/人公里，二等座平均运价率为 0.46 元/人公里。在与日本高铁运价比较时，也同样选取我国高铁的 5 条路段，距离分别为 330 km、550 km、700 km、900 km 和 1 200 km 左右，经计算，二等座平均运价率为 0.46 元/人公里。

根据国际货币基金组织(IMF)公布的数据，2014 年中国人均购买力平价 *GDP* 为 12 879 国际元，韩国人均购买力平价 *GDP* 为 35 277 国际元，是中国人均购买力平价 *GDP* 的 2.74 倍，韩国高铁一等座和标准座的运价率分别是中国的 1.25 倍和 1.48 倍。德国人均购买力平价 *GDP* 为 45 888 国际元，是中国人均购买力平价 *GDP* 的 3.56 倍，高铁的一等座和二等座运价率分别是中国的 3.96 倍和 4.04 倍。法国人均购买力平价 *GDP* 为 40 375 国际元，是中国人均购买力平价 *GDP* 的 3.13 倍，高铁一等座、二等座运价率分别是中国的 3.54 倍和 3.72 倍。日本的人均购买力平价 *GDP* 为 37 390 国际元，是中国人均购买力平价 *GDP* 的 2.90 倍，高铁运价率是中国高铁二等座运价率的 3.04 倍。根据式(6-1)计算得出相对人均购买力平价 *GDP* 的高速铁路运价水平见表 6-13。

表 6-13　2014 年我国与典型国家高速铁路运价水平比较

国家	人均购买力平价 *GDP*（国际元）	人均购买力平价 *GDP* 与中国的倍数	可比线路平均运价率（元/人公里）		与我国运价比较的倍数		我国高铁一等座运价的高出程度	我国高铁二等座运价的高出程度
			一等	二等	一等	二等		
中国	12 880	1	0.75	0.45	1	1	—	—
韩国	35 277	2.74	0.95	0.68	1.25	1.48	119%	85%
中国	12 880	1	0.75	0.45	1	1	—	—
德国	45 888	3.56	2.97	1.82	3.96	4.04	−10%	−12%
中国	12 880	1	0.75	0.45	1	1	—	—
法国	40 375	3.13	2.62	1.71	3.54	3.72	−12%	−16%
中国	12 880	1	—	0.46	1	1	—	—
日本	37 390	2.90	—	1.32	—	2.86	—	1.3%

根据世界银行公布的数据，2013 年中国人均购买力平价 *GDP* 为 11 904 国际元，韩国人均购买力平价 *GDP* 为 33 139 国际元，是中国人均购买力平价 *GDP* 的 2.78 倍，韩国高铁一等座和标准座的运价率分别是中国的 1.25 倍和 1.48 倍。德国人均购买力平价 *GDP* 为 43 332 国际元，是中国人均购买力平价 *GDP* 的 3.64 倍，高铁的一等座和二等座运价率分别是中国的 3.96 倍和 4.04 倍。法国人均购买力平价 *GDP* 为 36 907 国际元，是中国人均购买力平价 *GDP*

的 3.10 倍，高铁一等座、二等座运价率分别是中国的 3.54 倍和 3.72 倍。日本的人均购买力平价 *GDP* 为 36 315 国际元，是中国人均购买力平价 *GDP* 的 3.05 倍，高铁运价率是中国高铁二等座运价率的 2.86 倍。根据式(6-1)计算得出相对人均购买力平价 *GDP* 的高速铁路运价水平见表 6-14。

表 6-14　2013 年我国与典型国家高速铁路运价水平比较

国家	人均购买力平价 GDP（国际元）	人均购买力平价 GDP 与中国的倍数	可比线路平均运价率（元/人公里）		与我国运价比较的倍数		我国高铁一等座运价的高出程度	我国高铁二等座运价的高出程度
			一等	二等	一等	二等		
中国	11 904	1	0.75	0.45	1	1	—	—
韩国	33 139	2.78	0.95	0.68	1.25	1.48	122%	88%
中国	11 904	1	0.75	0.45	1	1	—	—
德国	43 332	3.64	2.97	1.82	3.96	4.04	−8%	−10%
中国	11 904	1	0.75	0.45	1	1	—	—
法国	36 907	3.10	2.62	1.71	3.54	3.72	−12%	−17%
中国	11 904	1	—	0.46	1	1	—	—
日本	36 315	3.05	—	1.32	—	2.86	—	7%

从表 6-13 和表 6-14 可以看出：我国高铁一等座和二等座运价分别高出韩国 120%左右和 85%～90%；二等座运价高出日本 1%～7%。一等座和二等座运价与德国、法国基本持平，但如果考虑到德国和法国高铁票价灵活多样的优惠策略，我国高铁运价比法国和德国高。

2. 从人均可支配收入看，我国高铁的相对运价比典型国家高

根据国际货币基金组织公布的数据，2014 年韩国人均可支配收入为 15 786 美元，是我国的 4.78 倍，而高铁一等座、标准座的运价率分别是我国高铁一等座、二等座运价率的 1.25 倍和 1.48 倍。德国人均可支配收入为 34 212 美元，是我国人均可支配收入的 10.37 倍，而高铁一等座、二等座运价率分别是我国高铁一等座、二等座的 3.96 和 4.04 倍。法国人均可支配收入为 30 900 美元，是我国人均可支配收入的 9.36 倍，而高铁一等座、二等座运价率分别是我国高铁一等座 3.54 倍、二等座的 3.72 倍。日本的人均可支配收入为 33 384 美元，是我国人均可支配收入的 10.12 倍，而高铁标准座的运价率是我国二等座的 2.86 倍。计算得出我国与典型国家高速铁路的相对运价水平见表 6-15，我国高铁一等座的运价水平高出典型国家高铁一等座 162%～282%，二等座运价水平高出程度为 152%～254%。如果考虑到典型国家高铁票价优惠策略，我国高铁运价

相对更高。

表 6-15　2014 年我国与典型国家高速铁路的相对运价水平比较

国家	人均可支配（美元）	人均可支配收入与我国之比	高铁一等座运价与我国之比	高铁二等座运价与我国之比	我国高铁一等座运价的高出程度	我国高铁二等座运价的高出程度
中国	3 300	1	1	1	0	0
韩国	15 786	4.78	1.25	1.48	282%	223%
德国	34 212	10.37	3.96	4.04	162%	157%
法国	30 900	9.36	3.54	3.72	164%	152%
日本	33 384	10.12	—	2.86	—	254%

3. 从居民经济承受能力看，高铁运价较高

我国是最大的发展中国家，仍然处于社会主义初级阶段。根据国际货币基金组织 2014 年 4 月份公布的数据，2014 年中国虽然经济总量已位居世界第二，人均 *GDP* 只有 7 589 美元，相当于全球平均水平的 65%、美国的 1/7、欧盟的 1/5，排在全球的第 80 位。中国的综合发展水平特别是创新能力、劳动生产率、社会福利水平等与发达国家相比仍有不小差距，有的指标甚至比一些发展中国家还要低。

与此同时，我国的贫富差距也在不断加大，不仅出现了明显的两极分化，而且差距越来越悬殊。目前，已成为世界上贫富差距最大的国家之一。国际上通常用基尼系数来衡量居民收入差异的程度，数值在 0 和 1 之间，基尼系数越大，说明居民收入差距越大。按照国际一般标准，0.4 以上的基尼系数表示收入差距较大，即 0.4 是国际公认警戒线。改革开放以来，中国的基尼系数在经济高速增长的同时被迅速拉高。中国统计局的数据显示，1978 年中国的基尼系数仅为 0.317，2000 年开始越过 0.4 的警戒线，并逐年上升。国家统计局发布数据显示，自 2003 年以来，我国基尼系数一直处在全球平均水平 0.44 之上，2008 年到达最高点 0.491，2008 年之后，一直稳定在 0.46 以上，可见我国居民的收入差距很大。

为了解民众对高速铁路运价水平的承受能力，2013 年 11 月至 2014 年 1 月在北京火车站、北京南站、北京西站、郑州东站及京广高铁、郑西高铁列车上和首都国际机场等地随机进行实地问卷调查以及网上问卷调查，共计回收有效问卷 4 146 份。在受调查对象中，认为高铁运价“太高”“较高”“合适”“较低”的比例分别占 25.2%、49.7%、21.7%、3.5%；74.9%的被调查者认为高速铁路运价水平

较高甚至太高。由此可知，现有的高速铁路运价水平超出中低收入人群的承受能力。

4. 从不同运输方式的运行时间比较看，高速铁路运价较高

一般情况下，乘客选择运输方式时会考虑到多种因素，如经济性、快捷性、舒适度、服务、安全等，所以运输方式之间的竞争也往往表现在这些方面，但是，快捷性与经济性是矛盾的。由于运输的快捷为乘客节省时间，但也需要发生更多的成本，所以在通常情况下快的往往就是贵的。高速铁路与其他运输方式的竞争，也是如此，但需要合理的比价。加里·贝克的时间分配理论引入时间的因素，视时间为一种有用的稀缺资源，认为商品的价格应由该商品的“市场物品的价格”和“时间的价值”所决定，因此选取价格和运行时间作为比价的根据[100]。

(1)与普速铁路运价的比较

高速铁路客运与平行的普速铁路客运存在替代关系。表 6-16 选择了四个典型通道即京沪、京广、哈大、郑西通道的高铁四个车次分别对商务/特等座、一等座、二等座的票价和普速列车的卧铺价格和运行时间进行比较。

表 6-16　部分高铁二等座与普速列车硬卧的票价和运行时间对比

线　路	京沪线	京广线	哈大线	郑西线
普通铁路车次	T109	T97	T262	T35
硬卧票价(元)	315.5	441	223	132
高铁车次	G143	G81	G310	G97
二等座票价超出幅度	75.28%	95.46%	80.94%	73.48%
一等座票价超出幅度	195.72%	212.93%	189.46%	179.55%
普通铁路运行时间(h)	14.37	21.03	9.33	6.42
高铁运行时间(h)	5.73	9.45	4.37	2.07
时间节约(h)	8.64	11.58	4.96	4.35
高铁时间节约程度	60.13%	55.06%	53.16%	67.76%

数据来源：铁路客户服务中心 www.12306.cn。

从表 6-16 计算得到：四条线路高速铁路二等座和一等座票价超出普速列车卧铺票价的平均幅度分别是 81.29% 和 194.42%，远远高出高铁节约时间 59.03%的平均幅度，说明高铁的票价偏高。

(2)与高速公路运价的比较

20 世纪 90 年代以来，我国高速公路快速发展，截至 2013 年底，以 7 条首都放射线、9 条南北纵向线和 18 条东西横向线为高速公路骨干网的高速公路网络

基本形成，总里程已超过 10 万 km。在中短途，高速公路与高速铁路客运具有一定的替代关系。表 6-17 以京沪通道、哈大通道和郑西通道为例，比较高速铁路二等座与高速公路客运的比价与运行时间情况。

表 6-17　高铁二等座与高速公路的票价和运行时间对比

运输通道	京　沪	哈　大	郑　西
高速公路票价（元）	340	181	120
高铁车次	G143	G310	G97
高铁二等座票价（元）	553	403.5	229
高铁二等座票价超出幅度	62.65%	122.93%	90.83%
高铁运行时间（h）	5.73	4.37	2.07
高速公路行驶时间（h）	15	10	7
高铁时间节约（h）	9.27	5.63	4.93
高铁时间节约程度	61.80%	56.30%	70.43%

数据来源：畅途网 www.trip8080.com。

注：数据收集时间是 2013 年 12 月份。

从表 6-17 计算得到：高铁二等座票价超出高速公路票价的平均幅度为 92.14%，远远高出高铁节约时间 62.84% 的平均幅度，说明高速铁路相对于高速公路运价偏高。

(3)与航空运价的比较

近些年来，我国航空运输发展迅速，民航客运量增长快。在中长距离，高铁与航空竞争激烈。以京沪、京广、京哈、郑西通道为代表，比较高速铁路二等座与民航经济舱票价和运行时间（见表 6-18）。

表 6-18　高铁二等座与民航经济舱票价和运行时间对比

运输通道	京　沪	京　广	哈　大	郑　西
高铁车次	G143	G81	G310	G97
飞机班次	MU5138	HU7811	CA3900	MU8106
高铁二等座票价低出幅度	47.23%	42.61%	50.43%	57.15%
高铁运行时间（h）	5.73	9.45	4.37	2.07
飞行时间（h）	2.17	3.17	1.58	1.67
高铁时间延长（h）	3.56	6.28	2.79	0.4
高铁时间延长幅度	164.06%	198.11%	176.58%	23.95%

数据来源：去哪儿网 www.qunar.com。

注：数据收集时间是 2013 年 12 月份。

从表 6-18 计算得到:高速铁路的平均运行时间比飞机长 140%,而高速铁路的二等座票价比飞机经济舱票价平均低 49.4%,说明高速铁路的运价水平相对飞机较高。

5. 从高铁和普速铁路的客运量占比看,高铁运价偏高

由于运营主体不同,在同一铁路运输通道内,高速铁路客运与普速铁路客运存在一定的竞争关系。下面以京沪、京广铁路通道为例。其中京沪高铁于 2011 年 6 月 30 日全线通车,京广高铁于 2012 年 12 月全线通车。

根据《全国铁路统计资料汇编》(2016 年)的数据,2015 年京沪普速铁路、京广普速铁路的旅客发送量占京沪、京广铁路通道旅客发送量的 47.3% 和 64.0%,也就是说,京广高铁的旅客发送量只占该铁路通道旅客发送量的 36.0%,运输最繁忙的京沪高铁旅客发送量也只占京沪铁路通道旅客发送量的 52.7%(见表 6-19)。从旅客周转量看,京沪高铁占京沪铁路通道旅客周转量为 52.1%,京广高铁占京广铁路通道旅客周转量仅为 40.2%(见表 6-20)。由此看来,尽管铁路运输部门在普速铁路上停运了一些车次的列车,但高速铁路实现客运分离的程度不高,其中的主要原因是高速铁路运价水平较高,导致普铁车票相对紧张,而高铁车票比较充足。

表 6-19　2015 年京沪、石太铁路运输通道旅客发送量及占比

铁路通道	普速铁路		高速铁路	
	旅客发送量(万人)	旅客发送量占比	旅客发送量(万人)	旅客发送量占比
京沪	8 687	47.3%	9 660	52.7%
京广	15 208	64.0%	8 558	36.0%

资料来源:《全国铁路统计资料汇编》(2016 年)。

表 6-20　2015 年京沪、京广铁路运输通道旅客运输周转量及占比

铁路通道	普速铁路		高速铁路	
	客运周转量(百万人公里)	客运周转量占比	客运周转量(百万人公里)	客运周转量占比
京沪	58 397	47.9%	63 557	52.1%
京广	113 447	59.8%	76 326	40.2%

资料来源:《全国铁路统计资料汇编》(2016 年)。

6. 从高铁余票数看,高铁运价偏高

由于无法获得计算我国高速铁路列车有效客座率所需要的数据,在 2014 年

9～11月份选取了17天，对四条线路即京沪线、京广线、哈大线、郑西线的四个车次(见表6-21)的不同席别在发车前一天的余票量进行了记录，可以发现：除了旺季(即“十一”国庆节前后)的余票量几乎为0，其他时间的余票数量均比较多，特别是郑西线和哈大线，二等座的余票量基本都在200张左右，空座率达到20%～30%。其他线路一等座的余票数量也在50张左右。由于商务座或特等座的数量基本在30个左右，所以商务座或特等座的余票比例同样比较高，如郑西线空座率达到50%以上。高速铁路列车所有席别在非高峰日的有效客座率都不高，从某种程度也说明高铁运价较高。

表6-21　抽样的四条高铁线路的四个车次

高铁线	起　点	终　点	车　次
京沪线	北京	上海	G13
京广线	北京	广州	G79
哈大线	哈尔滨	大连	G310
郑西线	郑州	西安	G97

7. 高运价降低了高铁资源配置效率

根据《铁路统计资料汇编》(2016年)中的高速铁路旅客发送量数据，计算我国主要高速铁路运能利用率结果如表6-22所示，只有杭深高铁、宁蓉高铁宁渝段、京广高铁、京沪高铁、沪宁城际和沪昆高铁沪新段的运能利用率超过50%。从总体上看，主要高铁线路运能利用率为40.3%，说明我国高速铁路线路利用率总体不高，高铁资源配置效率不高。

表6-22　2015年我国主要高速铁路运输能力利用率

线　路	旅客发送量(万人)	线路运输能力(亿人)	线路运能利用率
杭深线	13 296	1.4	95.0%
宁蓉线宁渝段	6 646	1	66.5%
京广高速线	9 886	1.6	61.8%
京沪高速线	9 660	1.6	60.4%
沪宁城际线	7 178	1.2	59.8%
沪昆高速线沪新段	8 949	1.6	55.9%
胶济客专线	3 681	1	36.8%
广深港线	3 372	1.2	28.1%

续上表

线　　路	旅客发送量(万人)	线路运输能力(亿人)	线路运能利用率
广珠城际线	2 636	1	26.4%
京津城际线	2 820	1.2	23.5%
宁杭高速线	2 085	1.2	17.4%
沈大高速线	2 070	1.2	17.3%
京哈高速线沈哈段	1 504	1.2	12.5%
石太客专线	1 152	1	11.5%
徐兰高速线郑西段	1 561	1.6	9.8%
合计(总体)	76 496	19	40.3%

数据来源:《铁路统计资料汇编》(2016 年)。

8. 高运价有失社会公平

对于高速铁路而言,低收入群体和特殊人群应该有权利而且有能力享受高速铁路运输服务,这就要求高速铁路运价应具有下浮机制满足这类群体的需求。虽然我国高铁营业里程位居世界第一,但我国是发展中国家,并将长期处于发展阶段,而且居民收入差距和地区发展差距都比较大。

从基尼系数看,我国居民收入差距较大。根据国际货币基金组织(IMF)发布的数据显示,2015 年世界人均 *GDP* 为 10 138 美元,中国人均 *GDP* 为 7 990 美元,低于世界人均水平,居于 76 位。基尼系数是反映一个国家或地区贫富差距的通用指标,按照国际一般标准:基尼系数低于 0.2 表示收入绝对平均;0.2～0.3 表示收入比较平均;0.3～0.4 表示收入相对合理;0.4～0.5 表示收入差距较大;0.5 以上表示收入差距悬殊。根据国家统计局发布的数据,2012～2017 年中国的基尼系数如表 6-23 所示,表明全国居民收入差距仍然较大。

表 6-23　2012～2017 年中国的基尼系数

年　　份	基尼系数
2012	0.474
2013	0.473
2014	0.469
2015	0.462
2016	0.465
2017	0.467

数据来源:《中国统计年鉴 2014》,《中国统计年鉴 2018》。

从居民收入分配的差距来看,形势依然严峻。把全国居民、城镇居民和农村居民按人均可支配收入水平划分为五等份，国家统计局数据显示：2015 年，低收入组人均可支配收入为 5 221.20 元，而高收入组人均可支配收入为 54 543.50 元，是低收入组的 10 倍多；城镇居民低收入组人均可支配收入为 12 230.90 元，而高收入组的人均可支配收入为 65 082.20 元，是低收入组的 5 倍多；农村居民低收入组人均纯收入为 3 085.60 元，高收入组人均纯收入为 26 013.90 元，是低收入组的 8 倍多；在相同组别中，城镇居民人均可支配收入是农村居民纯收入的 2.5 倍以上（见表 6-24）。由此表明，我国居民收入差距依然较大，城乡居民收入差距也较大。

表 6-24　2015 年居民按收入五等分组的人均可支配收入（元）

组　别	全　国	城镇居民	农村居民	城镇居民/农村居民
低收入户（20%）	5 221.2	12 230.9	3 085.6	4.0
中等偏下户（20%）	11 894.0	21 446.2	7 220.9	3.0
中等收入户（20%）	19 320.1	29 105.2	10 310.6	2.8
中等偏上户（20%）	29 437.6	38 572.4	14 537.3	2.7
高收入户（20%）	54 543.5	65 082.2	26 013.9	2.5

从地区看，我国地区差距和城乡差距仍然较大。表 6-25 是反映 2006～2015 年我国的地区和城乡收入差距。从该表中可以看出：①尽管不同地区城市居民人均可支配收入和农村居民人均纯收入趋于缩小，但东部地区与西部地区的差距仍然较大。②尽管城市居民人均可支配收入与农村居民人均纯收入的相对差距（收入比系数）在缩小，但绝对差距（收入差额）在拉大。

表 6-25　2006-2015 年我国地区和城乡收入差距

年份	城镇居民人均可支配收入（元）					农村居民人均纯收入（元）				
	全国	东部	中部	西部	东北	全国	东部	中部	西部	东北
2006	11 759	14 967	9 902	9 728	9 830	3 587	5 188	3 283	2 588	3 745
2007	13 786	16 974	11 634	11 309	11 463	4 140	5 855	3 844	3 028	4 348
2008	15 781	19 203	13 226	12 971	13 120	4 761	6 598	4 453	3 518	5 101
2009	17 175	20 953	14 367	14 213	14 324	5 153	7 156	4 793	3 816	5 457
2010	19 109	23 273	15 962	15 806	15 941	5 919	8 143	5 510	4 418	6 434
2011	21 810	26 406	18 323	18 159	18 301	6 977	9 585	6 530	5 247	7 791
2012	24 565	29 622	20 697	20 600	20 759	7 917	10 817	7 435	6 027	8 847
2013	26 467	31 152	22 665	22 363	23 507	9 430	11 857	8 983	7 437	9 762
2014	28 244	33 905	24 733	24 391	25 579	10 489	13 145	10 011	8 295	10 802
2015	31 195	36 691	26 810	26 473	27 400	11 422	14 297	10 919	9 093	11 490

数据来源：《中国统计年鉴》（2007～2016）。

不论是从收入差距看，还是从调查数据看，高票价有失公平。根据调研组2013～2014年的4 146份问卷调查的结果显示：74.9%的受调查对象认为我国高速铁路的票价较高；在没有乘坐高铁的受调查者中，49%的人认为没乘坐高铁的原因是高铁票价太高，40.8%的受调查者认为最应该降价的座席是二等座，33.1%的受调查者认为最应该降价的座席是一等座。由此可见，高铁运价已超过了大部分人的经济承受能力，使得大多数低收入者即使是在客运需求淡季也无力享受到高速铁路运输服务，有失机会公平、结果公平和发展公平。尤其是对于刚性需求的乘客，也是不公平的。

6.2.5 运价水平与区域发展不协调，降低了效率也有失公平

我国地区发展差距较大，然而高铁运价几乎是同一水平，甚至存在欠发达地区运价水平高于发达地区。据前文所述，运营时速300 km的高铁典型线路商务座运价率最高是郑州—西安1.51元/人公里，该线路一等运价率0.76元/人公里、二等座0.47元/人公里也高于平均水平。然而，郑西高铁沿线的河南省、陕西省人均地区生产总值和人均可支配收入都处在全国人均水平以下（如图6-1和图6-2所示），高铁高票价与之形成强烈反差。

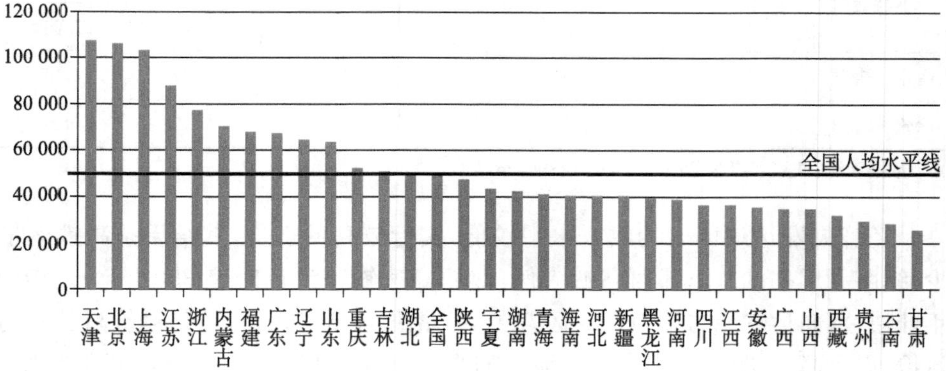

图6-1 2015年全国及地区人均地区生产总值（元）（港澳台地区数据未统计）

数据来源：《中国统计年鉴》（2016）。

另外，经济发展程度高的地区票价比经济发展程度低的地区票价还低。如表6-26所示，南京—合肥和徐州—滁州的高铁运行时间都约为1小时左右；南京—合肥沿线经济发展程度较高，徐州—滁州沿线的经济发展水平较低，然而，南京—合肥票价是60.5元，徐州—滁州票价124.5元，两者相差近一倍。从运价率看，徐州至滁州区段二等座、一等座、商务座的运价率都高于南京至合肥区

段的运价率。

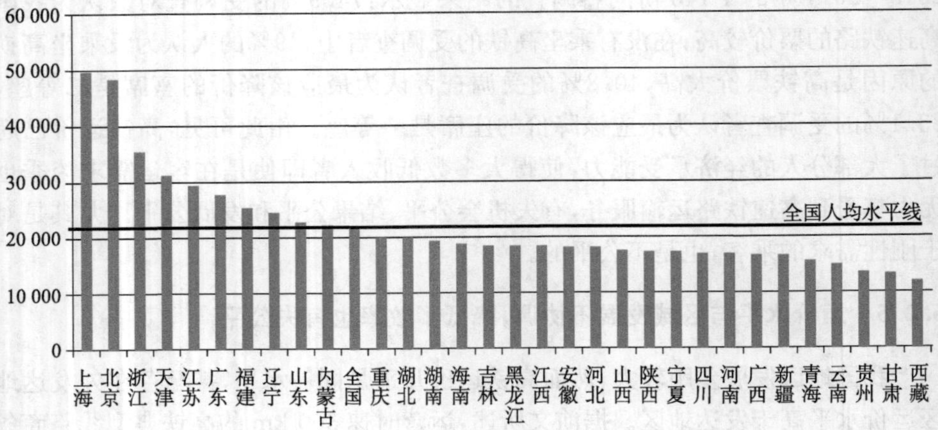

图 6-2　2015 年全国及地区人均可支配收入(元)(港澳台数据未统计)

数据来源:《中国统计年鉴》(2016)。

表 6-26　经济发展程度不同地区的运价水平倒置

高铁线	车次	历时	里程(km)	运价率(元/人公里)		
				商务座	一等座	二等座
南京—合肥	G577	1 h 8 min	154	1.18	0.47	0.39
徐州—滁州	G57	1 h 1 min	272	1.45	0.77	0.46

数据来源:铁路客户服务中心 www.12306.cn。

经济欠发达地区人均收入水平较低,实行较高的运价,其结果是高铁运量少,线路利用率低。以郑西高铁为例,郑西高速铁路设计时速 350 km,于 2010 年开通,双向运输能力约为 1.6 亿人次/年,沿线经济欠发达,可是运价高于平均运价,而且高于沿线经济较发达地区的高铁运价。根据《铁路统计资料汇编》(2012—2016)的数据,2011 年至 2015 年的旅客发送量分别为 382 万人、637 万人、913 万人、1 241 万人、1 561 万人,线路运能利用率分别为 2.39%、3.98%、5.71%、7.76%和 9.76%。尽管郑西高铁的旅客发送量逐渐增加,但线路运能利用率仍然很低。运输密度是衡量运输效率的核心指标,2015 年,在主要高铁线路中,郑西高速铁路的运输密度最低(见表 6-27),说明郑西高铁的运输效率最低。

表 6-27 2015 年主要高铁线运输密度

线 路	周转量(亿人公里)	长度(km)	运输密度(万人/km)
京沪高速线	635.57	1 318	4 822.23
沪宁城际线	126.53	300	4 217.67
胶济客专线	143.70	363	3 958.68
京广高速线	763.26	2 298	3 321.41
杭深线	457.65	1 450	3 156.21
石太客专线	67.74	225	3 010.67
宁杭高速线	69.49	249	2 790.76
京津城际线	32.81	120	2 734.17
京哈高速线沈哈段	92.05	538	1 710.97
沈大高速线	61.05	383	1 593.99
徐兰高速线郑西段	58.89	505	1 166.14

数据来源:《铁路统计资料汇编》(2016)。

高铁带动区域经济发展的前提条件是人员和资源的流动性大幅度增加,高运价制约了人员的流动性,进而制约资源的流动性,从而降低了高铁带动区域发展的效应。因此,经济欠发达地区人均收入较低,实行较高的运价,对于沿线地区及居民有失机会公平和发展公平。

6.2.6 运价水平没有充分体现时间价值,有失公平

在我国高速铁路中,乘车区间相同,运行时间不同,但是票价完全一样,这种情况十分普遍。例如,徐州东—上海虹桥区间不同车次的高铁运行时间差近 1 h,票价却相同;又如,郑州—西安区间不同车次高铁的运行时间差 46 分钟,票价却相同(见表 6-28)。其结果是较短运行时间的车次一票难求,不得不乘坐较长运行时间的车次,有失结果公平。

表 6-28 相同乘车区间不同车次不同运行时间的票价

区间	车次	历时	里程(km)	票价(元)		
				商务座	一等座	二等座
徐州—上海	G7589	3 h 20 min	626	—	474	279
	G19	2 h 27 min		889.0	474	279
郑州—西安	G2007	2 h 48 min	626	—	369	229
	G97	2 h 2 min		731.0	369	229
北京—武汉	G491	5 h 52 min	1 231	—	832.5	520.5
	G79	4 h 17 min		1 642.5	832.5	520.5

数据来源:铁路客户服务中心 www.12306.cn。

另外，一天中不同时段的时间价值存在差异，一般情况下，白天的时间价值高于晚上。因此，飞机票价往往因为出发和到达时间不同而不同，如早于 8 点出发或晚于 11 点到达的班次比其他时间班次的机票便宜些(见表 6-29)，但是高铁票价绝大多数情况下没有充分体现时间的价值差异，全天不同时段的票价都一样(见表 6-30)。其结果也是对于时间价值较低的时段乘车的乘客来说，有失结果公平。

表 6-29 航空客运在不同时间的差别定价

飞机航线	航班号	历时	出发时间	到达时间	票价(元)			
					头等舱	折扣	二等	折扣
北京—上海	MU5138	2 h 10 min	7:00	9:10	1223	无	677	4.2
	MU5106	2 h 10 min	10:00	12:10	1215	无	1 055	7.6
	MU5162	2 h 10 min	21:30	23:40	1210	无	677	4.2

数据来源：东方航空公司官网 http://www.ceair.com/。

表 6-30 高铁客运在不同时间的无差别定价

高铁线	车次	历时	出发时间	到达时间	里程(公里)	票价(元)		
						特等座	一等座	二等座
北京—上海	G101	5 h 36 min	7:00	12:36	1 318	1 748	933	553
	G13	4 h 55 min	10:00	14:55				
	G155	5 h 31 min	17:40	23:11				

数据来源：铁路客户服务中心 www.12306.cn。

6.2.7 运价策略单一，不利于提高效率和促进公平

我国高速铁路运输需求富有弹性，而且不同收入人群的高速铁路运输需求弹性不同(见表 6-31)。高铁采取灵活的运价策略，不仅可以提高铁路运输企业运营效率，而且促进公平。

表 6-31 不同收入人群在旺季和淡季的需求弹性

不同收入群体	月收入水平(元)	票价下浮幅度							
		10%		20%		30%		40%	
		旺季	淡季	旺季	淡季	旺季	淡季	旺季	淡季
低收入者	1 000～3 000	1.7	2.7	1.1	2.5	0.3	0.9	0.5	0.5
中低收入者	3 000～5 000	1.5	2.8	1.0	1.9	0.3	0.8	0.4	0.4

续上表

不同收入群体	月收入水平（元）	票价下浮幅度							
		10%		20%		30%		40%	
		旺季	淡季	旺季	淡季	旺季	淡季	旺季	淡季
中高收入者	5 000～7 000	2.2	3.7	0.9	1.9	0.2	0.7	0.2	0.5
高收入者	7 000 以上	1.4	1.5	0.7	1.9	0.2	0.7	0.2	0.4

数据来源：根据调查数据计算而得。

然而，长期以来，我国高速铁路运价策略单一，仅有少数线路的高等级席别有运价折扣，且折扣幅度小，可以说我国的高速铁路基本没有实行灵活的运价策略。不加差异化的运价既不利于高速铁路增加运量而减少成本和增加收益，也无法满足不同群体的需求而促进公平。

7 国外高速铁路运价的实践与借鉴

自 1964 年日本开通了世界上的第一条高速铁路至今，已经有中国、日本、法国、德国等多国建成运营高速铁路，其中日本、法国、德国较为典型。本章主要介绍典型国家高速铁路的运价管理体制、形成机制、运价水平和运价策略，以及分析对我国高速铁路运价政策的启示与借鉴。

7.1 典型国家高速铁路的运价管理体制

7.1.1 日本高速铁路的运价管理体制

日本的国有铁路公社是由国家投资和依法设立的特殊法人经营的企业。日本对国铁民营化改革之前，国铁的基本客、货运费率由国会通过的国铁运费法令确定，其他费用可由企业自行决定，但需要经过运输大臣认可。1987 年 4 月对国铁民营化改革之后，铁路客运价格的管理主体为运输省。2001 年 1 月日本进行了大部制改革后，运输省、建设省、北海道开发厅和国土厅 4 个省厅统合而生了国土运输省。日本高速铁路的客运价格是由国土运输省来负责管理。

在管理的权限方面，国土运输省主要负责铁路建设和制定铁路运营相关标准和法律法规，将客运价格的部分定价权下放至企业，不再对日本铁路客运股份公司具体的生产经营活动负责。铁路运营企业可以在规定客运价格上限之下对客运进行自主定价。运价上限调整需要向国土运输省下设的运输审议会提交申请，由运输审议会审议并向国土运输省出具审议意见，再由国土运输省审批后方可实施。一般情况下，国土运输省对已批准的客运价格不进行干涉，只有当新调整的客运价格涉及歧视乘客或是造成了不正当竞争时，国土运输省可以责令企业在一定时限内对价格进行重新调整。

7.1.2 法国高速铁路的运价管理体制

法国自 1832 年开始修建第一条铁路，至 2014 年底已有营业铁路约 30 990 km。20 世纪 50 年代，法国开始高速铁路的相关探索。1981 年，法国第一条高速铁路 LGV 东南线开始通车运营。2007 年，法国形成了五大干线的辐射网络。截至

2011年,法国已通车运营的高速铁路线路总里程约为2 036 km。法国高速铁路是典型的"建运分离"模式,即高速铁路的建设与运营分属两个不同的法人,建设法人与运营法人之间的关系是契约关系,同时运营公司(SNCF)负责高速铁路的维护。法国铁路运营管理的两大实体为RFF(路网公司)和SNCF(运营公司),按照"建运分离"的原则,RFF应负责铁路基础设施的维护,但是,由于RFF公司正在成长阶段,无力承担铁路设施的维护工作,所以委托SNCF负责铁路基础设施的维护。

法国成立了公共交通区域合作委员会,该委员会作为法国铁路客运价格的管理部门主要负责对铁路相关活动进行报价,制定铁路的发展规划以及确定铁路客运价格的浮动范围。由此可见,法国铁路客运价格的部分定价权已由政府下放至铁路运输企业,政府只负责制定发展大方向和运价的浮动范围,具体定价权交由铁路运输企业负责。

7.1.3 德国高速铁路的运价管理体制

在1994年德国铁路实行私有化改革之前,德国铁路的客运价格定价权一直集中在政府。联邦政府负责制定德国铁路的发展规划和铁路客运及货运票价,直接管理铁路线路运输。但是,由于运输市场竞争日益激烈,导致了铁路运输的比重持续下降,德国铁路连续多年巨额亏损迫使德国对铁路进行了"网运分离"改革,成立了联邦铁路资产管理局(EBV)、联邦铁路管理局(EBA)和由原德国联邦铁路及德国国营铁路合并的德国铁路股份公司(Deutsche Bahn AG)。其中德国铁路股份公司下设了5个全资子公司,包括:专门从事与客运相关的德国长途旅客运输公司和短途旅客运输公司,负责货物运输相关业务的货物运输公司,负责经营管理铁路基础设施的路网公司以及负责与站台相关的业务和车站服务的车站服务公司。

德国联邦政府对铁路的管制体制主要分为两个层次。第一个层次是联邦交通部,其职责是管理联邦交通、建设和住房等事务。交通部下设铁道司,主要负责制定全国铁路发展规划,对铁路进行立法,审批国家对铁路的投资项目等。第二个层次由两个机构组成,分别是联邦铁路管理局和联邦铁路资产管理局。联邦铁路管理局主要负责确定和批准各个铁路公司的线路规划,对铁路设施和列车进行技术监督和鉴定,对铁路交通事故进行调查和处理等具体工作。而联邦铁路资产管理局的主要职责则是负责协助推进铁路改革的资产处理,包括处置德国铁路历史债务和对前铁路员工的养老金支付等工作。德国联邦政府铁路主管部门负责制定高速铁路的最高客运价格,部分定价权下放到铁路运输企业,铁路运输企业可在最高价格以内自主定价。

7.2 典型国家高速铁路的运价形成机制

7.2.1 日本高速铁路的运价形成机制

随着经济和运输市场的发展，为了进一步扩大铁路经营者的独立性，日本政府于1997年对客运价格实行了政府指导定价，采取了以综合成本价格为基础的上限价格机制。在政府规定的一定期限之内和最高限价之下，各铁路公司可以根据市场供求、旅客收入水平以及其他竞争运输方式的票价变化来对高速铁路的运价进行灵活调整。

7.2.2 法国高速铁路的运价形成机制

在运价形成机制方面，法国对高速铁路客运价格实行的是政府指导定价。法国政府在参照价格指数、物价指数等一系列指标变化的基础上，对铁路票价制订一个上限价格和下限价格，并且每年会根据实际情况及时调整价格上下限，且《法国国营铁路公司管理规定》中明确规定同一类型车票的价格浮动上限和下限的最大差价须控制在50%以内。铁路企业在执行高速铁路的价格时，尊重价值规律的变化，在不突破价格上限和价格下限的前提下，可以根据市场供求情况，采取灵活的价格措施来提高铁路在运输市场中的竞争地位和能力。

7.2.3 德国高速铁路的运价形成机制

德国铁路改革后，客运票价由联邦政府统一制定转变为政府指导价。联邦政府根据有关法律负责制定高速铁路运价的上限，德国铁路客运企业可以根据市场原则在最高运价以内自主制定客运票价，最高客运票价通常一年进行一次调整。

7.3 典型国家高速铁路的运价水平

日本、法国、德国和韩国高铁运价水平的制定充分考虑了时间节约、舒适性、居民经济承受能力、竞争等因素。不同高铁线路的运价水平不同，而且差别较大。

7.3.1 德国高铁不同线路的最高运价水平

德国高铁已建成通车六条线路，分别是曼海姆—斯图加特线、汉诺威—维尔茨堡线、汉堡—柏林线、柏林—汉诺威线、纽伦堡—慕尼黑线、科隆—法兰克福线。2014 年运价率见表 7-1，在 660 km 区段内，一等座运价率为 0.32～0.60 欧元/人公里，二等座运价率为 0.18～0.36 欧元/人公里。运价率不严格遵循递远递减原则，甚至距离较远票价较低。

表 7-1 2014 年德国高铁不同线路的最高运价水平

起　　点	终　　点	距离(km)	高铁票价(欧元)		运价率(欧元/人公里)	
			一等座	二等座	一等座	二等座
法兰克福	柏林	354	203	120	0.57	0.34
汉堡	慕尼黑	387	234	139	0.60	0.36
慕尼黑	杜塞尔多夫	399	225	139	0.56	0.35
法兰克福	汉堡	451	200	118	0.44	0.26
柏林	杜塞尔多夫	610	180	111	0.30	0.18
柏林	慕尼黑	658	212	125	0.32	0.19

7.3.2 法国高铁不同线路的最高运价水平

法国 TGV 高速铁路网主要包括东南线、大西洋线、北方线、东南延伸线(或称罗纳河—阿尔卑斯线)、巴黎地区联络线、地中海线和东部线等 7 个组成部分。2014 年典型线路(区段)的运价率如表 7-2 所示，在 680 km 区段内，二等座运价率为 0.13～1.02 欧元/人公里，而且相同距离的区段，运价差异较大，如巴黎—图卢兹区段与里昂—图卢兹区段距离相同，但运价率相差较大。

表 7-2 2014 年法国高铁不同线路标准座的最高运价水平

起　　点	终　　点	里程(km)	二等座票价(欧元)	二等座运价率(欧元/人公里)
巴黎	图卢兹	131	134	1.02
里昂	图卢兹	131	82	0.63
斯特拉斯堡	图卢兹	254	175	0.69
巴黎	斯特拉斯堡	361	91	0.25
巴黎	里昂	369	92	0.25
里昂	斯特拉斯堡	383	90	0.23

续上表

起　点	终　点	里程 (km)	二等座票价 (欧元)	二等座运价率 (欧元/人公里)
里昂	拉罗切利	580	158	0.27
巴黎	拉罗切利	642	85	0.13
斯特拉斯堡	拉罗切利	673	149	0.22

7.3.3 日本高铁不同线路的最高运价水平

日本高铁网主要由东海道新干线、东北新干线、山阳新干线、秋田新干线、上越新干线、九州新干线和北陆新干线组成。典型线路(区段)标准座运价率如表7-3所示,在同一条线路上,运价率基本遵循递远递减规则,对于不同线路相同距离的区段运价率不同,如东海道新干线的东京～冈山区段距离为733 km,运价率为22.32日元/人公里,而东北新干线的东京～新青森区段距离为713 km,运价率为23.64日元/人公里,秋田新干线东京～秋田区段距离为666 km,运价率约为26日元/人公里。

表7-3　2014年日本高铁不同线路标准座的最高运价水平

线　路	起　点	终　点	里程 (km)	票价 (日元)	运价率 (日元/人公里)
东海道新干线	东京	名古屋	366	10 580	28.91
东海道新干线	东京	新大阪	552.6	13 750	24.88
秋田新干线	东京	秋田	666.2	17 310	25.98
东北新干线	东京	新青森	713.7	16 870	23.64
东海道新干线	东京	冈山	732.9	16 360	22.32
东海道新干线	东京	广岛	894.2	18 050	20.19
东海道新干线	东京	博多	1 174.9	21 720	18.49

7.3.4 韩国高铁不同线路的最高运价水平

韩国的京釜线从首尔到釜山与湖南线从首尔到木浦的距离相同,但运价率不同。典型线路(区段)标准座运价率如表7-4所示,韩国高铁410 km区段内,一等座运价率为132～283韩元/人公里,二等座运价率为94～180韩元/人公里,站票运价率为90～171韩元/人公里。

表 7-4 2014 年韩国高铁不同线路的最高运价水平

高铁线	起点站	终点站	距离（km）	票价（韩元）			运价（韩元/人公里）		
				一等	标准	站票	一等	标准	站票
京釜线	首尔	釜山	408.5	80 200	57 300	48 700	196	140	119
	首尔	大田	159.8	33 200	23 700	20 100	208	148	126
	大田	东大邱	133.3	26 200	18 700	15 900	197	140	119
湖南线	首尔	木浦	407.6	61 400	43 900	41 700	151	108	102
	西大田	木浦	246.8	32 600	23 300	22 100	132	94	90
	长城	罗洲	46.68	13 200	8 400	8 000	283	180	171

7.4 典型国家高速铁路的运价策略

7.4.1 法国高速铁路的运价策略

法国的高速铁路票价由两部分组成：基本票价和加价部分。基本票价由基本票价率和运输里程计算得到，且随着价格指数的变化而变化。加价部分与运输里程无关，与提升服务质量、旅客自身选择和相应的折扣有关。在基本价格之上，法国国家铁路公司（SNCF）将根据市场的供求变化、客流的组成及变化规律，制定不同种类的票价策略以吸引客流。

1. 票价折扣的基本分类

根据提前预订的时间、订票手段等，法国铁路公司制定了四类基本的折扣票价：①Prem's：提前 90 天在互联网上预定车票，但在周末或旅行高峰期时车票不能退换；②IDTGV：提前 6 个月订票，可在出发前 5 个小时前换票，但只能在互联网上预定且只有 30 个可选的目的地；③Loisir fares：可在出发前 90 天订到低价票且可退换，周末预定此类车票可享受提前订票和旅游非高峰期票价优惠的 35%折扣；④Decoverte：如果年龄在 12～25 岁之间或 60 岁以上，可享受 25%的票价折扣。

2. 交通卡优惠

法国铁路公司推出的交通卡主要有两种类型。一类是根据乘客的年龄制定的交通卡。不同年龄段的乘客可办理相应的优惠卡以享受相应的折扣（见表 7-5）。

表 7-5 不同年龄段的交通卡折扣[101][102]

年龄段	交通卡类型	票价优惠
12 岁以下	儿童铁路卡 (Enfant＋Railcard)	持卡可最多为四名陪同旅客打折： (1)任何时间预定所有车次都有 25%的折扣； (2)提前预订需要预订的车次，可享受高达 50%的折扣； (3)在非高峰期预定不要求预定的车次，可享受高达 50%的折扣
12～25 岁	12-25 铁路卡 (12-25 railcards)	(1)可享受 Loisir fare 25%～60%的折扣； (2)即使最后一分钟购买，也可享受低至 25%的折扣； (3)出发前一天可免费退换票，出发当天退票收取一定费用
	青年铁路卡 (Jenunerailcard)	(1)任何时间预定所有车次都有 25%的折扣； (2)提前预订需要预订的车次，可享受高达 60%的折扣； (3)持卡人享有特殊的最后一分钟订票优惠
26～59 岁	中年铁路卡 (Escapades Railcard)	(1)预订需要预订的车次可享受 25%～60%的票价； (2)不论车型和出发时间，均能享受最低 25%的折扣
60 岁以上	高级铁路卡 (Senior＋Railcard)	(1)可享受 Loisir fare 50%的折扣； (2)所有车次，即使在最后一分钟购买，可享受最低 25%的折扣

另一类是根据家庭人员的数目、出行的时间、工作的性质等因素制定出的交通卡。乘客可根据自身需求，选择适合自己的交通卡，订购优惠的车票(见表 7-6)。

表 7-6 其他种类的交通卡

票价类型	交通卡类型	票价优惠
家庭旅游票	大家庭交通卡 (Families Nombreuses Card)	有三个或更多未满 18 周岁的孩子可办理，三年内有效。根据孩子的数量，可享受 Loisir fare 的 30%、40%、50%、75%的折扣
	儿童家庭铁路卡 (Enfant Families Railcard)	有一到两个未满 18 周岁的孩子，并满足收入要求可办理此卡，享受特殊优惠，持卡人和配偶持卡可享受 25%～50%的折扣
通勤票	通勤票 (Frequence Pass)	固定路线的车次可享受 50%的折扣
	周游通行证 (Unlimited Forfait Pass)	(1)每月固定的路线或全法国的月票，只需支付票价的 50%； (2)21 岁以下公民，26 岁以下学生，23 岁以下的学徒可仅支付预订费在一个月内享受九次二等席旅行，第九次之后支付半价 Loisir fare
周末票	周票 (Weekend Railcard)	任何年龄段均可办理： (1)任何时间预订所有车次都有 25%的折扣，直到最后一个座位售罄； (2)提前预订周末出行的车次，可享受 50%的折扣

3. 特殊群体的票价优惠

法国铁路公司将乘客群划分为学生和学徒、员工、军人、残疾人和陪同人员等不同的群体，针对不同的群体给予相应的优惠（见表 7-7）。

表 7-7 特殊群体的票价优惠

群　体	票价优惠
学生和学徒	（1）可办理周游通行证，享受相应的优惠； （2）订购 Loisir fare 可享受 50％的折扣
军人	（1）所有车次可享受 75％的折扣； （2）配偶或 18 周岁以下的孩子享受 25％～50％的折扣
员工	（1）当旅程小于 75 km 时，可购买通勤票； （2）为雇员和退休人员提供每年一个至少 200 km 的 25％或 50％的 Loisir fare
残疾人和陪同人员	（1）退伍军人可享受 50％～75％的折扣； （2）根据残疾证上的信息，残疾旅客和陪同人员可享受 50％的折扣或免费
儿童组	10 人以上未满 15 岁由成年人陪同的青年人及陪同的成年人可享受 75％的折扣
儿童	（1）四岁以下儿童乘坐所有列车免费且有自己的座位； （2）四岁到十二岁儿童乘坐所有列车半价； （3）IDTGV 须购买成人票

7.4.2 德国高速铁路的运价策略

德国高速铁路旅客票价的制定不同于按运营里程计价的传统方式，而是由德国高速铁路公司结合各种高速列车的运营特点，充分考虑节省旅行时间、改善乘坐舒适程度，以及其他运输方式的竞争等多种因素后，综合加以确定的。为吸引旅客，德国高速铁路公司也制定了相应的优惠措施。

1. 铁路优惠卡

铁路优惠卡是在德国用得最多的折扣手段，分为三种类型，缴费不同对应的折扣不同。不同类型铁路优惠卡的折扣减免情况见表 7-8。铁路优惠卡持有人可以在目的地（德国近 100 个城市）免费搭乘巴士、轻轨、电车或地铁；持有 Bahncard 25 额外支付 1 欧元或者 Bahncard 50 额外支付 2 欧元，可包含出发地的公共交通；持有 Bahncard100 购买车票可免费乘坐公共交通。

表 7-8　不同类型的铁路优惠卡

优惠卡类型	年费(欧元)	票价优惠
二等座的优惠卡(Bahncard 25)	61	全年内享受票价 25%的减免
一等座的优惠卡(Bahncard 25)	123	
二等座的优惠卡(Bahncard 50)	249	(1)全年内享受票价 50%的减免; (2)儿童、未满 27 岁的学生和高于 60 岁的老年人购买此卡仅需支付一半的价格
一等座的优惠卡(Bahncard 50)	498	
二等座的优惠卡(Bahncard 100)	4 090	(1)可全年在德国境内免费乘车; (2)若一人持有 Bahncard 100,他的伴侣购买 Bahncard 25 或 50 时会有一定折扣,当夫妻双方都持有 Bahncard 时,若孩子未满 17 周岁可免费获得一张 Bahncard 25
一等座的优惠卡(Bahncard 100)	6 890	

2. 针对地域的通票

为方便乘客在德国境内出行,德国铁路公司制定出了不同类型的铁路通票:①可以在四个星期内,持票乘坐指定的车次旅行 3 天至 10 天,188 欧元起售,根据旅行的时间和座位等级的不同,价格有所浮动;②持票在五天或六天时间内,在柏林、杜塞尔多夫、法兰克福和汉堡这四大城市旅行,可节省 20%的景点门票支出;并可在目的地收到一张欢迎卡,在公共交通、博物馆、观光饮食和购物时享受折扣;③一等座加 69 欧元,二等座加 39 欧元(促销期间一等座加 10 欧元、二等座加 5 欧元),可将目的地扩展到布鲁塞尔、布拉格、奥地利和意大利,在观光旅游时可享受 25%的折扣。

若要从德国前往欧洲其他邻国,可以购买欧洲特价票(Europa-spezial),从德国指定城市发往欧洲邻国指定城市,根据旅游淡旺季和里程长短的不同,票价有所浮动。购买此特价票需要提前五天预定,且时间比较固定,大多数为单程票,不能购买往返票。

3. 针对群体的策略

德国铁路公司根据不同乘客不同的需求,推出很多种类不同的优惠票价。乘客可根据自身需求选择适合自己的票价,得到最大程度的折扣:①当购票人数较多时,可通过购买团体票获得优惠。若需要购买团体票,可随时关注团购(Gruppe&Spar)的报价,不同的 Gruppe&Spar 对应不同的折扣,如 Gruppe&Spar

30 对应 30%的折扣；②由父母或祖父母陪同的未满 15 周岁的儿童可免费乘坐。当孩子自己乘车时，可享受 50%的折扣，未满 6 岁的儿童可免费乘车；③上班族可以提供工作证明和住址，购买工作票，乘坐路线固定且没有时间限制；④在校学生可持学生证购票，但乘坐区间固定，可享受一定折扣。

4. 其他折扣票

当乘坐车次固定时选择特价票(Sparpreis)比较合适，个人旅客乘坐二等座仅需 49 欧元，整个家庭乘坐火车时仅需 49 欧元，未满 15 周岁的孩子可免费乘坐，升级到一等座只需 79 欧元；在旅游旺季时，购买旅游特价票不仅可以享受折扣，而且可以享受合作旅店提供的度假套餐；在球赛季节，有专门为球迷设置的球赛特价票等。

7.4.3 日本高速铁路的运价策略

日本国家铁路公司(JR)1987 年民营化后，分为东海公司、西日本公司、九州公司、北海道公司、四国公司和东日本公司 6 个客运公司和 1 个货运公司，其中东海公司、西日本公司、东日本公司和九州公司拥有新干线。日本新干线旅客票价由两部分组成，即基本票价和加价。其中，基本票价是日本既有铁路按运营里程计算的普通旅客票价，加价则是对新干线的额外收费，加价部分也是按照运营里程计费的。加价部分主要是考虑了新干线缩短的旅行时间以及服务质量的提高等方面。一般来说，新干线的票价中加价部分约为既有线票价的 65%左右。

当乘坐新干线时，除了购买普通车票外，还需要购买附加费用的车票。如乘坐新干线的普通车厢时，除了购买普通车票以外，还需要购买超特快或特快列车指定或未指定座席票；当乘坐新干线的头等车厢时，除了普通车票以外，还需要购买超特快或特快列车头等车厢车票。儿童的普通车票和大部分附加费用都是成人的半价。但在头等车厢票及一些附加费用上儿童不享受折扣。幼儿和婴儿可免费乘车，特殊情况例外。

为方便乘客出行，日本铁路公司会推出种类不同的通票。如 JR 东日本通票，成人每人花费 20 000 日元可在四天内不限次数乘坐；JR 关东地区通票，只需 8 000 日元可在三天内不限次数乘坐新干线的普通车厢指定座席，仅限持外国护照者使用；东京都市地区通票、东京旅游车票、横滨港未来通票、江之岛通票等，可无限次乘坐相应线路的新干线，且儿童票价为成人的一半。

从典型国家高速铁路运价策略中很容易发现：法国高速铁路的票价策略最为复杂，而日本的相对简单。比较三个国家高速铁路票价策略，可以总结出来票价策略存在共同点:①为经常在一定时间内多次出行的乘客提供通票,如德国和日本的铁路通票;②根据不同乘客的需求,将顾客分为不同的群体,提供不同的折扣,比较常见的是儿童、学生、工作人员等;③若提前计划,乘坐的车次确定时,提前预订车票,会享受一定的折扣;④不同时期的客流不同,会影响票价的变化,如旅游淡旺季的票价、周末票等;⑤当乘客数目较多时,可以随时关注团购票价,寻求较大的折扣优惠;或者家庭出行时,有父母陪同的孩子可享受一定的折扣;⑥高速铁路公司与公共交通、酒店、旅游公司等会有合作关系,购买火车票不仅享受票价优惠,还可以享受其他便民优惠。虽然不同国家或地区的票价策略各不相同,且种类繁杂,但可以发现每个国家或地区的铁路票价制定部门都会根据乘客的需求,为乘客制定一系列可选的票价优惠。

7.5 小结与借鉴

7.5.1 小　结

法国、德国和日本高速铁路的运价管理体制是政府和企业都拥有部分定价权,政府拥有制定运价上限或上下限的权利,高铁运输企业在限定运价范围内自主定价。法国、德国、日本和韩国高速铁路的运价形成机制是浮动运价(即政府指导价),高铁运输企业根据市场情况可及时制定运价。法国、德国、日本和韩国高速铁路的不同线路(区段)运价水平不同,而且沿线经济发达地区高铁的运价水平较高。典型国家的高速铁路企业都运用灵活的运价差异化策略,尤其是法国和德国的高铁票价对不同人群、不同时段、不同地域、不同数量、不同支付方式等实行多种多样的差异化策略。

7.5.2 借　鉴

我国高速铁路与国外高速铁路具有一些相同的基本属性,如速度快、安全、舒适、准点,投资大于竞争的客运市场等,而且规模大、范围广,国外高速铁路运价实践经验有值得我国借鉴的方面。

1. 高速铁路运价应实行专业化管理,由行业部门主管

典型国家高速铁路运价都由交通运输部门主管,有的国家在交通运输行业主管部门与交通运输企业之间设立了中间层机构,如日本在国土运输省和铁路客运企业之间设立了运输审议机构,对铁路运输企业的运价申请进行审议和提出意见。我国铁路运输价格长期由国家综合管理部门(国家发改委)主管,具体

运价管理工作由价格司负责。由于铁路管理体制高度集中，而且建运一体、网运一体、客货一体、主辅混营，运价主管部门与铁路运输企业存在信息严重不对称问题，运价管理难度大，运价管理效果较差。为了提高运价管理效率，借鉴典型国家经验，我国铁路运价（含高铁运价）应实行专业化管理，管理职能从综合管理部门划归交通运输行业主管部门。

2. 高速铁路定价权适度下放，实行浮动运价机制

典型国家的高铁定价权适度下放，一部分下放给高速铁路企业，另一部分仍保留在政府中。政府的定价权限是制定标准运价率和上下浮动幅度，或者制定上限运价或上下限运价，高速铁路运输企业的定价权限是在政府赋予的定价权限内自主定价。这对高速铁路企业的经营十分有利，因为在一个竞争的客运市场环境中，高速铁路企业是市场的主体，对市场的信息了解准确，可及时通过运价手段来适应市场的变化，既满足乘客需求，同时提高经营效率。同时，也对乘客有利，因为运价上限对乘客的利益进行有效保护，避免了高速铁路运输企业凭借其市场势力通过随意涨价对乘客产生损失。这一点尤其值得我国高速铁路借鉴。

3. 高铁运价应充分考虑地区发展水平的差异，促进公平性

法国、德国、日本等发达国家高速铁路的不同线路（区段）的运价水平实行差异化，而且沿线经济较发达地区的运价水平较高。我国高速铁路规模大，已覆盖东部、中部、西部和东北地区。由于我国地区经济发展水平、人口规模和密度差距较大，因此，高铁运价水平应充分考虑地区差异性，这样既有利于提高高铁运输能力的利用率和高铁企业的经营效益，也有利于更大发挥高速铁路的社会效益，同时对欠发达地区居民促进公平性。

4. 高铁应充分考虑社会的经济承受能力，体现一定的公益性

国外高速铁路运价上限或标准票价的制定，都充分考虑了社会的经济承受能力，也对特殊人群体现一定的公益性。例如，德国、法国尽管人均收入较高，但对低收入人群、老年人和儿童均实行优惠政策；又如，韩国人均收入水平较德国、法国和日本低，高铁运价水平也较低；尤其是日本，人均收入水平与德国、法国相差不大，但高铁运价比德国、法国低较多。在某种程度上，使得日本高速铁路经营情况明显比德国、法国好。我国是发展中国家，尽管改革开放后经济快速发展，但人均收入水平仍比较低，而且不同地区和不同人群收入差距较大，中低收

入者对高速铁路票价非常敏感，加上我国高速铁路运能充足，因此，高铁票价要保持在中低收入者的经济承受能力以内，同时对低收入人群和特殊人群实行优惠政策，既能体现社会公平又能提高运营效率。

5. 高铁运价应实行灵活多样的差异化策略，提高运营效率也促进公平

国外高速铁路都在一定的浮动范围内实行形式多样的灵活的差异化运价策略，取得了良好的经济效益和社会效益。我国人口众多，不同地区发展不均衡，不同人群的收入差异明显，高速铁路应借鉴国外高速铁路运价策略的经验，实行形式多样的灵活的差异化运价策略，如次数优惠、往返优惠、团体优惠、时段优惠、区域优惠、特定人群优惠、提前订票优惠等等，既能提高运营效率，又能体现社会公平。

8　我国高速铁路的特性、使命与运价目标

我国高速铁路具有高速铁路的一般技术经济属性，也具有一系列的特性，承载着中华民族伟大复兴的历史使命。本章将以我国高速铁路的特性和使命为出发点，探究运价目标。

8.1　我国高速铁路的特性

我国高速铁路是在新世纪建设中国特色社会主义市场经济的背景下发展起来的，在管理体制、网络规划、建设管理、运营和监管等层面具有一系列特性。

8.1.1　高速铁路管理体制的特性

长期以来，我国铁路实行的是政企合一的管理体制。原铁道部既代表政府行使职能，又代表企业运营铁路。在铁路建设中，原铁道部代表政府负责资金筹措、投融资和财务管理，负责站线设计规划和技术标准，负责基本建设项目招投标、施工建设管理和竣工验收，负责铁路所需原材料和外部产品的市场准入，负责购置和配属机车车辆。在铁路运营中，原铁道部负责运营计划安排、集中调度指挥、安全生产组织、安全监管和提供运输服务等。

我国高速铁路沿袭了铁路的管理体制，2013 年 3 月铁路部门政企分开之前，是政企合一的管理体制，高速铁路的融资投资、建设管理、运营监管都由原铁道部负责。铁道部门政企分开之后，高速铁路的规划、运营和行业监管三种权利开始分设。国家发改委会同交通运输部负责拟订铁路发展规划和政策，国家铁路局依法对铁路进行行业监管，中国铁路总公司以铁路客货运输服务为主业，实行多元化经营，并负责铁路（含高速铁路）运输的计划制定、调度指挥和财务管理。原铁道部对所属 18 个铁路局集团有限公司、3 个专业运输公司及其他企业的权益作为中国铁路总公司国有资本。18 个铁路局（或集团有限公司）和 3 个专业运输公司是中国铁路总公司独资的二级法人。

一条高铁线路由一家或多家高速铁路公司或客运专线公司作为项目公司投资和建设管理的主体，由原铁道部（现中国铁路总公司）和地方政府通过“省部协

议”或社会资本(如京沪高速铁路股份有限公司)共同投资创建(前者控股),负责高速铁路线路(段)的融资、投资、建设管理和资产管理。高速铁路公司或客运专线公司将高速铁路的运营委托给相关铁路局(集团公司),相关铁路局(集团公司)代理运营高速铁路。我国高速铁路管理体制如图 8-1 所示。

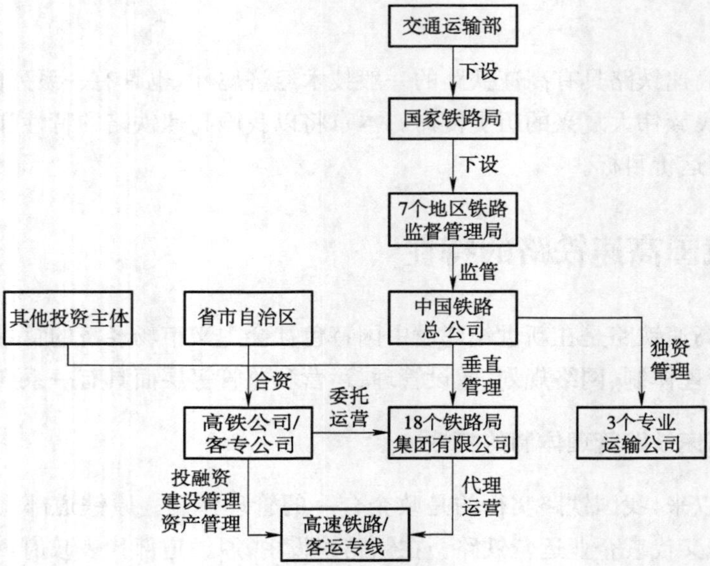

图 8-1　我国高速铁路管理体制

综上所述,我国高速铁路管理体制的特性是:①由国家发改委会同交通运输部规划;②由国有资本投资并控股;③由高速铁路公司/客运专线公司负责投融资、建设管理和资产管理;④由相关铁路局代理运营,由中国铁路总公司集中调度指挥;⑤受国家铁路局及其下设的地区铁路监督管理局监管。

8.1.2　高速铁路的网络特性

1. 网络规模大,位居世界第一

我国高速铁路建设始于 1999 年兴建的秦沈客运专线,2004 年颁布《中长期铁路网规划》标志着高铁发展拉开了序幕,经过近十多年来的快速发展,截至 2016 年底,运营里程达到 2.2 万 km,占世界高速铁路运营总里程的 60%以上,位居世界第一。目前,我国已经拥有全世界最大规模的高速铁路网。根据 2016 年颁布的《中长期铁路网规划》,到 2025 年,我国高速铁路规模将达到 3.8 万 km 左右。

2. 网络分布广，服务覆盖范围大

我国高速铁路网由骨干网、重要的区域网、城市群内的城际铁路网组成，骨干网就是指规划的“四纵四横”干线网，即京沪客运专线、京港客运专线、京哈客运专线、徐兰客运专线等；重要的区域网是指跨区域的建设标准低于骨干网的高速铁路，如贵广客运专线、西成客运专线等；城际高铁是指在环渤海、长三角、珠三角等十多个经济发达和人口稠密地区建设的城际客运系统，覆盖区域内主要城市。

从覆盖的空间距离看，根据 2008 年调整后的《中长期铁路网规划》，到 2020 年，为满足快速增长的旅客运输需求，建立省会城市及大中城市间的快速客运通道，规划“四纵四横”等客运专线以及经济发达和人口稠密地区城际客运系统，建设客运专线 1.6 万 km 以上，覆盖 93％的省会城市、80％的人口在 50 万以上的城市、70％的地级及以上城市。实际上，截至 2016 年底，“四纵四横”的高铁骨干网已基本建成。根据 2016 年颁布的《中长期铁路网规划》，到 2030 年，我国将建成“八纵八横”的高速铁路主通道、区域连接线和城际客运铁路组成的现代高速铁路网。连接主要城市群，基本连接省会城市和其他 50 万人口以上大中城市，形成以特大城市为中心覆盖全国、以省会城市为支点覆盖周边的高速铁路网。实现相邻大中城市间 1～4 小时交通圈，城市群内 0.5～2 小时交通圈。与其他国家相比，我国高速铁路网，将基本覆盖范围遍布全国省市区。法国和德国均以大型城市为中心，向四周发散，呈中心发散式分布。日本由于特殊的地理形态，其新干线呈纵向分布，高铁呈现“鱼刺”状分布。

从覆盖的时间距离看，到 2016 年底，我国已基本形成以北京、上海、广州为中心的 1 小时至 8 小时高铁交通圈，除拉萨、银川、呼和浩特以外的省会城市都被纳入高铁交通圈。

3. 建设标准高，运输能力巨大

我国高速铁路建设标准高，运输能力巨大。其中，主干网多数线路设计时速达 350 km，少数线路设计时速为 380 km(如京沪高铁)，双向运输能力 1.6 亿人次/年；区域网大部分线路设计时速为 250 km，双向运输能力 1 亿人次/年；京津城际、沪宁城际、沪杭城际等主要城际高速铁路设计时速达 350 km，双向运输能力 1.2 亿人次/年。

8.1.3 高速铁路的投融资特性

计划经济体制时期，我国铁路的资金来源基本来自中央政府的财政预算。

改革开放之后，铁路的投融资机制逐步变得灵活，资金来源也呈现多元化的趋势。除政府拨款之外，中央政府以政府的名义进行担保，在国际范围内签订贷款协议，将贷款用于铁路建设。除此之外，政府开始放松管制，鼓励地方政府和企业合资建设铁路，提倡地方政府与铁路局合资筹建铁路。同时，为加快铁路建设，国务院于 1991 年设立铁路建设基金，由铁道部管理，用于铁路基础建设投资和偿还铁路建设贷款。铁道部于 1995 年首次发行铁路建设债券，于 2006 年开始大规模发行。1996 年 5 月，广深铁路股份有限公司分别在纽约、香港上市，总共募集资金 5.44 亿美元，首次实现了中国铁路企业在资本市场的股票融资。21 世纪以来，铁路部门积极探索铁路建设投融资模式，先后出现了以朔黄铁路为代表的企业、铁路部门和地方共同出资的合资铁路和以罗岑铁路为代表的民营企业独资铁路。

我国高速铁路投资规模巨大，融资成为一大难题。为此，铁路部门积极创新高速铁路投融资模式，吸引社会资本参与高速铁路发展。先后出现了以京津城际铁路为代表的由铁路部门、地方政府和企业共同投资，以京沪高铁为代表的由社会资本参与的股份制铁路，以京广高速铁路为代表的铁路部门和地方政府通过“省部协议”投资建设的高速铁路，以杭绍台高速铁路为代表的 PPP 模式高速铁路和以济青高速铁路为代表的地方政府投资主导的高速铁路。总体上看，我国高速铁路投融资具有以下特性。

1. 以国有资本控股为主

国外高铁建设融资渠道广泛，多以资本市场融资和社会资本为主、政府援助为辅，地方政府往往在其中发挥重要的协调责任。我国铁路系统长期政企合一的体制与资本市场很难对接。除极少数高速铁路有社会主体参与投资外，我国绝大部分高速铁路的投资主体是由于原铁道部（现为中国铁路总公司）和沿线省级人民政府通过“省部协议”合资成立的高速铁路公司，其中，原铁道部（现为中国铁路总公司）代表国家投资，是控股股东；高铁沿线省份的投融资平台公司代表省级政府投资。例如，根据 2013 年《铁路统计资料汇编》的数据，2013 年国家铁路和合资铁路完成投资总额为 5 336.78 亿元，其中，中国铁路总公司投资额为 4 427.88 亿元，占 83.0%，地方政府投入资金为 809.98 亿元，占比 15.2%，其他投资主体资金为 98.92 亿元，占比 1.8%。由此可见，总体上看，我国高速铁路投资主体较单一，而且以国有资本为主。

2. 以债务性融资为主

铁路政企分开后，中国铁路总公司负责铁路建设。根据 2013 年《铁路统计资料汇编》的数据，2013 年我国铁路基本建设完成投资 5 336.78 亿元，其中国债及财政预算内资金 200.31 亿元，占 4.5%；专项资金和专项基金 386.05 亿元，占 7.2%；车辆购置税 150 亿元，占 2.8%；银行贷款 2 240.47 亿元，占 42.0%；企业债券 1 474.83 亿元，占 27.6%；省筹资金 742.38 亿元，占 13.9%；企事业单位自筹 107.38 亿元，占 2.0%；其他资金 35.36 亿元，占 0.66%。由此可见，中国铁路总公司建设铁路主要依靠债务融资。以银行贷款和企业债券为主，以国债和财政预算内资金、专项资金和专项基金、车辆购置税、企事业自筹金、地方政府资金为辅，社会资本很少参与其中。根据 2015 年《铁路统计资料汇编》的数据，2015 年铁路基本建设投资中，中国铁路总公司的资金来源为 4 643.92 亿元，其中，国内贷款 2 141.67 亿元，债券 874.93 亿元，债务融资占比 65%。

近些年来，由于高速铁路建设加快，在铁路基本建设投资中高速铁路建设投资占很高的比重。以 2013 年为例，在铁路基本建设投资中，新建铁路和枢纽、客站投资为 4 290.78 亿元，占比 88.4%，其中高速铁路及客站建设占绝大部分。高铁项目的资金来源中债务资金（银行借款和企业债券）占了最大的比重，股权融资比例低。

3. 财政投入占比小

从全国铁路投资结构看，政府财政投入占比小。2013 年全国铁路基本建设投资为 5 336.78 亿元，其中国债及财政预算内资金为 200.31 亿元，占比仅为 4.5%，加上车辆购置税 150 亿元，也只有 350.31 亿元，占比为 7.3%。2015 年中国铁路总公司的资金来源为 4 643.92 亿元，其中国家预算内资金 406.1 亿元，占比 8.7%。

目前，地方政府主要采用与中国铁路总公司成立合资公司的形式投资铁路建设。在铁路总公司和地方政府合资合作的高铁项目中，一般都由铁路总公司控股，地方政府主要以征地拆迁作价和少部分货币资金的形式入股。从整体投资规模来看，“十一五”全国铁路基本建设投资完成中，地方政府的投入只占 20%左右。也就是说，中央政府与沿线地方政府的投入占比高速铁路总投资不足 30%。

8.1.4 高速铁路的运营特性

1. 委托运营

目前，我国高速铁路采用委托运营模式。所谓委托运营管理，是按照有利于运输资源配置、强化专业管理、运输安全有序可控、效率效益全面提高的原则，在合资公司名称、法人地位、运输管界、财产所有权、财务收支完整性五个不变的前提下，把高速铁路的运输资产经营与运输生产经营相分离，即高速铁路公司负责运输资产的专业化经营，运输生产业务委托给相关铁路局专业化经营，同时签订委托经营管理期间主要经营目标协议，实行经营管理目标责任制。委托运营模式分为全部委托和部分委托两种形式，见表 8-1。在全部委托的形式下，动车属于高铁公司，高铁公司将线路维护和运营全部委托给相关铁路局，目前京沪和武广高铁采用的是全部委托的形式；在部分委托的形式下，动车属于铁路局，高铁公司只将线路维护委托给相关铁路局。

表 8-1　我国高速铁路委托运营模式比较

委托运营模式	全部委托				部分委托			
	车辆所有权	委/受托项	收入	支出	车辆所有权	委托项	收入	支出
高铁公司	√	线路维护和运营	票款	委托运营费	—	线路维护	线路使用费和电费	委托运营费
铁路局	—		委托运营费	运营和维护费用	√		委托运营费、票款	线路使用费和电费,其他运营费用

在委托运营管理体制下，高铁公司主要负责资产经营、资产监管，承担法人财产的保值增值责任。受托的铁路局根据委托协议约定的经营目标，负责组织、管理所管辖站段预算编制、执行情况，并根据经营目标完成情况清算委托管理费用。由于高速铁路的运输资产经营与运输生产相分离，铁路局直管站段，可充分利用铁路局设备、人力等资源，实现运输生产统一调度指挥。高速铁路公司履行资产经营管理业务，通过精简机构，减少投入，降低运营成本。

2. 国有国营缺乏竞争

高速铁路投资建设主体和运营主体大都是国有或国有控股企业。一条高速铁路由一家或多家高速铁路公司负责投资和资产管理，由沿线铁路局受托运营和线路维护。跨线运营的铁路局向有关高铁公司支付线路使用费（由中国铁路总公司进行收入清算）。也就是说，在一条高速铁路上提供运输服务的主体既有沿线铁路局，也有跨线的相关铁路局。由于铁路局都同属中国铁路总公司，不是真正的市场主体，运输都由中国铁路总公司集中调度指挥和收入清算，所以缺乏竞争性。

8.1.5　高速铁路的监管特性

1. 独立的监管部门

我国铁路直到 2013 年 3 月才政企分开，不再保留铁道部。组建国家铁路局，由交通运输部管理，承担铁道部的其他行政职责，负责拟订铁路技术标准，监督管理铁路安全生产、运输服务质量和铁路工程质量等。国家铁路局下设安全监察司、运输监督管理司、工程监督管理司和设备监督管理司以监管铁路的各个方面。地方下设七个监督管理局，分别是沈阳铁路监督管理局、上海铁路监督管理局、广州铁路监督管理局、成都铁路监督管理局、武汉铁路监督管理局、西安铁路监督管理局、兰州铁路监督管理局，负责辖区内铁路监督管理工作。

2. 政监合一

我国铁路目前的监管部门是国家铁路局及其下设的地区监督管理机构，仍隶属于交通运输部，属于“政监合一”的监管体制。国外政府的行政管理职能和经济监管职能是分开的，监管机构具有很强的独立性和权威性。监管机构存在多个，但是对于经济监管主要由专业的监管机构独立依法行使，不受到其他任何行政部门影响以及干预。例如，英国双重监管体制监管机构相互补充，独立于政府以及路网公司；美国的 STB 虽设在运输部下，但并不直接隶属于运输部，与其他部门也没有业务联系，是一个独立的监管机构；德国的联邦铁路局虽隶属于交通部，但可以独立行使权力，对联邦铁路行使一级政府监管。

3. 运价监管错位

在我国现行的铁路行业监管体制中，对于价格监管属于国家发改委的职权范围，并不属于专业监管机构——国家铁路局的监管范畴。国家发改委作为综合监管机构，在没有行业监管机构的情况下，可以进行部门的监管，可以进行有关职能的整体规划，但是在有具体的监管机构情况下，就不应该再涉及行业监管。铁路作为特殊的行业，有自己的监管机构，但价格监管职能却未能划到专业监管机构。而国外均有特定的监管机构来监管其铁路运价，如日本由国土运输省来审核运输企业的调整价格申请，并防止不正当竞争；法国成立公共交通区域合作委员会对铁路相关活动进行报价。

8.2 我国高速铁路的使命

党的十五大报告首次提出“两个一百年”奋斗目标，党的十八大报告再次重申“在中国共产党成立一百年时全面建成小康社会，在新中国成立一百年时建成富强民主文明和谐的社会主义现代化国家，实现中华民族的伟大复兴”[103]。党的十九大报告提出“综合分析国际国内形势和我国发展条件，从二〇二〇年到本世纪中叶可以分两个阶段来安排。第一个阶段，从二〇二〇年到二〇三五年，在全面建成小康社会的基础上，再奋斗十五年，基本实现社会主义现代化。第二个阶段，从二〇三五年到本世纪中叶，在基本实现现代化的基础上，再奋斗十五年，把我国建成富强民主文明和谐美丽的社会主义现代化强国”[104]。目前，我国正处在全面建成小康社会决胜阶段、中国特色社会主义进入新时代的关键时期。在走向中华民族伟大复兴的道路上，高速铁路作为国家战略性基础设施和大运量快速交通方式，意义已经不局限于交通运输能力的改善，而是肩负着更高的使命和更大的责任，对国民经济和社会发展都有着深刻的影响，对全面建成小康社会、加快社会主义现代化建设进程、实现中华民族伟大复兴的中国梦，具有重大意义和深远影响。

8.2.1 高速铁路承载着中华民族伟大复兴的历史使命

从发达国家崛起的历史看，铁路起到了巨大的推动作用。19 世纪初，英国铁路的出现和发展助推了英国成为当时世界第一大强国。19 世纪上半叶和下半叶，美国分别掀起两次建筑铁路高潮，铁路运营里程达到 40 多万 km，助推了美国在 19 世纪末成为世界第一大强国。日本东海道铁路为日本战后经济迅速恢复承载历史使命，1964 年日本开通了世界上第一条高速铁路，并在随后的十年间建成了 1 000 多 km 的高速铁路。根据世界铁路联盟发布的数据，截至 2017 年 4 月底，日本已投入运营的新干线高速铁路里为 3 041 km，在建新干线高速铁路里程为 402 km。日本高速铁路极大地缓解了交通压力，助推了日本从战后经济复苏到成为世界经济强国，支撑着日本经济社会持续发展。根据世界铁路联盟(UIC)发布的数据，截至 2017 年 4 月，法国已投入运营的 TGV 高速铁路里程为 2 142 km，在建线路里程 634 km，规划线路里程为 1 786 km。法国 TGV 高速铁路运营取得的成功大力推动了沿线地区经济的均衡发展，促进了房地产、工业机械、钢铁等相关产业的发展，欧洲铁路市场份额大幅度回升。在法国 TGV 高速铁路取得极大成功之后，欧洲各国逐步加入高速铁路的建设热潮。德国、意大利、西班牙、比利时、荷兰等欧洲大部分发达国家开始大规模修建该国或跨国界高速铁路，逐步形成了欧洲高速铁路网。

我国第一条铁路——吴淞铁路建于 1876 年，比世界最早的铁路——英国的斯托克顿—达灵顿铁路晚了 50 多年。1890 年英国的铁路网已达到 32 000 km，作为早期快速建设和发展铁路的国家，英国在 19 世纪末成为当时经济实力最强的国家。而从吴淞铁路的出现，到 1949 年中华人民共和国成立，仅建成 23 500 km 的铁路，其中有近一半在日本侵华战争和内战中遭到破坏，处于瘫痪状态，能够维持通车的仅有约 1.1 万 km。中华人民共和国建立后，为了发展经济，开始进行铁路建设,铁路规模随之不断扩大,铁路进入了有计划地大规模建设的时期,到1980年全国铁路营业里程达到近5万km。

改革开放初期,经济发展的动能巨大释放,国民经济持续高速增长,交通运输发展严重滞后,已成为国民经济发展的瓶颈,制约经济社会发展。为此,在20世纪90年代,国家大力发展交通运输,尤其是公路、港口、机场快速发展,在一定程度上缓解了经济社会发展对交通运输的需要,但是铁路由于管理体制等原因发展缓慢,长期存在"一车难求、一票难求"的局面,严重制约经济社会发展,严重影响着民生。为此,21世纪初,国家制定了《中长期铁路网规划》,标志着铁路迎来了发展的黄金期,也标志着拉开了高速铁路快速发展的序幕。我国目前已成为世界上高速铁路发展最快、系统技术最全、集成能力最强、运营里程最长、运营速度最高、在建规模最大的国家。高速铁路的快速发展,自身巨大的客运能力和客货分线所释放出来的货运能力,从根本上解决了"一车难求、一票难求"的困局,从而促进经济社会发展和改善民生。

中华民族的伟大复兴是鸦片战争170多年来每一个中国人的梦想。它体现了中华民族和中国人民的整体利益,是每个中华儿女的共同期盼。实现中华民族的伟大复兴首先要实现两个一百年的发展战略目标,实现两个一百年战略目标的前提条件是经济社会可持续稳定发展。经济社会可持续稳定发展既对交通运输提出了更高的要求,同时带来运输需求的多样化和高级化。我国高速铁路占地少、运能大、速度快、规模大、服务广、节能环保,作为百年大计的基础设施和最适合我国国情的交通方式,承载着中华民族伟大复兴的历史使命。

8.2.2 高速铁路担负着区域经济协调发展的重大使命

一个内部差距巨大的经济体,其整体发展最终将会受制于这种内部不平衡的影响。区域发展不平衡是我国所面临的最为重大的问题之一,《中国统计年鉴2016》数据显示:2015年天津市人均*GDP*居首,达到107 960元,排名第一位,而甘肃省的人均*GDP*只有26 165元,排名最后位,是天津市人均*GDP*的1/4。根据《中国统计年鉴2016》的有关数据计算,东部地区拥有全国38%左右的人口,其创造的地区生产总值超过全国总量的50%,而西部地区面积占到总面积的70%多,人口占比为27%,但其地区生产总值仅为全国总量的20%,而且西部和中部的人均*GDP*水平仅为东部地区的55%和57%(见表8-2)。总体来说,我国区域差异十分明显。

表 8-2 2015 年我国东、中、西和东北地区经济、人口指标对比

指标	东部地区	中部地区	西部地区	东北地区
土地面积占比	9.5%	10.7%	71.5%	8.2%
人口占比	38.2%	26.7%	27.0%	8.1%
GDP 占比	51.2%	20.2%	20.0%	8.6%
人均 *GDP* 水平(元)	62 189	35 280	34 392	49 600

数据来源:根据《中国统计年鉴 2016》计算而得。

中华民族的伟大复兴需要着力解决我国区域发展不平衡的问题。目前,在解决区域发展不平衡问题的过程中,亟须解决的问题是如何让资源在东部和中西部之间进行合理配置,这就需要全面完善的交通运输网络作为支撑。

根据 2016 年颁布的《中长期铁路网规划》(2016—2030 年),到 2020 年建成高速铁路 3 万 km,覆盖 80%以上的大城市;到 2025 年,高速铁路规模达到 3.8 万 km 左右,网络覆盖进一步扩大。到 2030 年,构筑起“八纵八横”高速铁路主通道,建成由高铁主通道、区域连接线和城际客运铁路组成的现代高速铁路网将覆盖东、中、西部和东北地区。高速铁路完善的客运网络强化全国各个地区之间的联系,满足东西部地区客货交流的需要,发挥西部地区的资源优势,促进生产要素合理流动,深化区域间的合作,推进区域良性互动发展,逐步缩小东中西部的发展差距,推动人口经济布局更加合理、区域发展更加协调。

“八纵八横”的高速铁路主通道建成后,将大大缩短东部、中部、西部、东北地区之间时间距离,大大促进生产要素和产品在区域之间的流动,全面提高各个地区经济发展的适应能力,为生产要素的流动创造有利条件,为各个区域之间的分工协作和区域贸易提供强有力的保障和支撑,进而促进地区平衡发展。

8.2.3 高速铁路肩负着促进新型城镇化的重大责任

党的十八大报告中提出“坚持走中国特色新型工业化、信息化、城镇化、农业现代化道路,推动信息化和工业化深度融合、工业化和城镇化良性互动、城镇化和农业现代化相互协调,促进工业化、信息化、城镇化、农业现代化同步发展”[103]。城镇化是伴随工业化发展,非农产业在城镇集聚、农村人口向城镇集中的自然历史过程,是人类社会发展的客观趋势,是国家现代化的重要标志。城镇化是保持经济持续健康发展的强大引擎,是加快产业结构转型升级的重要手段,是解决农业农村农民问题的重要途径,也是推动区域协调发展的有力支撑。

改革开放以前,我国的城镇化建设发展缓慢,1978 年城镇化率不足 18%。改革开放后,随着经济迅猛发展,城镇化水平也迅速提高,到 2016 年城镇化率达到 57.4%(见图 8-2)。而 2010 年美国的城镇化比例已达到 80%以上,基本实现了城乡一体化和农村城镇化。可见中国目前的城镇化水平同发达国家相比还有很大差距。在美国城镇化发展中,交通运输在促进经济要素跨域流动、支持城镇经济协调发展、保障城镇社会有序运行、引导城镇产业合理布局、完善城镇空间格局形态等方面具有重要作用。美国内战结束后,铁路交通开始迅速发展起来。其以最快的速度开始向西伸展,到 20 世纪初,铁路网已横贯美国大陆。铁路的大发展首先带动了铁路沿线一系列城镇的兴起,美国城镇开始沿着铁路网从东、中部向西发展,美国各区域间的城镇布局开始逐渐变得均衡。其次,路网的延伸大大刺激了资源型产业,如钢铁业、矿产采掘等的大发展,进一步促进了工业大发展,带动城镇规模不断扩大。

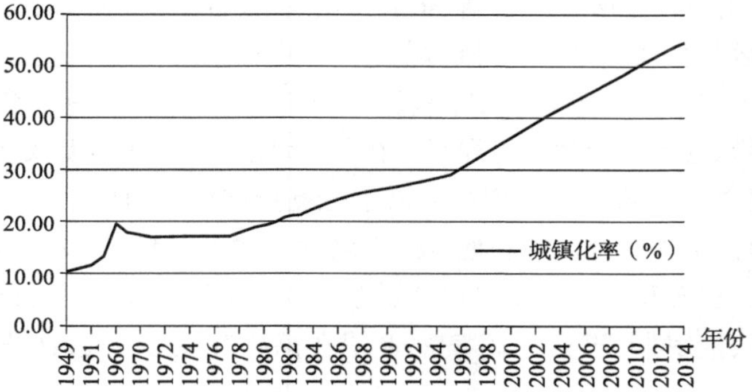

图 8-2　1949—2016 年我国城镇化率

数据来源:《中国统计年鉴 2017》。

我国城镇化建设的一个重要原则是:优化布局,集约高效。它要求完善综合运输通道和区际交通骨干网络,强化城市群之间交通联系,加快城市群交通一体化规划建设,改善中小城市和小城镇对外交通。按照我国的中长期铁路网规划方案,到 2020 年快速铁路(包括城际铁路、客运专线以及既有线路改造)里程将达到 5 万 km,基本覆盖全国大部分地区。快速铁路网是我国交通运输网络的基本网,而高速铁路网是我国交通运输网络的骨架网,在新型城镇化建设中发挥引导和支撑作用。

《国家新型城镇化规划(2014—2020)》提出"优化布局、集约高效"的基本原则,以综合交通网为依托,科学规划建设城市群[105]。一方面,高速铁路网强化沿线城市的极化效应,增强吸引人口集聚功能。另一方面,高速铁路网带动其他快速交通基础设施配套发展,强化沿线城市与周边城市的联系。由此形成"城市群+都市区+城市"的空间结构。

8.2.4 高速铁路肩负着推动新型工业化的重要责任

党的十八大提出“坚持走中国特色新型工业化、信息化、城镇化、农业现代化道路，推动信息化和工业化深度融合，工业化和城镇化良性互动、城镇化和农业现代化相互协调，促进工业化、信息化、城镇化、农业现代化同步发展。”高速铁路产业属于资金、技术、信息和知识密集型产业，符合我国新型工业化战略的发展要求，是拥有巨大潜力的战略性高科技产业。

高速铁路不是在传统铁路技术的基础上提高速度，而是全新研制的高速运行的技术系统。我国高速铁路虽然比发达国家晚起步 40 多年，但只用不到十年时间就站在了世界高速铁路技术的高点。我国高速铁路技术放眼于世界最先进技术，由技术引进消化吸收再创新、集成创新，在设计施工、装备制造、列车控制、系统集成和运营管理等方面获得重要技术成果，全面掌握了高速铁路系统整体技术。2017 年 6 月 26 日首发的“复兴号”动车组列车，是具有完全自主知识产权、达到世界先进水平的动车组列车。在国内，随着全国客运专线网络的逐步完善，中国铁路总公司对动车组列车的需求也逐步增加；而且，中国高铁已经走出国门，中标承接国外多个国家和地区的铁路项目建设，相关装备及零部件出口到亚非美等洲。随着我国高速铁路产业的快速发展，高速铁路建设已处于国际先进水平，美国、俄罗斯、巴西等国家都希望在高铁建设及普通铁路领域与我国合作。

高速铁路对相关产业具有带动作用，为相关产业带来了巨大的市场需求。作为一个庞大的新型客运铁路系统工程，其投资大，带动的产业覆盖广，其所能引发的相关产业的发展是一般工程项目无法比拟的。高速铁路的修建将带动工程机械、桥梁及隧道工程、水泥、电力、建筑材料等相关产业的发展。高端装备制造业是我国战略性新兴产业，高速列车是高科技发展的产物，它集成电子、信息、材料、环保等一系列高新技术领域。《国务院关于加快培育和发展战略性新兴产业的决定》提出“依托客运专线和城市轨道交通等重点工程建设，大力发展轨道交通装备”[106]。高速列车产业的发展将直接带动我国高端装备制造、新材料、新一代信息技术等产业的发展。

总之，高速铁路产业符合我国新型工业化的要求，在经济、环境、技术和人才方面拥有巨大优势，在新型工业化道路中，高速铁路产业必然会成为其中的关键一环。随着国内大规模高铁路网的形成和大量新技术装备的采用，中国高速铁路产业将会迅速成长为一个更具国际竞争的、潜力巨大的战略性新兴产业，必将提升中国的国际竞争力，对加速中国的崛起，起着巨大的推动作用。我国高速铁路产业是一张中国名片，肩负着推动新型工业化的重任。

8.3 我国高速铁路运价改革的总体要求

我国高速铁路运价改革既要充分发挥运价在配置高速铁路资源、铁路资源和客运资源的作用，促进提高效率；也要发挥政府对运价的管理责任，从而促进公平。提高效率和促进公平是高速铁路历史使命、作用和特性的客观要求，是高速铁路可持续发展的内在需要，是高速铁路充分发挥经济效益和社会效益的根本保证，也是科学发展观、党的十八大和党的十九大精神的具体体现。高铁运价改革应有利于充分发挥高铁的作用，服务经济社会发展；有利于充分利用高铁的运能，促进高铁可持续发展；有利于扩大服务范围，增进社会福利，使高铁成果惠及广大人民。

8.3.1 提高效率是高速铁路可持续发展的内在需要

世界银行报告《基础设施与可持续发展》中提出可持续性主要包括经济可持续、社会可持续和环境可持续[107]。高速铁路投资巨大，所面临的最大问题是经济可持续。我国高速铁路建设规模大、标准高，投资规模巨大。近十多年来，铁路投资一直保持着上升态势。“十一五”期间，铁路基本建设投资完成 1.98 万亿元，是“十五”投资的 6.3 倍。“十二五”期间，全国铁路固定资产投资完成 3.58 万亿元，到 2015 年底，全国铁路营业里程达到 12.1 万 km，居世界第二位；其中，高速铁路 1.9 万 km，居世界第一位。

根据《中长期铁路网规划》(2016 年)，到 2020 年，一批重大标志性项目建成投产，铁路网规模达到 15 万 km，其中高速铁路 3 万 km，覆盖 80%以上的大城市；到 2025 年，铁路网规模达到 17.5 万 km 左右，其中高速铁路 3.8 万 km 左右；到 2030 年，将建成以沿海、京沪等“八纵”通道和陆桥、沿江等“八横”通道为主干，城际铁路为补充的高速铁路网，实现相邻大中城市间 1～4 h 交通圈、城市群内 0.5～2 h 交通圈。

“十三五”期间，全国铁路网要基本覆盖 20 万人口以上的城市，80%的县级行政区。高速铁路网基本覆盖 50 万人口以上的城市、90%地级行政中心。基本实现国家、区域中心城市 1～8 h 高速通达圈；相邻大中城市 1～4 h 快速交通圈；城市群内 0.5～2 h 通勤圈。铁路固定资产投资规模将达 3.5 万亿元至 3.8 万亿元，其中基本建设投资约 3 万亿元。这意味着“十三五”铁路投资规模将很可能再创新高。

中国铁路总公司的负债越来越大，经营出现亏损。根据中国铁路总公司发布的 2016 年三季度审计报告显示，截至 2016 年 9 月 30 日，负债高达 4.30 万亿元，较 2015 年年底负债数额继续增加，资负债率高达 64.7%。前三季度铁总收入合计 6 394 亿元，利润前三季净亏损 55.77 亿元。

高速铁路投资巨大，建设周期较长，大部分线路投入运营后收益并不可观。从已开通运营的高速铁路看，除东部地区的京沪高铁、沪宁城际、沪杭城际、宁杭高铁、广深港、京津城际实现盈利外，其他线路尤其是中西部高铁运营效率还有很大的提升空间。这就要求高速铁路运价改革必须以效率为目标，发挥运价配置运输资源的作用，高效配置高速铁路资源。高速铁路运价改革以效率为目标，就是要实现高速铁路资源的充分利用。从经济可持续角度看，实现高速铁路财务可持续要求现金流充足，至少要弥补财务费用，实现债务融资的可持续性；然后是弥补运营成本，实现简单再生产的可持续性；最后是弥补全成本，实现扩大再生产的可持续性。高速铁路运营的特点是固定成本占比很大，运营成本占比较小，所以运价的首要经济目标是使收入弥补财务费用和运营成本。由于收入受运价水平和运量影响，运量受运价影响，所以高速铁路应以实现收入最大化为目标，缓解因现金流不足而可能带来的财务不可持续的局面。

8.3.2 促进公平是高速铁路历史使命的客观要求

党中央在全面建设小康社会进程中推进实践创新、理论创新、制度创新，强调坚持以人为本、全面协调可持续发展，提出构建社会主义和谐社会、加快生态文明建设，形成中国特色社会主义事业总体布局，着力保障和改善民生，促进社会公平正义。

党的十八大提出“全面建成小康社会，加快推进社会主义现代化，实现中华民族伟大复兴，必须坚定不移走中国特色社会主义道路”和“中国特色社会主义道路，就是在中国共产党领导下，立足基本国情，以经济建设为中心，坚持四项基本原则，坚持改革开放，解放和发展社会生产力，建设社会主义市场经济、社会主义民主政治、社会主义先进文化、社会主义和谐社会、社会主义生态文明，促进人的全面发展，逐步实现全体人民共同富裕，建设富强民主文明和谐的社会主义现代化国家”[103]。党的十九大报告 12 处提到公平，可见促进公平在新时代中国特色社会主义建设中的重要地位。

我国高速铁路网络规模大，服务范围广，应长期服务于新型城镇化和区域协调发展，在经济社会发展和实现中华民族伟大复兴的进程中承载着重大的历史使命。高速铁路网是综合交通运输的骨架网，在综合运输通道特别是客运中应发挥骨干作用；城际高速铁路系统在城市群或都市圈内部客运中应发挥主干作用。

我国高速铁路作用的发挥和使命的实现，客观要求高速铁路运输能力得到充分利用，而高速铁路运输能力的利用程度直接与运价关系紧密。实现高速铁路的历史使命，客观上要求高速铁路运价水平在中低收入者可承受的范围内，使高速铁路服务惠及广大人民群众，从而体现社会公平。

8.3.3　提高效率和促进公平是高速铁路充分发挥经济效益和社会效益的保证

高速铁路的经济效益包括微观经济效益和宏观经济效益，不仅体现在运营的经济效益上，更重要的是体现在促进区域经济发展从而带动宏观经济的发展上。以效率为目标的运价，在配置高速铁路资源、铁路资源以及客运资源中起着关键作用，从而促进同城化、经济一体化和带动区域经济发展，是充分发挥高速铁路经济效益的保证。

高速铁路的社会效益不仅体现在全社会时间的节约，更重要的是体现为全社会福利的增加。时间是稀缺的资源，随着社会发展，人们的时间价值越来越高。时间的节约可以创造出时间价值，也可以增加闲暇时间从而提高生活质量。全社会福利是指社会主体的福利，包括消费者福利、生产者福利和政府福利。以公平为目标的运价，就是要实行灵活的运价机制和中低收入者可承受的运价水平，使高速铁路服务惠及尽可能多的人群，极大程度地节约社会出行时间；同时，增进消费者福利、高铁运营者福利和政府福利。增进消费者福利表现为运价降低而增加消费者剩余，增进高铁运营者福利表现为高铁运力充分利用而增加收入水平，增进政府福利表现为减少财政补贴和降低债务风险。

8.3.4　促进公平是科学发展观和党的十九大精神的具体体现

党的十六届三中全会明确提出了坚持以人为本，全面、协调、可持续的发展观。以人为本是科学发展观的本质和核心，是把人民的利益作为一切工作的出发点和落脚点，不断满足人们的多方面需求和促进人的全面发展。

党的十八大提出“加紧建设对保障社会公平正义具有重大作用的制度，逐步建立以权利公平、机会公平、规则公平为主要内容的社会公平保障体系”。十八届三中全会进一步提出“以促进社会公平正义、增进人民福祉为出发点和落脚点”、“使市场在资源配置中起决定性作用和更好发挥政府作用”“建立公平开放透明的市场规则，完善主要由市场决定价格的机制”和“实现发展成果更多更公平惠及全体人民”[103]。

党的十九大报告提出“让改革发展成果更多更公平惠及全体人民”和“不断满足人民日益增长的美好生活需要，不断促进社会公平正义”[104]。我国高速铁路运价要促进公平，充分发挥市场在配置资源中的决定性作用和更好发挥政府作用，使高速铁路发展成果更多更公平惠及低收入者，符合科学发展观和党的十九大精神。

8.4 我国高速铁路的运价目标

我国是最大的发展中国家，在长时期内仍处于社会主义初级阶段，地区之间和城乡之间发展不均衡。当前，我国已进入全面建成小康社会决胜阶段，中华民族正处于走向伟大复兴的关键时期。我高速铁路具有诸多特性，承载着重大的历史使命，在综合交通运输中起骨干作用。高速铁路运价直接影响高速铁路的运量，进而影响高速铁路作用的发挥和使命的实现。因此，我国高速铁路的运价目标是提高效率和促进公平。效率主要表现为投入产出效率和资源配置效率，即高速铁路资源的配置效率、铁路资源的配置效率、客运资源的配置效率，公平主要体现为机会公平、规则公平、结果公平和社会公平。

8.4.1 高速铁路运价的效率目标

高速铁路运价的效率目标，就是提高高速铁路资源、铁路资源和客运资源的配置效率，使高速铁路充分发挥应有的作用，有利于高速铁路、铁路和综合交通运输的可持续发展。

1. 充分利用运能，提高高速铁路资源配置效率

高速铁路建成后，其路网的运输能力巨大。按照我国高速铁路的技术设计标准，一条高速铁路每年的双向运输能力为1.0亿人次至1.6亿人次。就目前情况看，我国大部分高速铁路的运能还未充分发挥，运力大量富余，主要表现为：第一，大部分高铁线路上列车的开行对数远少于设计的开行对数；第二，实际开行的高铁列车运能也未能充分发挥，高铁列车有效上座率总体不高。我国高速铁路运能利用率较低的主要原因是：一方面，高铁建设标准高，运能巨大；另一方面，运价水平较高而且不灵活导致运量不足。因此，提高高速铁路的运能利用率，从而提高高铁资源的配置效率，是我国高速铁路运价的效率目标之一。

2. 引导客货分线，提高铁路资源配置效率

长期以来，我国铁路运能与运量的矛盾十分突出，一直是铁路部门的头等难

题，这不仅体现在货车十分紧缺，也体现在春运、暑运和黄金周期间客运车票的一票难求。为破解这一难题，2004 年开始大力建设高速铁路，以实现客货分线，使客运高速和货运重载。我国《中长期铁路网规划》(2008 年调整)明确提出“主要繁忙干线实现客货分线，运输能力满足国民经济和社会发展需要”的发展目标，遵循“能力紧张的繁忙干线实现客货分线，经济发达的人口稠密地区发展城际快速客运系统”的原则。

目前，在我国普速铁路中，繁忙干线的客货运输依然繁忙，高速铁路并未实现客运专线的功能，客货分线的初衷尚未实现。例如，2015 年，京沪铁路通道内，普速铁路旅客发送量 8 687 万人，占比 47.4%，高铁旅客发送量 9 660 万人，占比 52.6%。在京广铁路通道内，普速铁路旅客发送量 15 208 万人，占比 61.0%，远远高出高铁的旅客发送量 9 886 万人。在同一个通道中，常常出现高速铁路运量不足、普速铁路一票难求的局面。主要原因是高铁票价比既有铁路高得多。从日本、德国、法国、韩国等国家看，高铁标准座(二等座)票价比普通铁路硬座票价高出 60%左右，但我国的高铁二等座票价比普通铁路硬座票价高出 2～3 倍多。

随着高速铁路不断投入运营，快速客运网形成后，主要繁忙干线将具备客货列车分线运行的条件，大部分旅客列车应逐渐转移到高速铁路运行，缓解既有线能力客运紧张状况，既有线以货运为主，逐步形成高速度、大能力、安全畅通的客货分线运输通道，从而适应日益增长的运输需要，提高铁路资源的配置效率。因此，通过高铁运价引导客货分线，提高铁路资源的配置效率是我国高速铁路运价的效率目标之一。

3. 发挥高速铁路的骨干作用，提高客运资源配置效率

铁路是国民经济的重要基础设施，在综合运输体系中占有重要的地位。而高速铁路网是我国交通网中的骨架网，在客运中发挥骨干作用。高速铁路的显著优势之一是运能巨大。一条高速铁路年运能 1 亿人次以上，比一条航线和 4 车道高速公路的能力大得多。二是缩短出行时间。目前我国高速铁路的设计速度为 200～380 km/h，运营速度为 200～350 km/h，而在高速公路上汽车的限速为 120 km/h；飞机的速度虽然比高铁快，但是机场离市区较远，而且办理能力手续烦琐，所以门到门的时间不一定比高铁短，尤其是在中短距离，高速铁路具有明显优势。第三，在保障乘客准点到达方面，高速铁路由计算机控制，根据车内信号行车，不受天气状况的影响，且列车按规定时刻发车，准点率很高，这是飞机和汽车所不能比拟的优势。第四，在行车安全方面，每 10 亿人公里死亡人数，铁

路 1.971 人，汽车 18.929 人，飞机 16.006 人，铁路的安全系数是最高的。第五，在运输方式所需能耗方面，根据能耗研究表明，若普通铁路每人公里消耗能源 1 个单位，则高速铁路 1.3 个单位，小汽车 8.8 个单位，飞机 9.8 个单位，高速铁路的能耗是最低的。在环境保护方面，与公路和民航相比，电气化的高速铁路并不存在粉尘、煤烟和废气污染等问题，属于绿色出行交通方式。因此，高速铁路在缩短出行时间、运能、准点率、安全、能耗、污染等诸多方面，都有着高速公路和民航无法比拟的优势。

充分发挥高速铁路在综合运输体系的骨干作用，提高客运资源的配置效率，对促进综合交通运输可持续发展具有十分重要的意义。运价对调节综合运输系统的运量分配具有直接作用，所以，充分发挥高速铁路在综合运输中的骨干作用，提高综合运输资源配置效率也是高速铁路运价的效率目标之一。

8.4.2 高速铁路运价的公平目标

1. 体现规则公平

经过改革开放 40 年的快速发展，我国交通运输经历了从制约经济社会发展到基本适应经济社会发展再到适度超前经济社会发展三个阶段。各种运输方式之间的竞争格局已基本形成。在客运市场中，高速铁路与高速公路、民航客运同属快速客运，运输产品具有较强的替代性。有关研究结果表明：在 500 km 以下的短途客运市场中，高速公路与高速铁路竞争较激烈；在 500～1 000 km 的中长途客运市场中，民航、高速公路、高速铁路竞争；在 1 000～1 500 km 的长距离客运市场中，民航与高速铁路竞争较强。适度竞争有利于资源配置，运价是调节综合交通运输资源合理配置的主要工具[108～112]。

公平的规则是合理配置综合交通资源的前提，运价形成机制是各种运输方式开展竞争的规则。目前，我国普通铁路的运价形成机制是政府定价，高速铁路的运价形成机制是市场调节价，运价灵活性差，而高速公路和民航客运实行的是政府指导价，运价灵活性高。为了充分发挥各种运输方式的比较优势，从而提高综合交通运输的整体效率，体现规则公平是高速铁路的运价目标。

2. 体现社会公平

我国高速铁路是国家重要交通基础设施，规模大，运能充足，覆盖范围广，且多为国家投资和国有企业经营，具有公益性。随着经济社会发展，人们对快捷交通运输的需求日益增加，但由于我国仍是发展中国家，人均收入水平不高，而且地区发展不平衡，人均收入差距较大，绝大部分中低收入者的经济承受能力不强，对现行的高速铁路票价要么望而却步，要么无奈接受。虽然近两年来，少数线路的部分车次特等座和商务座票价有小幅度的打折优惠，针对一定的时间段和特定的车次，一些线路的一等座也开始打折，但是覆盖范围和力度仍然极小，特别是运力最大的二等座票价却没有优惠。

高速铁路是改革开放的新成果，应该惠及广大民众。高速铁路运价直接影响高速铁路运输服务惠及民众的广度，因此，实现社会公平是我国高速铁路的运价目标。

9 效率与公平的我国高速铁路运价形成机制

运价形成机制主要包含两方面内容：一是运价形成的主体，即运价制定、调整及管理的主体；二是运价形成的方式。其中，运价形成主体起决定性作用。在运输市场不断完善的情况下，运价的形成机制决定着运价的发展与变化。根据《中华人民共和国价格法》，商品的价格形成机制有三种形式：政府定价、政府指导价和市场指导价。本章着重分析基于效率与公平的我国高速铁路运价形成机制。

9.1 高速铁路运价形成机制的影响因素

价格是配置资源的手段，从理论上看，价格形成机制受经济体制、市场结构、产品属性的影响。计划经济体制下，商品价格形成机制是政府定价；市场经济体制下，商品价格由市场形成或由政府进行管制。

运输产业具有不同于一般产业的特性，运输技术、服务对象、生产条件等决定了运输系统的复杂性。如图 9-1 所示，在市场经济体制中，运价形成机制不仅受运输市场结构、运输产品属性的影响，而且受运输企业产权性质和其他运输方式的影响。在运输市场中，一般存在垄断和竞争两种市场结构，根据竞争的程度可划分为完全竞争和不完全竞争。运输产品具有经营性和（或）公共性，大多数运输产品具有较强的公共性，属于准公共产品，如公共交通等；少数运输产品的经营性很强，如包车、包机、网约车服务等。根据产权的性质，运输企业可划分为国有或国有资本控股的公企业和私有（或私人资本控股）的私企业，不同产权性质的企业经营目标不同，通常情况下，私企业以追求股东利益为目标，公企业以追求社会福利为目标。根据运输技术不同，运输划分为铁路运输、公路运输、水运、航空运输和管道运输五种方式；根据服务对象不同，运输划分为旅客运输和货物运输。由此，运输市场可划分为铁路客货运输市场、公路客货运输市场、水路客货运市场、民航客货运市场和管道运输市场。不同运输方式的客运市场和货运市场都具有一定的替代关系和互补关系，即竞争关系和合作关系，因此，一种运输方式的运价形成机制受其他运输方式的运价形成机制的影响。

高速铁路运输是一种新的铁路运输技术，运价形成机制同样受客运市场结构、运输产品属性、运输企业产权性质和其他运输方式的运价形成机制的影响。其中，客运市场结构直接影响运价形成机制，进而影响高速铁路运输服务的效率和公平，例如，在垄断的市场结构中，如果由垄断企业自主定价，则会导致资源配置低效率和机会不公平、结果不公平；如果实行政府指导价，则可能会提高资源配置效率和促进机会公平、结果公平，等等。高速铁路运输产品的属性直接影响运价形成机制，进而影响高速铁路运输的效率和公平。例如，对于一个国家而言，发达地区的高速铁路具有较强的经营性，如果实行政府定价的运价形成机制，则很可能会导致资源配置低效率；相反，欠发达地区的高速铁路运输具有较强的公益性，如果实行市场调节价，可能会导致不公平。又如，高速列车较高等级席别比较低等级席别的经营性较强和公共性较弱，应区别实行不同的运价形成机制。由于公企业和私企业的经营目标不同，所以高速铁路运输企业的产权性质也对运价形成机制产生影响，进而影响高速铁路运输的效率和公平，一般情况下，对公企业的价格管制程度比私企业大。在旅客运输市场中，其他客运方式的运价形成机制对高速铁路运价形成产生直接影响，进而影响客运资源的配置效率和客运市场的规则公平。高速铁路运输在不同距离分别与高速公路客运、民航客运形成直接的竞争关系，如果它们的运价形成机制差异大，则有失规则公平，也会降低客运资源配置效率。

图 9-1 效率与公平的高速铁路运价形成机制的影响因素

综上所述，高速铁路运输市场结构、高速铁路运输产品属性、高速铁路运输企业产权性质和其他客运方式的运价形成机制对效率与公平的运价形成机制产生影响。它们的不同组合，决定了高速运价形成机制的效率性与公平性。极端的情况下，对于垄断市场的国有铁路运输企业提供公共性较强的高速铁路运输产品，应实行较严格管制的运价形成机制（如政府定价或价格上限形式的政府指导价）；对于竞争市场的民营高速铁路运输企业提供公共性较弱的高速铁路运输产品，应实行较宽松管制的运价形成机制（如市场调节价），并与相同条件的其他运输方式运价形成机制保持一致。其他情况下，应对高速铁路运输实行适度管制的运价形成机制（如政府指导价）。

9.2 我国高速铁路不能实行政府定价

从理论上看，对于公共产品或自然垄断行业应该进行价格管制，可实行政府定价，从而保证公益性和公平性。高速铁路运输是一种速度快、舒适性好的服务，相对于普速铁路客运，具有较强的经营性。

从法律上看，《价格法》明确规定，政府定价是由政府价格主管部门或者其他有关部门，按照定价权限和范围制定的价格。其中，第十八条规定下列商品和服务价格，政府在必要时可以实行政府指导价或者政府定价：①与国民经济发展和人民生活关系重大的极少数商品价格；②资源稀缺的少数商品价格；③自然垄断经营的商品价格；④重要的公用事业价格；⑤重要的公益性服务价格。根据2015年10月国家发展和改革委员会发布的《中央定价目录》，重要交通运输服务在列，其中中央管理企业全资及控股铁路普通旅客列车票价率和中央管理企业全资及控股铁路货物、行李运价率，由国务院价格主管部门制定。

从实践上看，高速铁路运输是一种有别于普速铁路运输的新产品，根据《价格法》规定经营者进行价格活动享有“制定属于政府指导价、政府定价产品范围内的新产品的试销价格”的权利，所以，我国高速铁路在建成投入运营之初实行的是试行运价，试行运价变动相对固定，由高速铁路企业自行制定。从国外高速铁路看，没有一个国家的高速铁路实行政府定价。

改革开放后，各种运输方式快速发展，客运市场竞争的格局已基本形成。在同一综合运输通道内，高速铁路运输在短距离与公路客运竞争，在中长距离与民航形成竞争，而且公路客运、民航客运都不是实行政府定价的运价形成机制，所以我国高速铁路运输不能实行政府定价，否则降低高速铁路资源、铁路资源和客运资源效率和有失规则公平。

9.3 我国高速铁路不宜实行市场调节价

从理论上看，商品或服务实行市场调节价必须具备以下几个基本条件：第一，市场竞争充分，不存在卖方垄断或买方垄断；第二，市场主体提供的产品或服务同质或差异性小；第三，市场主体自主经营，自负盈亏；第四，商业性强，不存在公益性或公益性弱。从这四个角度分析，我国高速铁路暂时并不具备实行市场调节价的条件。

《价格法》规定，市场调节价是指由经营者自主制定，通过市场竞争形成的价格。从本质上来说，市场调节价是一种竞争价格，最容易受到市场供求关系的直接影响。

9.3.1 高速铁路具有自然垄断性质

自然垄断是指一个生产者的经济生产规模就可以满足市场上的全部需求，在某些领域是最有效的经营方式。西方自然垄断理论从产生到发展大概经历了规模经济、范围经济和成本次可加性三个阶段，它们各自解释了自然垄断出现和存在的原因。一般认为，产生原因有二：一是规模经济，二是范围经济。规模经济是指通过扩大生产规模而引起经济效益增加的现象。规模经济的优越性在于：随着产量的增加，长期平均总成本下降。范围经济是指由厂商的范围而非规模带来的经济，也即是当同时生产两种产品的费用低于分别生产每种产品所需成本的总和时，所存在的状况就被称为范围经济。由于单独生产某一产品的企业的单位产品定价高于联合生产的企业的相应单位产品定价，因此单独生产的企业就会亏损，这些企业或者退出该生产领域或被兼并，这也会形成垄断的局面。因此美国著名经济学家萨缪尔森与诺德豪斯指出，有着范围经济的产业也可产生自然垄断。自然垄断产业一般具有网络性、资产沉淀性和专用性等特征。

我国高速铁路建设标准高、投资规模和资产沉淀大，形成了巨大的运输能力。由于高速铁路建设需要，近十年来中国铁路总公司每年 7 000 亿元左右的固定资产投资，形成了巨大的资产，截至 2016 年底，资产规模达到 7.25 万亿元，而且资产的专用性很强。基础设施和运输装备引起的固定成本在总成本中占比非常高，而边际成本非常低，规模经济（密度经济）显著。同时，高速铁路运输服务也存在规模经济和范围经济。

9.3.2 高速铁路运输市场缺乏竞争

我国高速铁路沿袭了铁路的管理体制，铁路部门政企分开之前，铁路是政企合一的管理体制，高速铁路的融资投资、建设管理、运营、监管都由原铁道部负责。2013年3月铁路部门政企分开之后，高速铁路的投资、运营和行业监管分开。高速铁路的融资、投资、建设管理和资产管理由高速铁路公司负责，各高速铁路公司由原铁道部（现中国铁路总公司）和地方政府通过“省部协议”共同投资创建（前者绝对控股）；中国铁路总公司下属的18个相关铁路局负责高速铁路的受托运营；国家铁路局依法对铁路进行行业监管。

我国高速铁路的运营实行的是委托运营模式，即一条高速铁路的一家或多家业主（高速铁路公司或铁路客运专线公司）将线路委托给沿线相关铁路局进行运营和维护，有的高铁公司如京沪高铁公司还提供运输服务，也将运输服务委托给沿线相关铁路局。高铁跨线运营由中国铁路总公司进行收入清算。也就是说，在一条高速铁路上提供运输服务的主体既有本线的铁路局，也有跨线的铁路局，还有本线高速铁路公司。但是，由于铁路局都同属中国铁路总公司，不是真正的市场主体；运输由中国铁路总公司集中调度指挥和收入清算，所以缺乏竞争性。尽管高速铁路与普速铁路客运具有一定替代性，但它们的经营主体同属于中国铁路总公司或由中国铁路总公司控股，实质上也缺乏竞争性。另外，根据调研获得的信息，对于长线运输，各铁路局提出开行高速列车的申请，由中国铁路总公司审批，从而从某种程度上也限制了在同一运输线路上多家铁路局提供相同运输产品的竞争。

总之，我国高速铁路由中国铁路总公司投资（控股）、建设和运营，高速铁路与普速铁路之间、铁路局之间、铁路局与高铁公司之间缺乏竞争关系，中国铁路总公司存在市场垄断。

9.3.3 高速铁路在中短距离运输市场存在一定垄断性

不同的运输方式具有各自的技术经济优势，既存在合作关系又存在竞争关系。高速铁路具有运能大、速度快、舒适、安全、准点率高等优势。第一，高速铁路运能大，一条设计时速350 km的高速铁路双向运输能力可达到1.2亿～1.6亿人次/年，大于一条双向八车道的高速公路的运输能力；一列8节编组的动车组可乘坐600多人，比中型飞机的载客能力大得多。第二，高速铁路速度快，运行时速在200～350 km，中短距离只需3 h以内的运行时间，比汽车和民航具有全程时间优势。第三，高速铁路的舒适性好。我国高速铁路的桥隧占比在85%以上,动车在运行过程中非常平稳,另外,每个旅客所拥有的活动空间比民航和公路客运具有较大优势。第四,高速铁路安全程度很高。日本新干线运营50多年来没有发生一起伤亡事故,其他国家高速铁路事故率也非常低,我国高速铁路运行近10年来,只发生一次伤亡事故。第五,高速铁路运输受气候等自然条件影响比较小,正点率高。高速铁路列车采用的是先进的列车运行自动化控制系统,可以全天候运行,在一般情况下不会受到恶劣天气条件的影响和限制,保证了列车的正点率。高速铁路的高正点率是民航、公路等运输方式所不可及的。以2012年为例,高速列车始发正点率达到99.8%,终到正点率达到99.1%,而民航正点率仅为75.7%。大量的实证研究表明,时速300 km左右的高速列车在中短距离运输市场竞争优势明显。

高速铁路在中短距离具有明显优势,存在一定的垄断性。如果实行市场调节价,容易形成垄断价格,不但难以形成正确反映兼顾价值和供求关系的合理价格,损害消费者利益,而且会产生资源浪费、不公平等弊端,最终损失社会福利。

9.3.4 高速铁路及相关运输企业不是真正的市场主体

实行市场调节价最基本的前提条件是企业是真正的市场主体。所谓真正的市场主体就是政企分开、产权清晰、自主经营、自负盈亏、自我发展的企业。自主经营就是指企业能够自己从事生产经营活动并自负盈亏,并独立自主地对自己生产和经营活动做出决策和经营管理的权利,其特征是资产的所有权和经营权相统一。企业作为市场主体进行经营决策,如在一定条件下,生产什么、生产多少、为谁生产以及价格等决策,政企分开是企业作为市场主体的必要条件。如果政企不分,政府职能越位,企业失去了应有的权利,就不是真正的企业。

长期以来,我国铁路部门政企不分,直到2013年3月才政企分开,组建国家铁路局和中国铁路总公司,国家铁路局履行政府职能,中国铁路总公司执行企业职能。尽管从形式上实现了政企分开,但中国铁路总公司仍然具有政府行为,如编制铁路规划等;权力集中,如列车集中调度指挥等;计划色彩较浓,如制定运输计划。因此,中国铁路总公司及其下属的铁路局、专业公司和高铁企业仍不是真正的市场主体。

我国各高速铁路企业虽然是独立的股份制企业法人,名义上是高速铁路的业主,但实质上不具备提供运输服务的能力,不得不将高速铁路运营和维护业务委托给相关铁路局,而且这种委托是被动委托,与受托的铁路局不具有对等关系。受托高速铁路运营和维护业务的相关铁路局虽然在名义上均为独立的企业法人,但实质上却没有企业法人的相应权利。中国铁路总公司拥有铁路局的财产所有权,对运输实行集中统一调度指挥;而铁路局只行使财产经营权,没有生产经营的重大决策权,无法对市场信号及时做出独立的反应和决策。不仅如此,我国高速铁路系统采用生产高度集中管理和财务"收支两条线"的体制,主要含义是各铁路局的跨局运输收入来自铁道部资金清算中心的清算,而支出由各铁路局自行列支,中国铁路总公司实际上是一个总的核算单位。这种清算机制实质上是一种分配机制,对各个铁路局缺乏激励性。原铁道部和各铁路局的关系是统一企业内的指挥与分工的关系。铁路局是原铁道部这个垄断性超大企业的地域分支机构,其财产边界、业务边界、成本和责任边界以及收益边界在这一网络型的系统中都难以界定清楚,因此可以说,铁路局并不是真正的企业[113]。

总之,高速铁路企业与受托运营的相关铁路局都同属于中国铁路总公司或由其控股,都不能自主经营,不是真正的市场主体。

9.3.5 高速铁路具有一定的公益性

高速铁路运输与传统铁路运输一样,具有一定的公益性。从投资主体看,我国高速铁路由国家投资建设,高速铁路运输并不是完全营利性的私人物品,而是具有公益性质的准公共物品。从运输对象来看,高速铁路的公益性还体现在其所面向的群体不仅仅只有高收入人群,还包括了广大中低收入群体。从服务范围来看,我国高速铁路横跨东西、纵贯南北,服务范围广,然而不同区域之间和不同人群之间的人均收入差距明显。从不同席别看,二等座级别最低,数量最多,占比80%以上,公益性较强。

从经济自由度和境外高速铁路运价形成机制的实践经验看,我国还不具备实行市场定价的条件。即便是在经济自由度很高的国家,高速铁路也未完全放开价格而实行市场调节价,如德国、法国、日本、韩国等大多数国家或地区的高速铁路客运实行的是政府指导价。因此,在我国经济自由程度还不高的背景下,我国高速铁路还不具备实行市场调节价的外部环境。

从我国客运方式的运价形成机制看,市场化时间较长且市场化程度较高的民航和公路都没有完全实行市场调节价。我国民航客运价格改革是从严格管制逐步放松管制的,从政府定价到政府指导价,再到以政府指导价为主、市场调节价为辅,最后到以市场调节价为主、政府指导价为辅,经历了17年。我国公路客运价格改革是分类进行的,总体上也是从严格管制到放松管制。目前,我国道路客运政府定价、政府指导价和市场调节价三种形成机制并存,以政府指导价为主。根据2009年交通运输部和国家发展和改革委发布的《道路运输价格管理规定》,道路班车客运主要实行政府指导价,竞争充分的线路可实行市场调节价,农村道路客运实行政府定价。加班车客运价格按照班车客运价格执行。定线旅游客运价格按照班车客运价格执行。非定线旅游客运、包车客运实行市场调节价。

综上所述,从我国高速铁路运输市场结构、高速铁路运输产品属性、高速铁路企业产权性质、其他运输方式和国外高铁的运价形成机制看,我国高速铁路尤其是二等座暂不具备实行市场调节价的条件,不宜实行市场调节价。

9.4 我国高速铁路应该实行政府指导价

根据《价格法》规定,政府指导价是由政府主管部门或者其他有关部门,按照定价权限和范围规定基准价及其浮动幅度,指导经营者制定的价格。政府指导价具有双重定价主体,即政府价格主管部门和经营者。政府按照中央定价目录和地方定价目录确定的定价权限和范围,先制定一个基准价及其浮动幅度,经营者在此基准价和其浮动幅度内灵活制定价格。本质上来说,政府指导价是政府价格主管部门和经营者这两个定价主体的产物。

9.4.1 高速铁路与其他运输方式存在竞争关系

从理论上看,尽管不同运输方式具有各自的技术经济特性,但是运输产品都是提供旅客空间位移活动,即空间位移是运输产品的核心。起讫点相同的运输产品具有一定的替代关系,因此不同运输方式之间存在一定的竞争关系,而且不同空间和时间距离的竞争程度不同。对于客运市场而言,运输产品主要包含位移、快捷性、舒适性、安全性等多方面的属性,高速铁路、高速公路和民航的旅客运输产品的交叉性较强,容易形成竞争关系。

改革开放以来,我国各种运输方式尤其是高速公路和高速铁路的快速发展,运能紧张、供不应求的局面大大缓解,客运市场竞争格局基本形成。根据《2016年中华人民共和国国民经济和社会发展统计公报》,2016 年各种运输方式完成旅客运输周转量中,铁路占比 40.2%,公路占比 32.9%,民航 26.7%,水运 0.2%,说明铁路、公路和民航形成三分客运市场格局。从 2006 年至 2016 年动态看,铁路旅客周转量占比从 34.5%提高到 40.2%,公路占比从 52.8%下降到 32.9%,民航占比从 12.3%上升到 26.7%;铁路客运平均距离从 526 km 下降到 448 km,公路客运平均距离从 55 km 增加到 66 km,民航客运平均距离从 1 485 km 增加到 1 706 km。说明:①铁路客运对公路客运有比较大的冲击,尤其是高速铁路(含城际铁路)网络不断扩大后,对短距离公路客运产生较大影响;

②铁路尤其是高速铁路在中长距离对民航产生较大影响。大量实证研究也表明：在综合运输通道，不同客运方式之间在不同距离存在竞争。在 200 km 左右，高速公路客运与高速铁路竞争激烈；在 1 000 km 左右，高速铁路与民航竞争激烈。客运市场的竞争格局已经形成。

9.4.2 高速铁路运输产品具有经营性

从理论上看，根据排他性和竞争性，可将产品划分为公共产品、准公共产品和私人产品，公共产品和准公共产品一般具有公益性，私人产品和准公共产品具有经营性。学界一般认为交通运输产品属于准公共物品，所以既具有公益性又具有经营性，不同在于交通运输产品的公共性和经营性程度的差异。交通运输产品包含空间位移、快捷性、舒适性、安全性等属性，其中空间位移是核心属性，安全性是基本属性，快捷性和舒适性是附加属性。从需求角度看，空间位移是"走得了"的需求，是根本需求；安全是"走得稳"的需求，是基本需求；快捷是"走得快"的需求，舒适是"走得好"的需求，都是高级需求。从供给角度看，运输成本与空间位移、安全、快捷、舒适的程度直接相关，提供需求级别越高的运输服务，运输成本就越大，排他性就越强，经营性就越强。

相对于公路和普速铁路，高铁安全性高、快捷、舒适，经营性更强；相对于民航，高铁在中短距离快捷且舒适，在长距离不如民航快捷，但舒适性更好，因此，也具有经营性。对于高铁的不同席别而言，高等级席别（动卧、商务座、特等座）比一等座和二等座更舒适，属于高级需求，而且数量少，只占总座位数的 5%左右，排他性强，所以更具有经营性。

总之，高速铁路运输由于安全、快捷、舒适，具有经营性，高等级席别的经营性更强。

9.4.3 高速铁路产权具有多元化的成分

我国大多数的高速铁路是通过省部协议（沿线地方各省和原铁道部，现中国铁路总公司）投资建设而成的，一般都是铁道部或中国铁路总公司代表国家出资控股，沿线地方省份通过投融资平台参股。另外，少数高速铁路有社会资本或民营资本参股，如京沪高速铁路、京津城际铁路、济青高速铁路等。京沪高铁由拥有 12 家股东的京沪高速铁路股份有限公司投资建成，除中国铁路总公司和沿线地方政府投资外，还有平安资产管理有限责任公司、全国社会保障基金理事会、中银集团投资有限公司投资，占 23.9%的股份。京津城际铁路由拥有 4 家股东的京津城际铁路有限责任公司投资建成，其中社会资本（中海实业公司）占股

16.5%。济青高速铁路由拥有5家股东的济青高速铁路有限公司投资建设，是中国第一条由地方控股并投资建设的高速铁路。

目前，城际铁路的投资建设权已由中国铁路总公司下放到地方，地方政府为了地方经济发展，大力吸引社会资本参与城际铁路投资，如杭绍台城际铁路。杭绍台城际铁路连接杭州、绍兴和台州，由民营资本、中国铁路总公司、浙江省交通集团和地方政府共同出资建设，其中民营资本占51%，是中国首条民营资本控股的高铁PPP项目。随着铁路投融资体制改革的不断深化，将有越来越多的社会资本参与高速铁路投资建设，高速铁路产权形成多元化的格局。

9.4.4 公路和民航客运价格形成机制

1. 公路客运价格形成机制

目前，我国公路客运价格形成机制是按照交通运输部和国家发展改革委发布的《汽车运价规则》和《道路运输价格管理规定》(交运发[2009]275号)执行的。即道路班车客运主要实行政府指导价，竞争充分的线路可实行市场调节价；农村道路客运实行政府定价；定线旅游客运价格按照班车客运价格执行，非定线旅游客运、包车客运实行市场调节价，由承托运双方根据里程、车型、车辆等级等商定。道路班车客运政府指导价可以采取制定基准价及上、下浮动幅度，也可以采取制定上限票价及下浮幅度的方式。省级人民政府价格、交通运输主管部门负责管理本行政区域内的道路运输价格，确定道路班车客运价格管理形式，制定实行政府定价、政府指导价的道路客运车型运价，并核定客运票价的政府定价、政府指导价基准价、浮动幅度或上限票价。市、县人民政府负责管理本行政区域内的道路客运价格，经省级人民政府授权，可以确定道路班车客运价格管理形式，制定实行政府定价、政府指导价的道路客运车型运价，并核定客运票价的政府定价、政府指导价基准价、浮动幅度或上限票价。

由此可见，我国公路客运的运价形成机制分为三种：农村道路客运实行政府定价；道路班车客运主要实行政府指导价，竞争充分的线路实行市场调节价；非定线旅游客运、包车客运实行市场调节价。

2. 民航客运价格形成机制

1997年之前，民航客运价格形成机制是政府定价。1997年开始放松管制，实行"一种票价、多种折扣"的票价体系，但由于航空公司之间进行恶性竞争，1999年取消了这种票价体系，规定各航空公司票价按照政府公布票价执行，不得滥用折扣，即政府定价；2001年，民航局解除了禁折令，宣布国内北京、广州、深圳等 7 条航线票价开放，试行多级票价体系。

2004 年《民航国内航空运输价格改革方案》颁布实施，民航运价市场化改革迈出了实质性一步。国内航空运价以政府指导价为主，政府价格主管部门由核定航线具体票价的直接管理改为对航空运输基准价和浮动幅度的间接管理。国家发展改革委员会同民航总局，依据航空运输的社会平均成本、市场供求状况、社会承受能力，确定国内航空客货运输基准价和浮动幅度。当时民航国内航空旅客运输票价为平均每人公里 0.75 元。短途航线，已经与其他替代运输方式形成竞争的，实行市场调节价，不规定票价浮动幅度。除规定航线外，民航国内航空旅客运输票价实行浮动幅度管理。票价下浮幅度，根据不同航线情况有不同规定，但最大不得超过基准价的 45%，票价上浮幅度最高不得超过基准价的 25%，即下限运价为 0.412 5 元/人公里，上限运价为 0.937 5 元/人公里。

2010 年，中国民用航空局、国家发展和改革委员会出台《关于民航国内航线头等舱、公务舱票价有关问题的通知》（民航发[2010]69 号），国内航线头等舱、公务舱票价实行市场调节价。

2013 年，中国民用航空局、国家发展和改革委员会出台《关于完善民航国内航空旅客运输价格政策有关问题的通知》（民航发[2013]85 号），自 2013 年 10 月 20 日起，对 31 条与地面主要交通运输方式形成竞争，且由两家（含）以上航空公司共同经营的国内航线，旅客运输票价由实行政府指导价改为市场调节价；对旅客运输票价实行政府指导价的国内航线，均取消票价下浮幅度限制，航空公司可以基准价为基础，在上浮不超过 25%、下浮不限的浮动范围内自主确定票价水平。

2014 年，民航运价市场化改革继续深化，中国民用航空局、国家发展和改革委员会出台《关于进一步完善民航国内航空运输价格政策有关问题的通知》（民航发[2014]107 号），自 2014 年 12 月 15 日起，进一步放开相邻省份之间与地面主要交通运输方式形成竞争的 101 条短途航线旅客运输票价，由现行政府指导价改为实行市场调节价；对继续实行政府指导价的国内航线旅客运输票价，由政府审批航线基准票价改为由航空公司按照《民航国内航线旅客运输基准票价定价规则》规定自行制定、调整基准票价。航空公司继续可以基准票价为基础，在上浮不超过 25%、下浮不限的浮动范围内自主确定票价水平；规定航空公司应当至少提前 7 日向社会公布调整票价，通过航空价格信息系统抄报民航局、国家发展改革委，并限定每家航空公司在不超过定价公式测算值范围内，每航季上调国内航线旅客运输基准票价不得超过 10 条航线，每条航线每航季基准票价上调幅度不得超过 10%。

2016年，中国民用航空局、国家发展和改革委员会发布《关于深化民航国内航空旅客运输票价改革有关问题的通知》（民航发〔2016〕110号），进一步扩大市场调节价航线范围，800 km以下航线、800 km以上与高铁动车组列车形成竞争航线旅客运输票价交由航空公司依法自主制定。航空公司上调市场调节价航线无折扣的公布票价，原则上每航季不得超过10条航线，每条航线每航季票价上调幅度累计不得超过10%。

综上所述，民航客运价格形成机制改革是稳步推进的，经历了从政府定价到政府指导价，再到头等舱、公务舱以及部分航线实行市场调节价，政府依然对航空公司上调市场调节价航线无折扣的公布票价进行管制。

9.4.5 典型国家高速铁路的运价形成机制

截至2016年底，世界上有16个国家和地区开通了高速铁路，其中日本、德国、法国开通运营高铁的时间较早，而且形成了高速铁路网络。

日本铁路采取的是“客运与路网一体、货运与路网分离”的产业组织模式。客运服务由6家区域性的私人铁路客运公司和众多的私人支线客运公司提供。根据1999年修订后的《铁路事业法》第16条的规定，铁路客运公司各自制定（或改订）管区内旅客运输的最高价格，然后提请国土运输省审批；国土运输省对价格上限的合理性进行审查；铁路客运公司实施的客运价格在批准后的上限价格以下时，需向国土运输省备案。在具体的操作过程中，当铁路客运公司申请最高价格时，国土运输省铁道局将申请材料提交给运输审议会，运输审议会根据具体情况决定是否召开价格听证会，并且当运输审议会决定批准申请时，国土运输省还要将申请材料等提交物价问题委联席会做最后的审批。运输审议会是依据1999年制定的《国土交通省机构设置法》国土交通省的常设机构。由此可见，日本高速铁路现行的运价形成机制是政府指导价，形式上为上限运价，上限运价由铁路客运企业申请，运输审议会审议，国土交通省批准。

法国铁路采取的是“网运分离、客货合一”的产业组织模式，客运服务由法国国家铁路公司（SNCF）提供。法国于1981年开通运营第一条高速铁路，在此之前，法国铁路客运价格实行是政府定价，不同地区不同线路均采用统一的计价标准。随着高速铁路开通运营，法国铁路客运产品结构发生了变化，放松了运价管制，根据修订后的《法国国营铁路管理规定》，实行政府指导价，运价水平由法国国营铁路公司提出建议，由政府征求广大乘客的意见后审批。

德国铁路采取的是“网运分离、客货合一”的产业组织模式，铁路客运服务由私营的德国铁路客运公司提供。德国于1991年开通运营了第一条高速铁路，德国高铁的票价制定无须政府部门审批，但要受国家调控，最高票价由法律规定，运营企业在不超过这个限度的条件下可以根据市场变化自由调整。

综上所述，尽管日本、法国和德国的高速铁路产权性质不同，铁路产业组织模式不同，但是高速铁路均实行的是政府指导价。

9.5 我国高速铁路实行政府指导价的形式选择

9.5.1 政府指导价的三种形式比较

根据《价格法》规定，我国实行的价格形式有三种：一是政府定价，即由政府或者其他有关部门按照定价权限和范围制定的价格；二是政府指导价，即政府或者有关部门对经营者制定的价格进行指导性的规定；三是市场调节价，即经营者根据市场竞争自主制定价格。从本质上看，这三种价格形成机制的最大区别在于经营者拥有定价权的程度。目前大多数商品和服务价格实行市场调节价，少数商品和服务价格实行政府指导价或者政府定价。从形式上看，政府指导价等同于浮动价格，可以分为上限价格、下限价格和上下限价格三种浮动形式。

上限价格形式的政府指导价指的是由政府规定被规制企业产品或服务的最高价格，允许企业向下浮动价格而不允许超过规定价格上限的一种价格规制方法，其实质在于保护消费者的利益。实行上限价格形式的政府指导价的好处有：第一，通过设定价格上限，防止需求大于供给时企业随意涨价而侵害消费者利益；第二，激励被规制企业在上限水平下，努力降低成本，提高生产经营效率。上限价格形式也存在自身的缺陷，当所制定的上限价格低于市场均衡价格时，一方面会导致生产企业没有生产积极性，造成生产不足；另一方面，消费者需求得不到满足，从而会出现黑市交易。价格上限规制常用于关系国民民生的商品或服务，例如准公共物品等。

下限价格形式的政府指导价指的是由政府规定被规制企业产品或服务的最低价格，允许企业向上浮动价格而不允许低于规定价格下限的一种价格规制方法，其实质在于保护供给方利益，也是为了防止行业内价格恶性竞争情况的出现。下限价格规制通常用于防止发生由于一时供大于求造成的价格暴跌，从而打击生产。价格下限形式也存在自身的缺陷：对存在明显规模经济的企业来说，随着需求的增加，其提供产品的单位成本减少，而价格下限的设置无疑会减小企业降低生产成本的动力。而当价格下限高于均衡价格时，一方面，供给方会多生产产品以期在价格下限时出售，从而造成资源浪费；另一方面，消费者会减少对该产品购买，增加对替代品的购买，而政府则会增加财政支出，如粮食保护价。

上下限价格形式的政府指导价是指由国家规定被规制企业产品或服务的最高价格和最低价格，被规制企业只能在国家规定的价格上限和价格下限之间进行价格浮动，其本质在于：在需求大于供给时，通过价格上限形式来保护消费者利益；在供给大于需求时，通过价格下限形式来保护供给方利益。正因为价格上下限既规定了价格上限又规定了价格下限，因此同时具备价格上限和价格下限的优缺点。最高价格的限定在供不应求时，保护了消费者的利益，最低价格在供大于求时保护了供给方的利益，有效防止产品价格因供求关系的巨大变化而产生激烈波动。但是，不论是最高价格或是最低价格的确定都需要科学测算，无疑提高了制定的难度。政府指导价三种形式的比较见表 9-1。

表 9-1 政府指导价的三种形式比较

比较项	上限价格	下限价格	上下限价格
特点	规定产品或服务的最高价格，价格下浮无限制	规定产品或服务的最低价格，价格上浮无限制	规定产品或服务的最高价格和最低价格，价格只能在上下限之间浮动
实质	保护消费者	保护供给方，防止行业内恶性价格竞争	在供大于求时，保护供给方；在供不应求时，保护消费者
优点	①防止供不应求时价格暴涨；②激励被规制企业降低成本，提高效率	防止供大于求时价格暴跌	防止价格因供求关系的巨大变化而产生激烈波动
缺点	上限价格低于均衡价格时，企业没有生产积极性，生产不足导致资源浪费；消费者需求得不到满足，出现黑市交易	①对具有明显规模经济的企业造成了价格限制；②价格下限高于均衡价格时：供应商多生产产品以期在价格下限时出售，会造成浪费；消费者将减少该产品购买，增加对替代品的购买；政府会增加财政支出	①受规制企业无法根据供需情况自由设定价格； ②难以同时设定合理的价格上限和价格下限

9.5.2 实行上限价格形式的政府指导价

我国高速铁路应采用哪一种形式的政府指导价，需综合考虑高速铁路的运价目标、铁路行业的市场结构、客运市场的竞争程度、其他运输方式的运价形成机制和借鉴国外高速铁路运价形成机制的实践经验。前文已分析，我国高速铁路的运价目标是提高效率和促进公平。提高效率包括提高铁路运输企业的投入产出效率即运营效率、高速铁路资源配置效率即运输能力利用效率、客运资源配置效率即多种运输方式的组合效率；促进公平主要表现为促进经济公平和社会公平。

1. 提高效率要求高速铁路实行上限价格形式的政府指导价

第一，从投入产出效率看，要求铁路运输企业增加有效产出同时减少投入。首先，我国高速铁路具有投资大、网络经济的特点，提高投入产出效率关键在于提高有效产出和减少运营成本，而有效产出和运营成本受运价的影响。如果运价高，需求就少，有效产出就少，平均成本就高，投入产出效率就低；相反，如果运价低，需求就多，有效产出就多，平均成本就低，投入产出效率就高。其次，我国高速铁路由中国铁路总公司运营，中国铁路总公司又属于特大型国有企业，长期以来缺乏成本约束。提高运营效率，要求其降低运营成本，实行上限价格形式的政府指导价既对中国铁路总公司降低运营成本提出要求，有效防止成本无约束地膨胀，同时对节省成本产生激励。

第二，从高速铁路利用效率看，要求充分利用高速铁路运输能力。首先，我国高速铁路和高速列车技术标准高、运输能力巨大。提高高速铁路利用效率关键在于高速铁路运价。如果运价高，运量就少，运能利用率就低；相反，如果运价低，运量就大，运能利用率就高。其次，中国铁路总公司在铁路行业内具有垄断地位，可凭借垄断地位提高运价和减少供给，以获取垄断利润。实行上限价格形式的政府指导价，有效防止铁路运输企业凭借垄断地位提高运价和减少列车开行数量从而导致高铁运能闲置。

第三，从客运资源配置效率看，要求充分发挥不同客运方式的技术经济优势。首先，我国客运市场竞争格局已形成，提高客运资源配置效率关键在于各种客运方式的运价形成机制及比价关系，如果运价形成机制相同且比价合理，客运资源配置效率就高，否则，客运资源配置效率就低。目前，民航部分航线实行上限价格形式的政府指导价和部分航线实行上限调整受管制的市场调节价，公路长途客运实行上下限价格形式的政府指导价，从综合运输价格体系看，高速铁路实行上限价格形式的政府指导价，并优化比价关系，有利于提高客运资源组合效率。

由此可见，高速铁路实行上限价格形式的政府指导价是提高效率客观要求，既有利于提高高速铁路企业的运营效率，也有利于提高高速铁路运能的利用效率，还有利于提高客运资源的组合效率。

2. 促进公平要求高速铁路实行上限价格形式的政府指导价

第一，从经济公平看，要求高速铁路运价形成机制应体现机会公平、规则公平和结果公平。首先，对于消费者而言，价格是一道门槛。价格越高，意味着门槛就越高，消费者获得效用的机会就越少。党的十九大报告中指出“必须始终把人民利益摆在至高无上的地位，让改革发展成果更多更公平惠及全体人民”，高速铁路是我国改革发展的巨大成果，应更多更公平惠及全体人民。所以，体现机会要求高速铁路实行上限价格形式的政府指导价。其次，对于在同一客运市场的不同运输方式而言，价格机制是市场机制的竞争手段。各种运输方式的运价形成机制应保持相对一致，尤其是在同一个综合运输通道内，存在竞争关系的不同运输方式的运价形成机制应该一致，以保证规则公平。我国民航客运实际上实行的是上限运价形式的政府指导价，道路班车客运主要实行上限或上下限价格形式的政府指导价，与民航、公路客运形成竞争关系的高速铁路也应实行上限价格形式的政府指导价。最后，对于供求双方而言，价格是再一次分配的手段，价格直接影响供给方的收益，也直接影响需求方的支出，结果公平的价格是供求双方的均衡。这种均衡的前提是市场是充分竞争的。在我国客运市场高铁与其他运输方式存在一定的竞争关系，但是，在铁路行业内，高速铁路客运市场缺乏竞争，所以，为了体现结果公平，需要进行上限价格管制，实行上限价格形式的政府指导价。

第二，从社会公平看，要求高速铁路运价形成机制主要体现发展公平。社会发展的出发点和落脚点是人的全面发展。党的十九大报告中提出“必须坚持以人民为中心的发展思想，不断促进人的全面发展”。交通运输具有正外部性和溢出效应，是促进社会发展的基础性力量；交通运输具有公益性，是促进人的全面发展的前提条件。如同衣食住一样，交通运输是人的基本需要之一。我国高速铁路具有规模大、覆盖范围广的特点，应该更多更公平地服务于广大人民群众，所以应实行上限价格的政府指导价，更多更好地满足低收入群体的快速出行需求，促进他们的全面发展。

3. 典型国家高速铁路运价形成机制的形式借鉴

如前文所述，日本、德国和法国高速铁路的产权性质不尽相同，铁路产业的组织模式也有差别，铁路客运的市场结构也不一样，但是都对上限运价进行管制，铁路客运企业只有有限的定价权利，在上限运价的约束下可根据市场情况自主制定运价。

我国是社会主义市场经济体制国家，效率和公平是经济社会发展的两大主题。我国高速铁路是综合交通运输的骨干，应该持续不断地发挥巨大作用。典型国家高速铁路运价形成机制的形式值得借鉴。

9.5.3 上限运价应根据地区发展水平实行差异化

1. 高速铁路网络空间分布广，运输产品种类众多，差异性大

我国高速铁路网覆盖空间广阔，目前，除西藏、宁夏、内蒙古外，其他省市都有高铁通达。根据2016年颁布的《中长期铁路网规划》，到2025年，除西藏外，其他省市将有高铁通达。按地域分布，高速铁路线可分为：①东部高铁线，如京沪高铁、东南沿海高铁、京津城际铁路、沪宁城际铁路、沪杭城际铁路、广深城际铁路、广珠城际铁路等；②中部高铁线，如长株潭高铁、武黄城际铁路等；东北地区高铁，如哈大高铁；③西部高铁线，如兰新高铁、成渝城际铁路等；④东中西部高铁线，如沪昆高铁、徐兰高铁、沪汉蓉高铁等；⑤东中部高铁线，如京广高铁、合福高铁、石太高铁等；⑥东西部高铁线，如贵广高铁等；⑦东部—东北高铁线，如京哈高铁等。

由于高铁线路形成了网络，所以运输产品种类众多。按高铁运输产品，可分为：区内运输产品和跨区运输产品。区内运输产品又可分为东部、中部、西部、东北地区的运输产品；跨区运输产品又可分为多种跨区组合的运输产品。这些运输产品不仅起讫点不同，距离也很可能不同，而且所跨地区也有差异。

2. 高速铁路沿线地区发展水平差距较大

高铁的沿线地区经济发展不平衡，人均*GDP*、人均收入和消费水平差距大。根据国家统计局2015年的统计数据，从人均*GDP*看，13个省市区的人均*GDP*高于全国平均水平，18个省市区的人均*GDP*低于全国平均水平。从人均可支配收入看，只有上海、北京、浙江、广东、江苏、天津、福建、山东、辽宁、内蒙古的居民人均可支配收入超过了全国平均水平21 966.2元，绝大部分省份的人均可支配收入处于全国线以下，尤其是贵州、甘肃、西藏的人均可支配收入都小于15 000元(如图6-7所示)。

从人均可支配收入看，东、中、西部及东北地区分组的人均可支配收入、城镇居民人均可支配收入和农村居民的可支配收入如表9-2所示。从中可以看出，东部地区、中部地区、西部地区、东北地区的人均可支配收入差距较大。

表9-2　2015年不同地区人均可支配收入　　单位：元

地区	人均可支配收入	城镇居民人均可支配收入	农村居民平均可支配收入
东部地区	28 223.3	36 691.3	14 297.4
中部地区	18 442.1	26 809.6	10 919.0

续上表

地区	人均可支配收入	城镇居民人均可支配收入	农村居民平均可支配收入
西部地区	16 868.1	26 473.1	9 093.4
东北地区	21 008.4	27 399.6	11 490.1

注：数据来源于《中国统计年鉴 2016》。

收入水平的巨大差距决定了消费水平也必然会产生较大差异。2015 年全国共有 10 个省市区的居民消费水平超过了全国居民消费水平 19 308 元，大部分省市都处于全国线以下（见图 9-2）。上海位居第一，居民人均消费水平为 45 816 元，西藏位居最后，居民人均消费水平为 8 756 元，约为北京的 1/5。由此可以看出，我国各地区的消费水平差异较大。

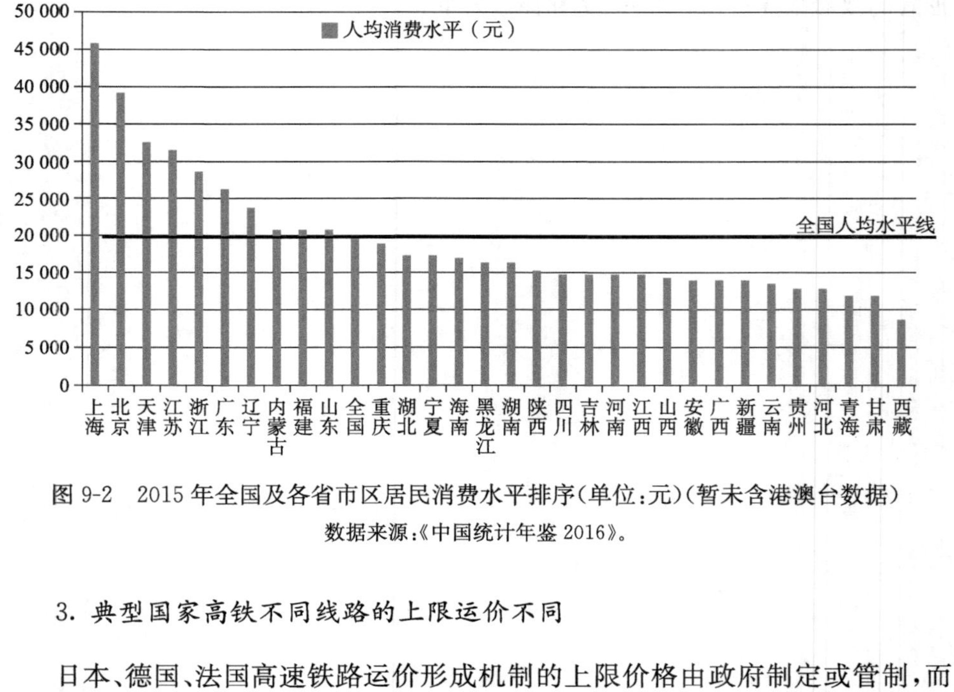

图 9-2　2015 年全国及各省市区居民消费水平排序（单位：元）（暂未含港澳台数据）

数据来源：《中国统计年鉴 2016》。

3. 典型国家高铁不同线路的上限运价不同

日本、德国、法国高速铁路运价形成机制的上限价格由政府制定或管制，而且不同线路的上限运价不尽相同，主要考虑市场需求和竞争情况，沿线较发达地区线路的上限运价较高。日本新干线的票价系统现在已经非常成熟，票价由基本票价和附加票价两部分组成。两部分票价都按照运行里程计费，但不同线路不同列车的计算标准不同。法国高速旅客票价也是由基本票价和加价两部分组成，其中基本票价以运行里程计算票价；加价部分则与运行距离无关，完全是根据缩短运行时间、改善服务质量，及调整旅客流量进行确定的。另外，法国高速铁路东南线和大西洋线的加价部分是不相同的。法国高速铁路同时采用“按乘车里程定价”和“收益管理定价”两种定价方式。按乘车距离定价一般按照统一制定的运价率计算票价。该定价方式适用于干线列车和地区列车，地区列车可根据情况制定和执行本地区运价率，以适应该地区需求特点，吸引旅客选择铁路出行。德国高铁运价采用对不同线路和不同速度的列车按不同的票价计费，这是一种建立在需求和竞争基础上的定价模式，各条线路的价格差别根据需求和竞争环境确定。

与日本、德国、法国等发达国家相比，我国东部、中部、西部、东北地区之间的发展水平差距较大，高速铁路上限运价的制定要充分考虑到沿线地区发展水平的差异性，尤其是欠发达地区的居民支付能力较弱的事实，实行地区差别化上限形式的政府指导价，以提高效率和促进公平。

10 效率与公平的我国高速铁路定价方法及上限运价测算

本章基于效率与公平的运价目标，分析我国高速铁路运价上限的定价方法；以京沪高速铁路为例，测算东部地区高速铁路的运价上限范围，并根据东、中、西部地区和东北地区的人均可支配收入的差异，测算中部地区（东北地区）和西部地区的高速铁路上限运价范围。

10.1 运输产品的定价方法及比较

10.1.1 运输产品的定价方法

从理论上看，运输产品的定价可归纳为以下几种主要方法：基于成本定价、基于供求定价、基于旅客支付能力定价和基于竞争定价等。

1. 基于成本定价

基于成本定价是以提供客运产品的所有耗费来形成客运服务价格的方法，又可以分为基于平均成本定价和基于边际成本定价。

（1）基于平均成本定价

按平均成本定价理论上的解释是，运输收入至少要能补偿运输支出，使运输再生产能够维持下去。一般地，平均成本定价可分为平均全成本定价和平均变动成本定价。运输业的全成本包括固定运输设施成本、运营成本和财务费用，固定运输设施成本包含固定设施使用成本或折旧、移动运载工具折旧等；运营成本包含动力成本、人员工资、固定设施和移动运载工具的维护保养费用；财务费用是债务利息。

（2）基于边际成本定价

在经济学中，边际成本指的是新增一个单位产品带来的总成本的增量。在运输经济学中，边际成本通常是用增加的运输成本除以增加的人公里或吨公里数计算的。但是人公里和吨公里仅是运输产品的一类计量单位，并不能完全代表运输产品。边际成本定价是为追求社会福利最大化而采取的一种定价方法。

2. 基于供求定价

供求定价是市场经济条件下定价的一般方法。新古典经济学价格理论认为，在完全竞争市场中，价格是由市场供求关系决定的。尽管我国运输市场不是完全竞争市场，但已形成了竞争的格局，而且竞争态势愈发激烈，所以运输价格受市场供求关系的影响。从运输线路或移动运载工具看，如果运输能力大于运输需求，就应该制定较低的运价；如果运输能力小于运输需求，就应该制定较高的运价。从时间上看，当需求大于供给时(如运输需求旺季)，运价就会上升；当需求小于供给时(如运输需求淡季)，运价将会降低。从不同运输方式的竞争关系看，一种运输方式的供求受其他运输方式供求的作用，所以不同运输方式的价格相互影响。

反过来，价格也影响供求关系。价格是同时引导消费者和供给者的最有效信号：过低的价格会导致某些产品或服务的需求过于旺盛，但生产者却没有兴趣增加供给，产生一部分需求不能实现；而过高的价格又会引起生产者在缺少足够需求的产品或服务上投入过多资源，导致生产能力过剩。在运输市场也一样。运输服务的消费者与供给者也是根据价格做出自己的判断，是价格在引导双方做出正确或者错误的选择，运价决定了运输市场上运输服务的种类与数量，也决定了运输需求者的满足程度。因此，在实践中，基于供求的定价是一个不断试错的过程。

3. 基于旅客支付能力定价

对于消费者而言，价格是消费商品或服务的支出。消费水平受支付能力的影响，支付能力越强，消费水平就越高；支付能力越弱，消费水平就越低。支付能力与收入水平直接紧密相关。以旅客支付能力定价，有两层含义：第一层，当支付能力较强时，制定较高的运价；当支付能力较弱时，制定较低的运价。第二层，不同收入人群的支付能力不同，制定不同的运价水平。高收入人群或地区制定较高的运价，低收入人群或地区制定较低的运价。

4. 基于竞争定价

基于竞争定价是以具有竞争关系的运输产品价格为依据，根据这些产品的价格变化情况来变动自身的价格水平的方法，主要有通行价格定价、竞争价格定价等方法。通行价格定价是使产品的价格与竞争产品的平均价格保持一致或合理的比价。由于平均价格水平易为消费者接受，可以避免加剧竞争的激烈产生的风险。竞争定价是根据企业自身所提供服务与竞争对手的服务差异进行比较，通过差异化的竞争来确定价格。它一般被初次进入市场的运输企业所采用，可以迅速切入市场，取得有利的市场占有率。

10.1.2 不同定价方法的比较分析

不同的定价方式侧重于不同的角度，所需具备的条件也不一样。基于成本定价是从运输产品的供给方考虑的；基于供求定价是从整个客运市场考虑的；基于旅客支付能力定价是从运输产品的需求方考虑的；基于竞争定价则是从企业竞争策略考虑的。总体来说，每种方式各有利弊，效果也有差异(见表 10-1)。

表 10-1 不同定价方法的比较分析

定价方式	基于成本定价		基于供求定价	基于旅客支付能力定价	基于竞争定价
	基于平均成本定价	基于边际成本定价			
优势	在客运市场稳定的情况下，运输企业经营不亏损	运输业的边际成本相对较低，边际成本定价有利于企业提高资产利用率，增加收入	用供求关系确定价格，可以充分发挥价格调节供求的功能，促进市场均衡	尽可能考虑到旅客的支付能力，满足不同群体的运输需求，可以扩大运量	合理的比价关系，可充分发挥运输方式的技术经济优势，保持其竞争优势
不足	对于规模经济显著的运输业而言，当平均成本较高时，容易失去部分市场，使企业处于竞争不利地位。 运输平均成本随不同运价水平导致的运量变化而变化，所以难以操作	利用边际成本定价只考虑总成本相对总运量的变化情况，当边际成本长期小于平均成本时，会造成运输企业亏损。 边际成本很难量化	当客运市场竞争不充分时，在需求达到运输能力之前，供求均衡的价格难以判断，定价过程需要不断试错	信息不对称，不同旅客的支付能力和支付意愿难以准确识别	在运输市场不成熟的时候，容易受其他运输方式运价的影响
效率方面	容易造成运输企业没有动力提高自身的经营水平和降低成本，无法获得更高的效率	实现高速铁路资源的利用效率	运价逼近供求均衡价格，实现高速铁路客运资源的有效配置	最大限度吸引乘客，使运能得到充分利用，提高运输能力使用效率	竞争有利于运输企业提高自身的经营效率，改善服务水平。也有利于运输通道内多种运输资源的有效配置
公平方面	只是从运输企业角度出发，忽视了旅客的支付能力，基本未考虑公平因素	运输企业以亏损为代价，如果没有政府支持政策，会有失公平	运价逼近供求均衡价格，实现社会福利最大化	对于旅客而言，票价是一道门槛，充分考虑不同地区、不同收入水平的旅客支付能力，促进公平	在多种运输方式充分竞争的条件下，该定价方法较为公平，消费者可以从中获益

10.2 高铁定价方法的研究及国外高铁定价的实践

10.2.1 高铁定价方法研究述评

一些学者运用计量的方法对高速铁路运价进行研究,并形成了一批成果。这些研究可以大致归类为三类:一类是运用系统动力学方法研究高铁运价;一类是运用双层规划模型方法研究高铁运价;第三类是收益管理的定价方法。这三类有关高铁定价方法的研究都是针对高铁运输企业的定价研究,而不是针对政府对高铁定价的研究,更不是基于效率和公平目标的高速铁路上限运价的研究。而且,计量模型越复杂,假设条件就越多,需要的数据也越多,数据获取的难度就越大,存在当时计算的结果与后来实际发生的事实不符的现象。

直到目前为止,以效率与公平为目标的我国高速铁路上限运价的制定还没有合适的模型计量方法。

10.2.2 典型国家高铁定价的实践

典型国家都对高速铁路上限运价进行了管制,上限运价的定价方法不尽相同。日本新干线的票价由基本票价和附加票价两部分组成。基本票价是普速铁路乘客票价,根据批准的基准平均运营成本加固定资产投资报酬率;附加票价是基于比一般铁路高出的行驶速度、节省的旅行时间、优质的服务所收取的费用,是基本票价的65%左右。两部分票价都按照运行里程计费,但不同线路不同列车的计算标准不同。法国高铁的上限票价也是由基本价和附加价两部分组成,基本价与普速铁路的票价相同,附加价与运行里程无关,是由服务质量、市场需求还有航空等其他运输方式的票价高低来决定的。德国高速铁路的上限运价的制定结合不同车型的运营特点,充分考虑节省旅行时间、改善服务质量,以及航空、公路的竞争等多种因素后加以确定。

从日本、法国和德国高速铁路上限运价的制定方法,可归纳为三点:一是高铁上限运价都考虑了节省旅行时间、优质服务等因素,其中法国、德国还考虑了其他运输方式的竞争因素;二是日本和法国高铁的上限运价是在普铁运价的基础上,通过加价方式制定出来的;三是日本和法国普通铁路票价充分考虑了成本因素。日本和法国高铁的两部分定价方法具有合理性,前提条件是基本票价是科学合理的。我国普速铁路票价的基准票价率从1995年到现在都没有调整过,无法反映真实的成本和竞争情况,存在一定的不合理性。

我国高速铁路规模大、覆盖范围广、网络化程度高、运营时间较短，沿线地区经济社会发展水平差异较大，产业组织和运输组织比公路和民航复杂得多，所以高速铁路的定价方法比典型国家和其他运输方式复杂，需寻求一种适合我国高速铁路上限运价的制定方法。复杂的问题往往深藏着一个简单的道理，我们认为：寻求的方向是回归主流经济学的经典理论，同时借鉴典型国家的实践经验。

10.3 效率与公平的我国高速铁路上限运价定价方法

由于我国高速铁路运输市场具有垄断性，不可能自动实现供求均衡的价格，所以应该由政府运用合适的方法，制定运价上限或进行运价管制，使之尽可能接近供求均衡价格，从而提高效率和促进公平。

10.3.1 效率与公平的定价方法

主流经济学的经典理论认为：在完全竞争市场中，供求相互作用形成均衡的产量和均衡的价格，从而实现效率与促进结果公平。如图 10-1 所示，供求均衡的价格 P^*是效率和公平的价格。也就是说，供求均衡的价格实现效率和公平目标，前提是市场结构属于完全竞争的。然而，在现实中，完全竞争的市场是极少的，绝大多数市场是不完全竞争甚至垄断的。如果没有价格管制，就很难实现效率与体现公平。因此，对于自然垄断市场或公共性较强的产品价格，由政府进行管制。

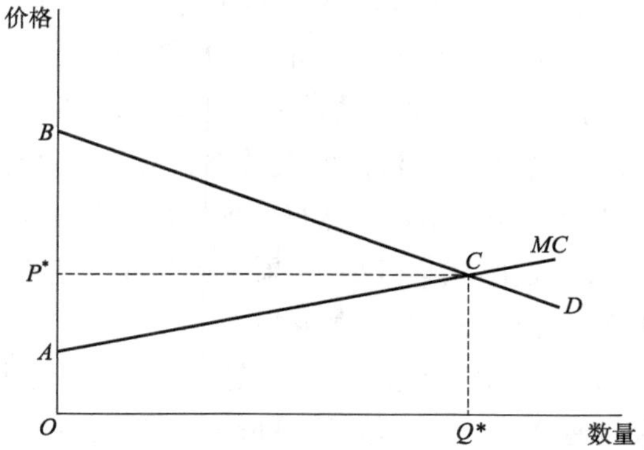

图 10-1　完全竞争市场中供求自动均衡实现社会福利最大化

尽管完全竞争市场供求相互作用自动形成均衡的价格从而实现效率与公平是理想的状态，但是，可以透视出，效率与公平的价格与供给、需求和市场竞争程度有关。它为提高效率与更加公平目标的政府进行价格管制定价指明了方向，是主流经济学核心的理论——价格理论的精髓所在；它也提供了一种思路和方法，这就是逐步逼近供求均衡的价格。如图 10-2 所示，政府制定价格 $P^{\#}$ 或 $P^{@}$，并逐步逼近供求均衡的价格 P^{*}。

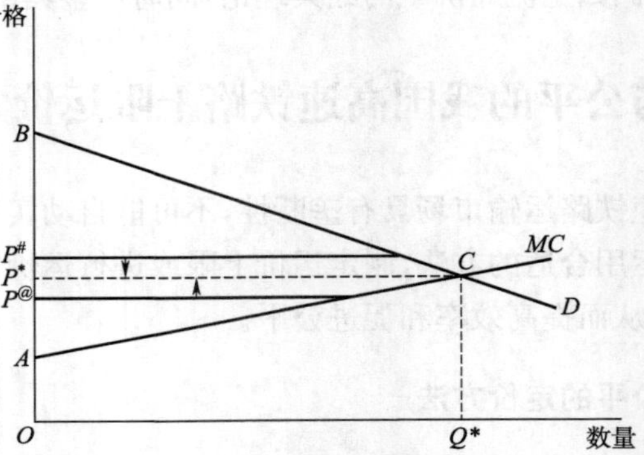

图 10-2　逐步逼近供求均衡的价格

10.3.2　效率与公平的高铁定价方法

在完全市场中，供求相互作用，自动形成均衡的价格，实现资源配置效率与公平。也就是说，效率与公平的价格由供求和市场竞争决定。同样地，制定效率与公平的上限运价水平应充分考虑运输供给、运输需求和市场竞争等因素，以及参考国外的相对运价水平和不同运输方式的比价（如图 10-3 所示）。运输供给受到运输能力限制和边际成本影响。运输需求受到人口规模和人均收入水平的影响，进而影响运价的机会公平和结果公平。客运市场竞争程度影响不同方式之间的比价关系，进而影响客运资源的配置效率，也影响竞争规则的公平。对于全社会而言，效率的运价是按边际成本定价，实现社会福利最大化。但是，由于高速铁路规模经济显著，边际成本极小，如果按边际成本定价，对旅客增进公平，但很可能会使高速铁路运输企业遭受财务损失。

一条高铁线建成后，运输能力基本上已经固定。如果是“网运分离”模式，而且在线路上有多家运输公司开展竞争，容易形成均衡的运价水平，即效率和公平的运价水平。然而，我国的高铁与运输是一体的，即高铁线路公司提供高铁运输服务。对于一条高铁线路公司而言，尽管有别的高铁线路公司通过跨线提供运输服务，但也不存在竞争关系。一是因为高铁线路公司都是中国铁路总公司的控股子公司，是利益相关者；二是因为高铁线路公司的收入需要通过中国铁路总

图 10-3　效率与公平的上限运价制定应考虑的因素

公司清算中心清算获得，激励不足。因此，为了实现效率与公平，必须对高铁运价水平进行管制，使运价水平逼近供求均衡于高铁线路运输能力线上。如图 10-4 所示，制定运价 P^*，供求均衡在线路运输能力线上，即 E 点。

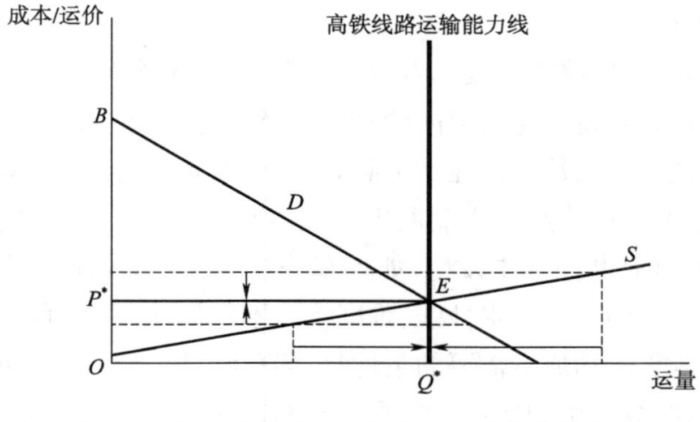

图 10-4　逼近高铁线路运输能力的供求均衡价格

10.3.3　我国高速铁路定价方法选择

1. 成本定价方法不适合我国高速铁路

(1)基于平均成本的定价不适合我国高速铁路

基于平均全成本定价以被管制企业经营不亏损为目标，需要具备必要的条件：一是被价格管制的运输企业是真正的企业，是成本中心，即以成本刚性约束或最小化为目标；二是平均成本是真实的；三是平均成本的事后和事先测算比较容易,即不同产品的成本事后可以分开,不同的产量下的平均成本事先可以测算;四是价格水平可被中低收入者接受。

运用平均成本定价法,以平均成本制定我国高速铁路上限运价,是不合适的,主要原因是:

第一,我国高速铁路的运营主体均是国有或国有控股企业,不是真正的市场主体,所以不是成本中心。我国高速铁路的投资主体(业主)是众多高速铁路公司(或客运专线公司),大多数高铁公司的股东是中国铁路建设投资有限公司或沿线铁路局集团有限公司(中国铁路总公司的出资代表)和地方投资平台(代表地方政府出资),只有包括京沪高速铁路在内的三家高速铁路公司有社会资本参股。高速铁路的运营主体是沿线相关铁路局,也有部分高速铁路公司自己开展运输业务,如京沪高速铁路股份有限公司、京石铁路客运专线有限责任公司、东南沿海铁路福建有限责任公司等开行高速列车。无论是铁路局集团有限公司还是高速铁路公司都不是真正的企业,都不以成本为刚性约束或最小化为目标。

第二,我国高铁采用的是委托运营模式,作为委托方的高速铁路公司和作为受托方的铁路局集团有限公司地位不对等,信息不对称,委托运营费存在不真实性,存在虚高现象。

第三,我国高速铁路平均成本事后计算困难,事先难以科学测算。某一产品的平均成本的计算是将一定时期内(通常为一年)为生产一定数量的该产品所发生的成本除以该产品的数量。在实际测算中,如果企业的产品种类较多,而且有共同成本发生,那么计算某一产品的平均成本是比较困难的。高速铁路运输产品种类繁多,而且有共同成本发生,如列车跨线、共线、共站等,所以事后计算每一种高铁运输产品的成本技术性强、难度大。不仅如此,更困难的是事先测算平均成本。事先测算平均成本需要的条件是:能预测某一种产品一年内的运量,能根据预测运量,测算发生的成本。预测一条高铁的运量是不容易实现的,因为影响高铁运量因素很多,包括运价、收入、网络效应、其他运输方式运价等因素,而且需要这些因素的变动数据和多年的运量数据。我国高铁运营时间较短,积累的运量数量样本小,而且运价变动小,大大增加了预测运量的难度。从方法论看,对于运输业而言,大多数情况下,平均成本定价法存在逻辑性错误。从逻辑上看,运价影响运量,进而影响平均成本,即不同的价格水平下有不同的运量,不同的运量发生不同的成本,从而形成平均成本。一般情况是,较高运价对应较少的运量,较少的运量分摊固定成本和共同成本较高,对应较高的平均成本;较低的运价对应较多的运量,较多的运量分摊固定成本和共同成本较小,对应较低的平均成本。反之,根据平均成本确定运价水平不符合方法论所要求的逻辑性。

只有在一条高铁线路的运输能力已经达到饱和状态(即线路运能利用率为100%)或需求已被最大限度满足了的情况下(即运量不再增加了),根据平均成本定价才是符合逻辑的。

第四,我国高速铁路技术标准高,固定资产投资和财务费用巨大。如果按平均成本定价,中低收入者难以承受。我国高速铁路设计速度为 380 km/h,桥梁隧道占比达 80%以上,工程造价高,平均约为 2 亿元/km。例如,京沪高铁全长 1 318 km,总投资约 2 209 亿元,每公里的工程投资达 1.67 亿元;而日本的东海道新干线全长 515.4 km,其工程建设费用约为 3 300 亿日元(约为 200 多亿元人民币),工程造价只有 0.5 亿元/km。我国高速列车技术含量高,价格贵。我国高速列车技术起初是从国外引进,通过消化吸收和创新而形成的,目前基本实现国产化,集成了高精尖技术,价格昂贵。例如 2006 年一列 8 节编组的动车组价值 2 亿多元,2016 年价格 1.3 亿元。我国高速铁路的债务融资比例高,数额巨大,形成了巨额的财务费用。截至 2016 年底,中国铁路总公司债务总额为 4.72 万亿元,2015 年利息占运输成本达到 11.6%。而且,随着高速铁路新线建设,债务及利息会继续攀升。

从结果上看,我国高速铁路国有国营,以高速铁路经营主体经营不亏损为目标,按平均成本定价,会产生对经营主体不控制成本的激励,导致运价出现水涨船高的现象,既降低效率,也有失公平。

日本和法国高速铁路的上限运价之所以能够运用平均成本定价法制定,是因为:高铁运营主体是真正的企业,企业依法经营,政府依法对高铁运营企业的成本进行核准;高铁运营时间较长,而且在上限运价内采用了灵活的票价策略,积累了大量的运价与运量动态数据,为平均成本的事后测算和事前预测提供了强有力的支持;由于运价灵活,运能得到较充分利用,平均成本下降,以此为依据的上限运价水平中低收入者能够承受,加上一定数量的政府补贴,既更有效率,也更加公平。

(2)基于平均运营成本的定价不适合我国高速铁路

高速铁路的运营成本主要由电费、人工费、材料费等构成。由于我国高速铁路是委托运营模式,高速铁路公司向相关铁路局集团有限公司(以下简称铁路局)支付委托运营费,对于高速铁路公司来说,委托运营费就是运营成本。一方面,由于在委托运营关系中,高铁公司常常处于弱势地位而铁路局处于强势地位,加之两者的信息严重不对称,而且委托运营费用不是通过市场竞价方式,而是主动权和决定权都在铁路局,所以委托运营费用高昂且根据每年的客流量和动车对数增加而增加。另一方面,高速铁路公司和铁路局都属于国有企业,成本控制意识不强和力度不大。所以,我国高速铁路的平均运营成本普遍较高。以京沪高铁为例，2016 年，京沪高铁旅客运输周转量为 722.7 亿人公里，总成本为 176.5 亿元，其中运营委托费 80 亿元，占总成本的 45.3%，平均委托运营成本为 0.12 元/人公里，加上京沪高铁公司担当车的电费和管理费等，平均运营成本比平均委托运营成本高。以武广高铁为例，2012 年，武广高铁的周转量为 219 亿人公里，总收入达到 97 亿元，计提的设备折旧费用约 30 亿元，支付给银行的贷款利息 28 亿元，水电费和管理费为 18 亿元，支付给武汉铁路局和广铁集团的委托运营费 30 亿元，即总成本为 106 亿元，运营成本为 48 亿元，占总成本 45%，平均运营成本为 0.22 元/人公里。由于运营成本存在不真实性，如果根据平均运营成本定价，可能会进一步推高高铁运价水平，既不适合我国的基本国情，也不利于高速铁路企业财务可持续。

(3)基于边际成本的定价也不适合我国高速铁路

高速铁路客运尤其是高速列车满载之前的边际成本很低，尤其是列车在满载之前的边际成本是极低的。基于边际成本定价，尽管能大大增加消费者剩余，但边际成本远远低于平均全成本甚至低于平均运营成本，会导致高速铁路运营企业严重亏损而不可持续发展。

另外，我国铁路管理体制复杂，中国铁路总公司与铁路局、高铁公司之间以及铁路局与高铁公司之间的资产边界、职能边界、业务边界等模糊不清，高速铁路成本核算极其困难，所以基于成本的定价方法可操作性差。

2. 供求均衡的定价方法适合于我国高速铁路

在完全竞争的市场中，供给和需求相互作用实现均衡的产量和均衡的价格，从而实现社会福利最大化，实现资源配置效率和社会公平。我国高速铁路规模经济显著，具有自然垄断性；高速铁路客运由中国铁路总公司独家提供，是市场垄断的结构，所以，高速铁路市场难以自动实现供求均衡。这就需要更好地发挥政府的作用，通过适度运价管制，制定合适的上限运价水平。

我国高速铁路的运输能力巨大，需求的时空差异明显，需要通过制定合适的上限运价引导供给和需求，最大程度实现供求均衡。尽管我国高速铁路经营主体具有双重垄断性质，但作为国有国营的中央企业，对适度的运价管制更具有接受的责任和义务，提供更多更好的高铁运输服务；我国高速铁路运价不灵活，尤其是西部地区高速铁路，反映价格与供求关系的数据积累很少；通过制定上限运价，倒逼高铁运营主体控制成本，促进供求均衡；同时，我国人口众多，潜在需求巨大，中低收入者对高铁运价变动的敏感性较强。

总之，无论是从理论上还是从现实中看，供求均衡定价法是符合社会福利最大化目标、实现资源配置效率与促进公平、符合我国高速铁路实际情况和基本国情的定价方法。

3. 竞争定价方法适合于我国高速铁路

改革开放以来，我国各种运输方式加快发展，重要运输通道交通运输紧张的局面大大改善，客运市场的竞争格局已基本形成，尤其是高速铁路与民航、高速公路客运形成了直接竞争关系。大量的实证研究表明，在我国，高速公路与高速铁路客运在短距离已形成竞争关系，高速铁路、民航与高速公路客运在中距离形成竞争关系，民航与高速铁路在长距离形成竞争关系。不仅如此，综合运输通道的运能是巨大的和充足的。以京津通道为例，北京与天津之间铁路既有线 3 条，高铁线两条（京津城际和京沪高铁），高铁的双向运输能力每年可达 2 亿人次以上；高速公路 3 条（双向 22 车道），年双向通车能力可达 1 亿辆。又如京沪通道，既有铁路 1 条，每年的双向客运能力可达 1 亿人次，高速铁路 1 条，每年的双向运输能力为 1.2 亿～1.6 亿人次；高速公路 2 条，年双向通车能力可达 7 000 万辆；京沪民航旅客运送能力可达 5 000 万人次。

基于竞争的定价方法既有利于我国综合交通资源的优化配置，又会增进社会福利，而且可操作性强，适合于我国高速铁路上限运价的制定。

4. 基于居民经济承受能力的定价方法适合于我国高铁

近些年来，我国高速铁路快速发展，已成为世界上高速铁路发展最快、系统技术最全、集成能力最强、运营里程最长、运营速度最高、在建规模最大的国家。但是，我国现阶段和未来相当长一段时期仍处于社会主义初级阶段，人口基数大，人均资源占有量小。我国仍为最大的发展中国家，尽管 *GDP* 总量已位居世界第二，但人均 *GDP* 水平没过 1 万美元大关。根据国际货币基金组织公布的数据，2016 年中国大陆人均 *GDP* 为 8 113 美元，排在全球的 74 位。我国的地区和城乡发展差距大，不同人群的收入差距大。2015 年，东部地区人均可支配收入为 28 223 元，比西部地区人均可配收入高出 67.3%；城镇居民人均可支配收入为 31 195 元，是农村居民人均可支配收入的 2.7 倍。从全国居民按收入五等份分组的人均可支配收入看，2015 年，高收入户（20%）的人均可支配收入为 54 544 元，是低收入户（20%）的 10 倍多。

从高速铁路的需求价格弹性看，人们对高铁价格的变化比较敏感。测算的结果见表 10-2，表明我国典型高速铁路淡季需求富有弹性，价格降低将会吸引大量旅客选择高铁。因此，高铁运价的制定应该充分考虑社会大众的经济承受能力。从我国的实际国情出发，高速铁路基于居民的经济承受能力定价，既能起到吸引客流、增加运量的杠杆作用，又能提高高速铁路资源的配置效率和体现社会公平，增进社会福利，还能充分发挥高速铁路的社会效益。

表 10-2　典型高速铁路的淡季需求价格弹性

价格下浮幅度	京沪高铁	京广高铁	郑西高铁	京津城际
10%	−2.94	−1.55	−4.55	−1.10
20%	−2.75	−1.75	−3.59	−2.20
30%	−2.67	−2.25	−2.90	−2.45
40%	−2.50	−2.00	−2.22	−2.13

数据来源：根据调查数据计算而得。

综上所述，以效率与公平为目标，从我国国情出发，结合我国高速铁路的特性，以促进供求均衡为方向，以供求均衡定价法为主，以竞争定价法、居民经济承受能力定价法为辅，综合考虑供求关系、时间价值和舒适程度、人均可支配收入水平等因素，分类测算不同地区的上限运价水平范围。

10.4　我国高铁上限运价范围测算：以京沪高铁为例

10.4.1　我国高速铁路的分类

我国高速铁路网由多条线路组成，按网络构成划分为骨干线、区域高铁线、城际铁路线。按地区划分为东部高铁线、中部高铁线、西部高铁线、东北地区高铁线以及跨地区高铁线。每条高铁的营业里程、建设标准与运输能力、单位工程造价、沿线地区人口与发展水平、产权性质与股东构成、开通运营时间与最高运行速度等或多或少存在差异。

根据研究需要，我们将高速铁路长线按地区分类，大致分为东部地区线、中部地区线，西部地区线和东北地区线。根据我国高速铁路的设计标准，东部、中部和东北地区长线高铁的设计速度为 380 km/h（如京沪、京广和哈大高铁）或 250 km/h（如东南沿线），西部地区长线高铁的设计速度为 300 km/h（如贵广线）或 250 km/h（如兰新线）。不同的设计标准对应就有不同的线路运输能力，如京沪、京广高铁双向年运输能力的理论值为 1.6 亿人，贵广高铁双向年运输能力的理论值 1.2 亿人，高兰新高双向年运输能力的理论值为 1 亿人。

与普通商品供给一般不受能力限制不一样，一条高铁的运输供给受线路运输能力的限制，最理想的状态是供求均衡在运输能力限制线上。如图 10-5 所示，高铁运输供求点 C 在线路运输能力线上。

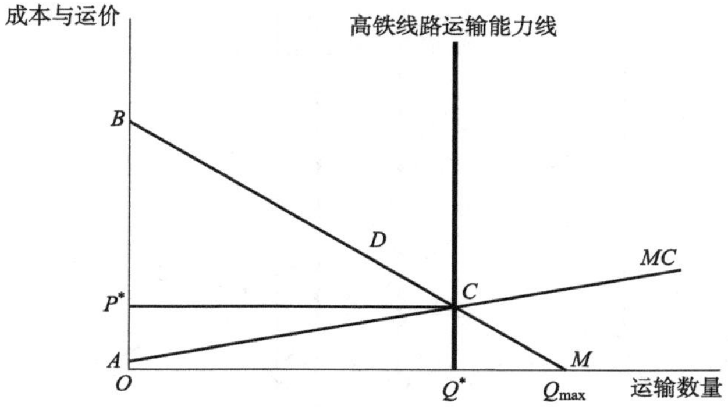

图 10-5　最理想的状态：供求均衡在线路运输能力线上

不同线路的空间位置不同，沿线人口规模和经济社会发展水平有差异，导致需求大小不一样。东部地区人口规模较大，经济发展水平较高，所以对高铁运输需求比其他地区大；西部地区人口规模较小，发展水平较低，所以对高铁运输需求比其他地区小。高铁线实际的情况往往是东中部线路能力较西部线路大。所以多数情况是，供求均衡点在线路运输能力线的两侧（如图 10-6 所示）。

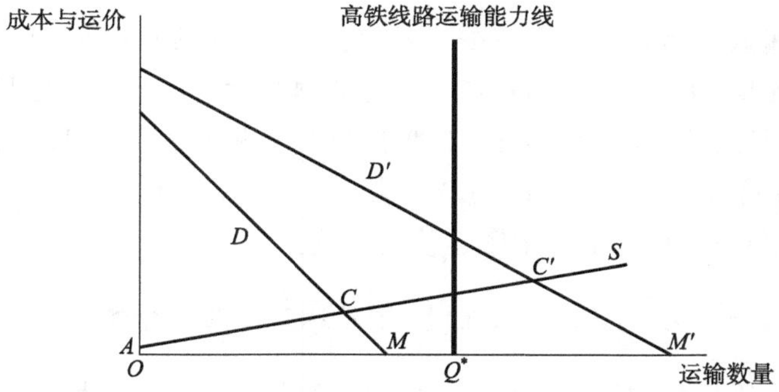

图 10-6　现实中常见的状态：供求均衡不在线路运输能力线上

在本书中，选取京沪高速铁路作为东部地区线的范例，测算其上限运价范围，并在此基础上，测算中部地区线、西部地区线和东北地区线的上限运价范围。图 10-7 所示是京沪高铁、京广高铁、兰新高铁的运输能力、需求曲线及供求均衡可能的静态情况。D_1、D_2、D_3 分别京沪高铁、京广高铁和兰新高铁运输需求线，A_1、A_2 分别是京沪和京广高铁、兰新高铁运输能力线，假设 S 是三条高铁线的供给线。C_1 和 C_2 位于 A_1 的两侧，C_3 位于 A_2 的左侧。从动态看，随着沿线地区人口、人均收入的增加，供求均衡点从运输能力线的左侧向右侧移动。但是，由于线路供给能力的限制，实际上供求均衡点不可能达到运输能力线的右侧。

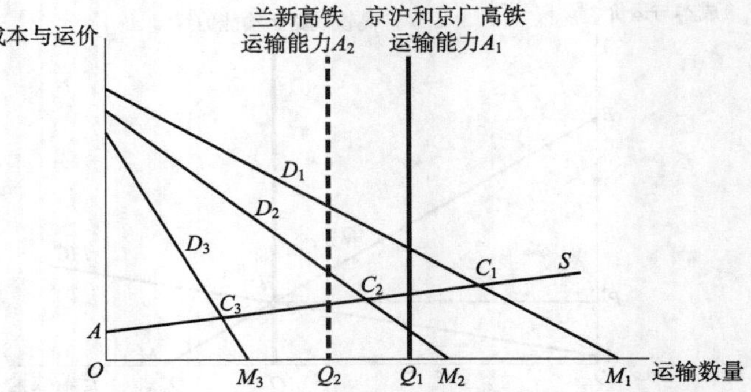

图 10-7　不同地区线路的供求静态均衡与运输能力的关系

10.4.2　以京沪高铁为例的原因

在我国高速铁路中，京沪高速铁路具有较多的特点，正因为如此，本书选择京沪高铁为例，测算上限运价范围。

1. 京沪高铁是“四纵四横”主通道中的“一纵”，运营时间较长

京沪高速铁路是高铁主通道中一条纵向线路，于 2016 年 6 月 30 日建成通车，是“四纵四横”中最早通车的高铁线，营业里程为 1 318 km，是我国建设标准最高的一条高铁线，基础设施设计速度为 380 km/h，目前最高运行速度为 350 km/h，线路双向运输能力的理论值为 1.6 亿人次/年。运营已有 7 年多，积累的运营数据较多，可为测算上限运价提供支持。

2. 京沪高铁沿线地区经济较发达，运量达到线路运输能力

京沪高铁连接我国长江三角洲经济区和环渤海经济区，地处东部地区，沿途经过北京、天津、河北、山东、安徽、江苏和上海，沿线地区人口众多，经济较发达。所经区域面积占国土面积的 6.5%，人口占全国的 26.7%，人口 100 万以上城市 11 个，是中国社会经济发展活跃的地区之一，也是中国客货运输较繁忙、增长潜力较大的客运专线。2014 年，京沪高铁日均发送旅客达到 29 万人，首次实现盈利，是为数不多的盈利高铁，也是我国第一条盈利的长大高铁。2016 年，总开行列车对数为 137 419 对，全线客运量达到 14 454 万人，已非常接近线路运输能力的理论值。2017 年，总开行列车对数为 159 201 对，全线客运量达到 1.79 亿人，已超过线路运输能力的理论值。京沪高铁运营 7 年，运量从不饱和到基本饱和，

再到超饱和，运营从亏损到盈亏平衡再到盈利，可为测算上限运价提供了较好的分析样本数据。

3. 京沪高铁有社会资本参与，企业化程度较高

京沪高速铁路是为数不多的有社会资本参与投资的高铁，而且是唯一一条有社会资本参与投资的长大干线高铁。京沪高速铁路股份有限公司由 12 家股东构成，除中国铁路建设投资有限公司代表中国铁路总公司、沿线地方省市投资平台代表地方省市政府出资外，还有平安资产管理有限公司、全国社会保障基金理事会、中银集团投资有限公司投资，分别占股本 12.25%、7.66%和 3.99%，总占股本的 23.9%。公司股权多元化，治理结构较完善，企业化程度较高。

4. 京沪高铁由一家公司运营，运营数据较完整

由于高速铁路投融资体制和分段建设时序等原因，我国高速铁路在建设周期内，绝大多数线路分成多条区段逐步建设而成，所以相应成立了多家项目公司，负责各自区段高铁的投融资和建设管理；运营周期内，作为高速铁路业主负责运营，所以出现了一条高速铁路有多家高铁公司分段运营的现象，一条高铁的运营数据分散在不同的多家高速铁路公司中，而且还有重复统计的情况。京沪高速铁路则是唯一一条由一家公司（京沪高速铁路股份有限公司）投资、建设和运营的长线高速铁路。正因为如此，京沪高铁运营数据较完整，有利于测算京沪高铁的上限运价。

10.4.3 基于供求均衡法的测算

1. 京沪高速铁路运营情况

京沪高铁投资主体为京沪高速铁路股份有限公司，受托运营主体为北京铁路局、济南铁路局和上海铁路局，京沪高速铁路股份公司也在京沪高铁上开行动车组。京沪高速铁路上开行时速 300 km 的“和谐号”高速列车和时速 350 km 的“复兴号”高速列车，运价率见表 10-3。

表 10-3 京沪高速铁路最高时速 300 km 和 350 km 列车运价水平

起点—终点	里程（km）	商务座（元/人公里）	特等座（元/人公里）	一等座（元/人公里）	二等座（元/人公里）
北京—上海	1 318	1.33	0.80	0.71	0.42
北京—南京	1 023	1.37	0.83	0.73	0.43

续上表

起点—终点	里程（km）	商务座（元/人公里）	特等座（元/人公里）	一等座（元/人公里）	二等座（元/人公里）
北京—济南	406	1.45	0.87	0.77	0.45
北京—天津	120	1.45	0.78	0.55	0.45

数据来源：铁路客户服务中心 www.12306.cn。

京沪高速铁路开通后，运输量持续逐年增长，运营从亏损到盈利，如表 10-4 所示，2012 年日均运量 17.8 万人；2013 年日均运量 23 万人，同比增长 33%；2014 年运送旅客突破 1 亿人次，日均运量 29 万人，同比增长 27%，首次实现盈利；2015 年，日均运量 33.5 万人，同比增长 15.5%，盈利 66.6 亿元；2016 年，日均客运量达到 39.6 万人，收入 263.1 亿元，盈利 95.6 亿元；2017 年，日均客运量达到 49 万人，收入 296.0 亿元，盈利 127.2 亿元。

表 10-4　2012～2017 年京沪高铁运营情况

年份	客运量（万人）	旅客周转量（百万人公里）	收入（亿元）	成本（亿元）	利润（亿元）
2012	6 507	36 424	173.8	210.96	−37.16
2013	8 390	45 058	182	194.94	−12.94
2014	10 588	56 300	205.9	192.9	13
2015	12 237	63 600	234	167.4	66.6
2016	14 454	73 715	263.1	167.5	95.6
2017	17 900	83 310	296.0	168.8	127.2

数据来源：《铁路统计资料汇编》（2012～2016 年）及京沪高速铁路股份有限公司内部数据。

京沪高速铁路的平均成本和平均收益率情况见表 10-5，从中可以看出：①2014 年平均收益为 0.37 元/人公里，大于平均成本 0.34 元/人公里；2014 年以后，平均收益大于平均成本，实现盈利。②2012～2017 年，运输量递增，平均成本递减，说明京沪高铁规模经济明显。

表 10-5　2012～2017 年京沪高铁平均成本和平均收运营情况

年份	客运量（万人）	旅客周转量（百万人公里）	平均运距（km）	平均成本（元/人公里）	平均收益率（元/人公里）
2012	6 507	36 424	560	0.579 2	0.410 2
2013	8 390	45 058	537	0.432 6	0.406 6
2014	10 588	56 300	532	0.342 6	0.367 9
2015	12 237	63 600	520	0.263 2	0.364 1

续上表

年份	客运量（万人）	旅客周转量（百万人公里）	平均运距（km）	平均成本（元/人公里）	平均收益率（元/人公里）
2016	14 454	73 715	510	0.231 8	0.364 1
2017	17 900	83 310	465	0.202 0	0.355 2

2. 京沪高铁运输能力达到或接近饱和状态

从客运量看，京沪高铁运输能力已达到饱和。京沪高速铁路的设计时速为 380 km，理论上每年双向运输能力为 1.6 亿人。2017 年，客运量为 17 900 万人，运能利用率达到 111.9%，已达到超饱和状态。但从京沪高速铁路股份有限公司提供的数据看(见表 10-6)，2017 年京沪高铁动车的客座率为 76.1%，由此可以计算出，京沪高铁的实际运输能力为 2.35 亿人以上。

表 10-6 京沪高速铁路运营各年的客座率(%)

年份	本线 G 动车	本线 D 动车	跨线 G 动车	跨线 D 动车	全线
2011	62.4	73.5	71.3	85.1	69.9
2012	61.1	72.8	66.3	87.9	67.7
2013	73.8	77.3	72.9	91.3	76.0
2014	74.0	84.4	75.4	88.9	76.5
2015	75.8	72.3	75.6	90.5	76.5
2016	73.0	67.7	72.2	89.1	73.1
2017	79.7	72.6	74.8	78.2	76.1

从开行的动车组对数看，2017 全年京沪高速铁路开行的动车组为 159 201 列，平均每天运行的动车组对数 218 对，除 6 个小时天窗时间外的有效运行时间为 18 小时，平均每小时开行的动车组 12 对，平均时间间隔为 5 分钟，处于饱和状态。

从中国铁路总公司和京沪高速铁路股份有限公司的调研获知，从技术和安全看，天窗外时间已不可能再加开动车组，增加能力只能通过增加重联车次、短途站票、缩短天窗时间或改进线路维修技术来实现。由此可见，京沪高铁开行的动车组数已经非常接近饱和状态。

3. 京沪高铁二等座上限运价范围

京沪高铁开通后，运价基本没有变动，只有少量车次的高等级席别票价在特定时间段有 8 折优惠，二等座票价没有优惠，然而运量每年以 15%以上的增速增加，已非常接近饱和能力。实现线路运能充分饱和，有两种路径：

第一种途径，保持二等座现价水平不变。可以判断，随着人们收入水平提高和高铁网络效应，京沪高铁的运量还会继续增加，很快达到运能充分饱和，即运量等于运能。表现在图形上是：需求曲线 D 向右移动至 D'，与供给曲线和运输能力线相交于 E' 点，运输的需求量＝供给量＝线路运输能力（如图 10-8 所示）。

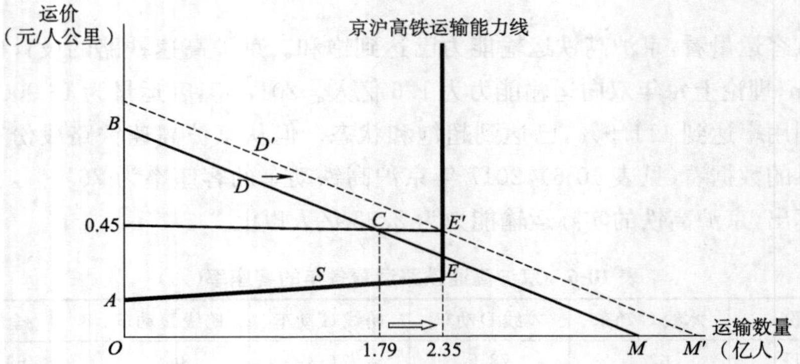

图 10-8　维持现行的运价水平，使运输需求量达到运输能力

第二种途径，降低二等座现行的运价水平，直到运能达到充分饱和，即运输需求量＝供给量＝线路运输能力。表现在图形上是需求曲线、供给曲线与运输能力线的交点 E'（如图 10-9 所示）。

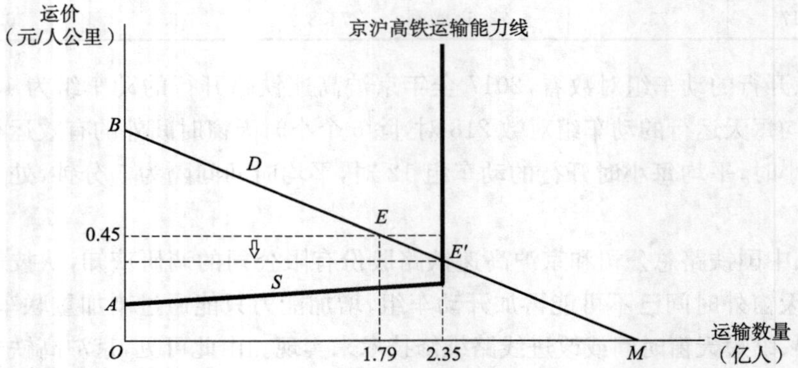

图 10-9　降低现行的运价水平，使运输需求量达到运输能力

运用表 10-4 和表 10-5 的数据，分别对京沪高铁的需求曲线、成本曲线、供给曲线等进行回归。

(1)京沪高铁的需求曲线

对京沪高速的需求曲线,分别进行线性、非线性和对数回归。

①线性回归模型

假设京沪高铁旅客周转量和平均收益是线性函数关系,建立回归模型。回归系数及其显著性检验结果如表10-7所示。系数显著性检验的原假设是系数不显著。显著性水平是指原假设正确却被拒绝的概率或风险。若显著性大于0.05,说明拒绝原假设的风险较大,此时接受原假设,系数不具有显著性;若显著性小于0.05,说明拒绝原假设的风险较小,此时拒绝原假设,系数具有显著性。平均收益的显著性为0.011,小于0.05,拒绝"平均收益的系数−6.665不显著"这个原假设,回归方程为:

$$Q=3.116-6.665\times AR \tag{10-1}$$

式(10-1)中,Q表示旅客周转量(千亿人公里),AR表示平均收益(元/人公里)。

表10-7 系数

模型		未标准化系数		标准化系数	t	显著性
		B	标准误差	Beta		
1	(常量)	3.116	0.561		5.555	0.005
	平均收益	−6.665	1.480	−0.914	−4.502	0.011

表10-8是模型拟合程度的检验结果,拟合程度为0.835,模型拟合程度较高。

表10-8 拟合程度检验结果

R	R^2	调整后R^2	估算标准误差
0.914	0.835	0.794	0.079

表10-9是模型显著性检验的结果,显著性为0.011,回归模型是可靠的。

表10-9 ANOVA(方差分析表)

模型		平方和	自由度	均方	F	显著性
1	回归	0.125	1	0.125	20.269	0.011
	残差	0.025	4	0.006		
	总计	0.150	5			

②非线性回归模型

假设京沪高铁旅客周转量和平均收益是二次函数关系,建立回归模型。回归系数及其显著性检验结果如表10-10所示。平均收益和平均收益平方的显著性均大于0.05，接受原假设，系数均不显著，二次回归模型不具有可靠性。

表 10-10 系数

模型	未标准化系数		标准化系数	t	显著性
	B	标准误差	Beta		
平均收益	−165.253	113.304	−22.659	−1.458	0.241
平均收益的平方	206.048	147.203	21.746	1.400	0.256
（常量）	33.525	21.730		1.543	0.221

③对数回归模型

假设京沪高铁旅客周转量和平均收益是对数函数关系，建立回归模型。回归系数及其显著性检验结果如表10-11所示。ln（平均收益）系数的显著性小于0.05，拒绝原假设，ln(AR)的系数为−2.570。回归方程为：

$$Q = -2.570 \times \ln(AR) - 1.907 \tag{10-2}$$

式（10-2）中，AR表示平均收益（元/人公里），Q表示旅客周转量（千亿人公里）。

表 10-11 系数

模型	未标准化系数		标准化系数	t	显著性
	B	标准误差	Beta		
ln（平均收益）	−2.570	0.559	−0.917	−4.597	0.010
（常量）	−1.907	0.545		−3.498	0.025

表10-12是模型拟合程度的检验结果，拟合优度为0.841，模型拟合程度较高。

表 10-12 拟合程度检验结果

R	R^2	调整后 R^2	估算标准误差
0.917	0.841	0.801	0.077

表10-13是模型显著性检验的结果，显著性小于0.05，回归模型可靠。

表 10-13 ANOVA（方差分析表）

模型	平方和	自由度	均 方	F	显著性
回归	0.126	1	0.126	21.131	0.010
残差	0.024	4	0.006		
总计	0.150	5			

④模型的选择

根据上文的回归结果，二次回归模型系数均不显著，不具有可靠性。对数回归模型拟合程度 0.841 高于线性回归模型拟合程度 0.835，故选用对数回归模型估计京沪高铁的需求曲线，如图 10-10 所示。

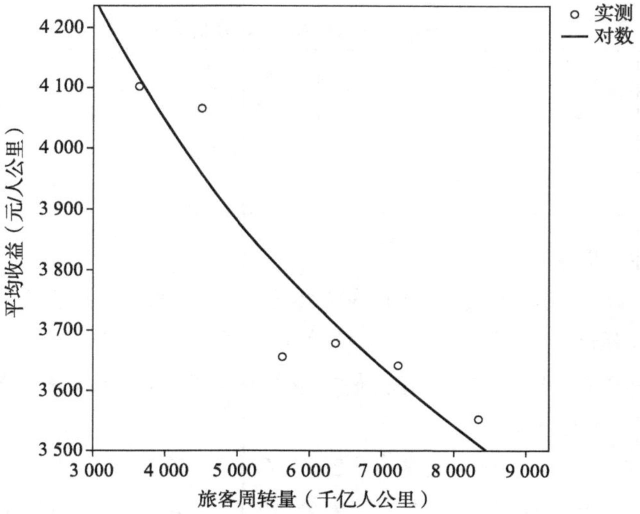

图 10-10 京沪高铁需求曲线

(2)京沪高铁的平均成本曲线

①线性回归模型

假设京沪高铁旅客周转量和平均成本是线性关系，进行回归分析。回归系数及其显著性检验结果如表 10-14 所示，显著性为 0.003，小于 0.05，拒绝“旅客周转量系数−0.791 不显著”的原假设。回归方程为：

$$AC=0.884-0.935Q \tag{10-3}$$

式(10-3)中，Q 为旅客周转量(千亿人公里)，AC 为平均成本(元/人公里)。

表 10-14 系数

模型	未标准化系数		标准化系数	t	显著性
	B	标准误差	Beta		
旅客周转量	−0.791	0.121	−0.956	−6.553	0.003
(常量)	0.812	0.074		10.936	0.000

表 10-15 是模型拟合程度的检验结果，拟合优度为 0.915，模型拟合程度高。

表 10-15 拟合程度检验结果

R	R^2	调整后 R^2	估算标准误差
0.956	0.915	0.893	0.047

表 10-16 是模型显著性检验的结果。显著性小于 0.05，回归模型可靠。

表 10-16 ANOVA(方差分析表)

模型	平方和	自由度	均方	F	显著性
回归	0.094	1	0.094	42.943	0.003
残差	0.009	4	0.002		
总计	0.102	5			

②非线性回归模型

假设京沪高铁旅客周转量和平均成本是二次函数关系，建立回归模型。回归系数及其显著性检验结果如表 10-17 所示。旅客周转量及旅客周转量平方的显著性均小于 0.05，拒绝“旅客周转量的系数－2.741 和旅客周转量平方的系数 1.635 不显著”的原假设。回归方程为：

$$AC=1.353-2.741Q+1.635Q^2 \tag{10-4}$$

式(10-4)中，AC 表示平均成本(元/人公里)，Q 表示旅客周转量(千亿人公里)。

表 10-17 系数

模型	未标准化系数		标准化系数	t	显著性
	B	标准误差	Beta		
旅客周转量	−2.741	0.326	−3.315	−8.397	0.004
旅客周转量的平方	1.635	0.272	2.375	6.016	0.009
(常量)	1.353	0.093		14.562	0.001

表 10-18 是模型拟合程度的检验结果，拟合优度为 0.993，拟合程度较高。

表 10-18 拟合程度检验结果

R	R^2	调整后 R^2	估算标准误差
0.997	0.993	0.989	0.015

表 10-19 是模型显著性检验的结果，显著性小于 0.05，回归模型可靠。

表 10-19 ANOVA(方差分析表)

模型	平方和	自由度	均方	F	显著性
回归	0.102	2	0.051	228.468	0.001

续上表

模型	平 方 和	自 由 度	均　　方	F	显 著 性
残差	0.001	3	0.000		
总计	0.102	5			

③对数回归模型

假设京沪高铁旅客周转量和平均成本是对数关系，建立回归模型。回归系数及其显著性检验结果如表 10-20 所示。ln(旅客周转量)的显著性小于 0.05，拒绝“ln$Q$ 的系数－0.460 不显著”的原假设。回归方程为：

$$AC=0.086-0.46\times\ln Q \tag{10-5}$$

式(10-5)中，AC 表示平均成本(元/人公里)，Q 表示旅客周转量(千亿人公里)。

表 10-20　系数

模型	未标准化系数		标准化系数	t	显 著 性
	B	标准误差	Beta		
ln(旅客周转量)	−0.460	0.042	−0.984	−10.999	0.000
(常量)	0.086	0.026		3.285	0.030

表 10-21 是模型拟合程度的检验结果，拟合优度为 0.968，模型拟合程度较高。

表 10-21　拟合程度检验结果

R	R^2	调整后 R^2	估算标准误差
0.984	0.968	0.960	0.029

表 10-22 是模型显著性检验的结果，显著性为 0.000，小于 0.05，回归模型可靠。

表 10-22　ANOVA(方差分析表)

模型	平 方 和	自 由 度	均　　方	F	显 著 性
回归	0.099	1	0.099	120.971	0.000
残差	0.003	4	0.001		
总计	0.102	5			

④模型的选择

根据上文的回归结果，三个模型的系数均显著。二次回归模型的拟合程度高于线性和对数回归模型，故选用二次回归模型估计京沪高铁的成本曲线，如

图 10-11 所示。

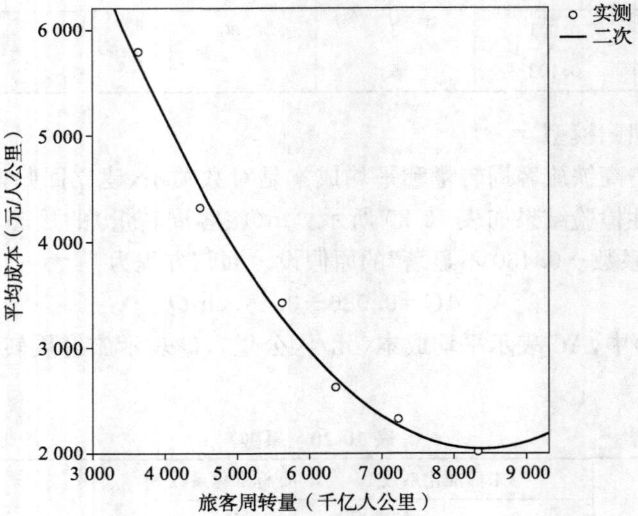

图 10-11　京沪高铁的平均成本曲线

(3)供求均衡和利润最大化求解

根据上文的回归分析,京沪高铁的需求曲线和平均成本曲线为:

$$\text{需求曲线}:Q=-2.570\times\ln(AR)-1.907 \tag{10-6}$$

$$\text{平均成本曲线}:AC=1.353-2.741Q+1.635Q^2 \tag{10-7}$$

式中 AR 表示平均收益,AC 表示平均成本,Q 表示旅客周转量。

①京沪高铁供求均衡

当供给和需求相等时,京沪高铁供求实现均衡。

$$\text{需求曲线}:Q=-2.570\times\ln P-1.907 \tag{10-8}$$

$$\text{供给曲线}:P=1.353-5.482Q+4.905Q^2 \tag{10-9}$$

式中,P 表示京沪高铁的运价。可求得均衡时的旅客周转量为 0.885 0 千亿人公里,将其代入式(10-6)和式(10-7),求得均衡时的平均收益(运价)为 0.343 1 元/人公里,平均成本为 0.207 8 元/人公里。则总收入为 303.686 5 亿元,总成本为 183.903 0 亿元,营业利润为 119.783 5 亿元。

②京沪高铁利润最大化

根据需求曲线和平均成本曲线,可以求得边际收益曲线和边际成本曲线:

$$边际收益曲线:MR=\mathrm{EXP}\left(-\frac{Q+1.907}{2.570}\right)-\frac{Q}{2.570}\mathrm{EXP}\left(-\frac{Q+1.907}{2.570}\right) \tag{10-10}$$

$$边际成本曲线:MC=1.353-5.482Q+4.905Q^2 \tag{10-11}$$

当边际成本 MC 等于边际收益 MR 时，京沪高铁实现利润最大化。

可求得利润最大化时的旅客周转量为 0.847 3 千亿人公里，将其代入式(10-6)和式(10-7)，求得利润最大化时的平均收益(运价)为 0.348 8 元/人公里，平均成本为 0.204 3 元/人公里。则总收入为 295.523 亿元，总成本为 173.142 亿元，营业利润为 122.381 亿元。

综上所述，京沪高铁供求均衡和利润最大化时运营情况如表 10-23 所示。

表 10-23　京沪高铁供求均衡和利润最大化

指标	旅客周转量(百万人公里)	平均成本(元/人公里)	运价(元/人公里)	收入(亿元)	成本(亿元)	利润(亿元)
供求均衡	88 500	0.207 8	0.343 1	303.687	183.903	119.784
利润最大	84 730	0.204 3	0.348 8	295.523	173.142	122.381

10.4.4　基于时间价值的测算:高铁与民航比较

民航与高铁运输产品相似，在同一运输通道内具有较强的替代性。近些年来，高速铁路快速发展，与民航、高速公路形成了激烈的竞争，尤其是在中长距离，高速铁路和民航的竞争更为激烈。但它们之间也存在差异性，如运行时间。因为时间有价值，所以节省时间的运输方式运价较高。因此，高铁与民航的运价上限具有可比性。加之，我国民航客运的市场化程度较高，定价对高速铁路具有参考性。

《民航国内航空运输价格改革方案》指出，国家发展和改革委员会会同民航总局，依据航空运输的社会平均成本、市场供求状况、社会承受能力确定国内航空客货运输基准价和浮动幅度。以调整后的平均每人公里 0.75 元作为国内各航线基准价，允许航空运输企业在境内外销售国内航线客票时，以基准价为基础，在上浮 25%、下浮 40%的幅度内确定具体价格，即民航价格的浮动区间为每人公里 0.45 至 0.94 元。2013 年 8 月 6 日，中国民用航空局和国家发改委发布通知，对旅客运输票价实行政府指导价的国内航线，均取消票价下浮幅度限制，即民航价格上限为 0.94 元/人公里。

根据运输距离的代表性，选取京沪通道的北京—上海和北京—南京两个区间，乘客既可以选择乘坐高速铁路，也可选择乘坐航空，可计算出同一条线路上的高速铁路和民航的时间比。根据表 10-24 可知，同一条线路高速铁路的运行时间大约是民航的 2.27 倍。以民航的上限价格每公里 0.94 元为基准，测算得出京沪高速铁路的运价上限水平范围为：0.42～0.43 元/人公里。

表 10-24 基于时间价值的高速铁路和民航运价比较

起点	终点	里程 (km)	高铁运行时间 (min)	民航飞行时间 (min)	时间比	二等座上限 (元/人公里)
北京	上海	1 318	288	130	2.22	0.42
北京	南京	1 023	250	115	2.17	0.43

数据来源：铁路客户服务中心 www.12306.cn 和携程网 www.ctrip.com。

10.4.5 基于日本和法国高铁的测算：高铁与普铁比较

我国普速铁路干线经过六次大提速后开行动车组，运价水平是按照《价格法》关于优质优价原则和《国家计委关于 25K 型高等级软座列车暂定票价问题的复函》(计价管[1997]470 号)形成的。对于旅行速度达到每小时 110 km 以上的列车，二等软座客票基准价每人公里为 0.280 5 元，可上下浮动 10%。目前，在京沪普速铁路上，北京—上海开行有动车组三对，D313/D314、D321/D322、D311/312，其中，前两对动车有二等座，票价为 336 元；北京—南京动车组二等座票价为 267 元(注：于 2019 年 1 月 5 日停运)。

如前文所述，日本和法国高速铁路上限票价都是由基本票价和附加票价两部分构成的，其中，基本票价为普通铁路票价，附加票价是根据节省旅行时间、与民航和公路的竞争程度、舒适性等因素制定的。它们的测算结果是加价部分高出基本票价 60%～65%。

参考日本和法国高铁与普铁上限运价的比价结果，京沪高铁 1 000 km 左右，二等座的上限运价为 0.47～0.48 元/人公里(见表 10-25)。

表 10-25 基于时间价值的高铁动车和普铁动车运价比较

区段	里程 (km)	普铁动车二等座票价 (元)	普铁动车运价 (元/人公里)	二等座上限运价 (元/人公里)
北京—上海	1 463	429	0.293	0.47～0.48
北京—南京	1 153	340	0.293	0.47～0.48

数据来源：铁路客户服务中心 www.12306.cn 和携程网 www.ctrip.com。

10.4.6 基于比价关系的测算：典型国家高铁与民航的比价

与我国一样，德国和法国的民航运价采用的最高上限形式的政府指导价，高速铁路采用的也是最高上限形式的政府指导价。这两个国家是实行的是市场经济体制，民航和高铁的市场化程度较高。因此，他们的高速铁路与民航的最高上限运价的比价值得我国借鉴。

表 10-26 为法国距离为 580～673 km 典型线路民航与高铁比价，民航与高铁的上限运价的比价在 2.56～3.02 之间。

表 10-26 法国高铁与民航上限运价的比价

起点	终点	里程（km）	高铁最高票价（欧元）	机票最高价（欧元）	民航与高铁的比价
里昂	拉罗切利	580	158	450	2.56
巴黎	拉罗切利	642	85	389	4.12
斯特拉斯堡	拉罗切利	673	149	500	3.02

数据来源：法国高铁网 www.ch.voyages-sncf.com 和法国航空官网 http://www.airfrance.com。

表 10-27 为德国距离为 485～658 km 典型线路民航与高铁之比价，民航与高铁的上限运价的比价在 2.14～3.00 之间。

表 10-27 德国高铁与民航上限运价的比价

起点	终点	里程(km)	高铁最高票价（欧元）	机票最高价（欧元）	民航与高铁的比价
杜塞尔多夫	莱比锡	485	129	310	2.16
柏林	杜塞尔多夫	610	111	264	2.14
柏林	慕尼黑	658	125	417	3.00

数据来源：德国高铁网 www.reiseauskunft.bahn.de/bin/query.exe 和汉莎航空公司官网 http://www.lufthansa.com。

综合来看，法国和德国民航与高铁的上限运价的比价范围为 2.14～4.12。借鉴国外的经验数据，以我国民航经济舱运价上限 0.94 元/人公里计算，京沪高铁 600 km 左右，二等座上限运价的范围应为 0.31～0.44 元/人公里。

10.4.7 多种方法测算结果的综合

以效率与公平为运价目标，以需求为导向，以供求关系定价方法为主，综合运用竞争定价法、时间价值定价法等，分别测算出我国高速铁路运价上限范围：①基于供求平衡法，测算出京沪高速铁路二等座运价上限范围应为 0.34～0.45 元/人公里；②基于时间价值的高铁与民航运价比较法，测算出我国高铁二等座运价上限范围应为 0.42～0.43 元/人公里；③参考日本和法国高铁与普铁的上限运价比价结果，京沪高铁 1 000 km 左右，二等座的上限运价为 0.47～0.48 元/人公里；④基于法国和德国高铁与民航运价上限的比价关系，测算出京沪高铁二等座运价上限范围应为 0.31～0.44 元/人公里。综合上述四种方法测算法，京沪高速铁路二等座运价上限范围 0.34～0.45 元/人公里。

在我国，运行速度不同的高速铁路一等座与二等座的比价略有不同，不同高铁的比价也不相同。例如，京沪高铁一等座与二等座的比价为 1.7 以上，沪昆高铁一等座与二等座的比价为 1.67，其余大多数线路运行时速为 300～350 km 的 G 字开头的车次一等座与二等座的比价为 1.6，运行时速为 200～250 km 的 D 字开头的车次一等座与二等座的比价为 1.5。法国、德国和日本高铁一等座和二等座上限运价比价均为 1.5，而且不同线路的比价都一样。本书认为，我国高铁一等座与二等座上限运价的比价为 1.5 为宜，而且不同线路不同速度应无差异。由此计算，京沪高铁一等座上限运价为 0.51～0.68 元/人公里。

10.4.8 东部地区时速 200～250 km 的高速铁路上限运价

在我国东部地区也有建设标准比京沪高铁低的高速铁路，如东南沿海高速铁路(杭州—深圳)，列车运行时速 200～250 km，运价水平是根据《国家计委关于 25K 型高等级软座列车暂定票价问题的复函》(计价管[1997]470 号)制定而成的。即：二等软座客票基准价每人公里为 0.280 5 元，上浮 10%后为 0.308 55 元/人公里。“7.23”温州动车组事故后，最高运行时速从 250 km 降到 200 km，运价下调了 5%，为 0.293 1 元/人公里。目前，除东南沿海高铁于 2017 年 4 月 21 日部分列车运价调整过外，其余相同标准的高速铁路运价二等座都执行 0.293 1 元/人公里。

以京沪高速铁路时速为 300～350 km 的高速列车二等座上限运价为基础，基于时间价值，测算东部地区高速铁路时速 200～250 km 的高速列车二等座上限运价。如前文所述，时速为 200～250 km 与时速为 300～350 km 的高速列车二等座的比价应该为 1∶1.5，因此东部地区时速为 200～250 km 的高速列车二等座的上限运价为 0.23～0.3 元/人公里。

10.5 其他地区高铁上限运价的测算：基于人均可支配收入

由于东部、中部、西部和东北地区人口规模与密度、经济社会发展水平差距较大，对高速铁路运输需求也存在较大差异，对于相同运输能力的高速铁路，供求关系也不同。

如图 10-12 所示，S 为东部、中部(东北地区)、西部地区高铁运输的供给曲线(边际成本曲线)；相同设计标准的高速铁路的运输能力为 Q_D；D_D 为东部地区高速铁路运输的需求曲线，最大需求量为 M_D，比运输能力 Q_D 大得多(如京沪高铁、东南沿海高铁)；D_Z 为中部地区(东北地区)高速铁路运输的需求曲线，最大需求量为 M_Z，比运输能力 Q_D 大一些(如京广高铁、哈大高铁)；D_X 为西部地区高速铁路运输的需求曲线，最大需求量为 M_x，比运输能力 Q_D 小得多(如兰新高铁)。

东部地区高铁运输的供求均衡点位于线路运输能力线的右侧，也就是说在较短时间需求量很可能达到线路运输能力，例如京沪高铁就是如此，目前已十分接近线路运输能力；中部地区(东北地区)高铁运输的供求均衡点很可能位于线路运输能力线的右侧；西部地区高铁运输的供求均衡点位于线路运输能力的左侧，也就是说很长时间内需求量达不到线路运输能力，例如兰新高铁就是如此。因此，从提高效率和增进公平目标出发，在制定高铁上限运价时，东部地区高铁的上限运价最高，应为 P_D；中部地区(东北地区)高铁的上限运价低于东部地区，应为 P_Z，西部地区高铁的上限运价最低，应为 P_X。

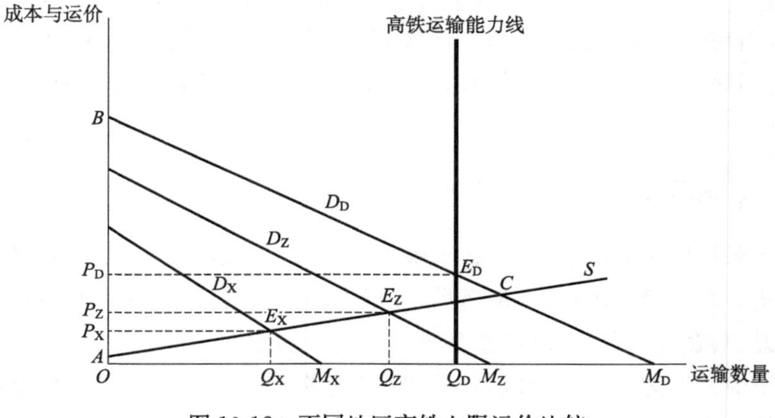

图 10-12 不同地区高铁上限运价比较

由于中部地区(东北地区)、西部地区高铁运量尚未达到线路运输能力，加之其他因素，难以准确计算供求均衡的运价水平。因此，对于中部地区(东北地区)、西部地区高速铁路上限运价，可以以京沪高铁上限运价为基准，根据地区人均可支配收入进行测算。例如，2013～2017 年，西部地区人均可支配收入是东部地区的 60%，以东部地区不同标准的高铁上限运价为基准，计算西部地区时速为 300～300 km 高速铁路二等座上限运价范围为：0.20～0.27 元/人公里，一等座上限运价范围为：0.30～0.40 元/人公里；西部地区时速为 200～250 km 高速铁路二等座上限运价范围为：0.13～0.18 元/人公里，一等座上限运价范围为：0.20～0.27 元/人公里。以此类推，可以测算不同地区高铁运价上限范围(见表

10-28)。

表 10-28　不同地区高铁一等座、二等座上限运价可选范围(单位:元/人公里)

地区 \ 座别 \ 时速	300～350 km		200～250 km	
	二等座	一等座	二等座	一等座
东部地区	0.34～0.45	0.47～0.68	0.23～0.30	0.34～0.45
中部地区	0.22～0.30	0.33～0.45	0.15～0.20	0.22～0.30
西部地区	0.20～0.27	0.30～0.40	0.13～0.18	0.20～0.27
东北地区	0.26～0.35	0.39～0.53	0.17～0.23	0.26～0.35

10.6　高速铁路运营亏损的分担机制

我国高速铁路建设标准高,运输能力大,地区人口规模和密度以及发展水平差异较大。东部地区人口规模和密度较大,经济较发达;西部地区人口规模和密度较小,高铁建设成本较大。西部地区高速铁路经济效益较小,社会效益较大。因此,在不同地区高铁上限运价差异的基础上,应分类实行运营亏损的动态分担机制。

10.6.1　按地区实行分类分担机制

对于东部地区的高速铁路,在上限运价内,通过人均收入增长和实行差异化运价策略等方式培育需求,增加运量,降低平均成本,提高高铁企业的经营效率。也就是说,乘客支付票价,高速铁路企业负担全部成本。

对于中部地区和东北地区高速铁路,在上限运价内,通过人均收入增长和实行差异化策略等方式培育需求,增加运量;同时对债务进行贴息或减免高铁企业税收,减轻高铁企业的财务费用压力,降低平均成本,提高高铁企业的经营效率。也就是说,政府分担财务费用或税收,乘客支付票价,高速铁路企业分担全部固定成本和运营成本。

对于西部地区高速铁路,在上限运价范围内,通过人均收入增长和实行差异化策略等方式培育需求,增加运量;对债务进行贴息,减轻高铁企业的财务费用压力;同时对高速铁路资产折旧进行财政支持,以及减免高铁企业税收,降低平均成本,提高高铁企业的经营效率,促进高速铁路可持续发展。也就是说,政府分担基础设施固定成本、财务费用和税收,乘客支付票价,高速铁路企业分担运输设备的固定成本和运营成本。该分担机制易于操作,但不够精准。

10.6.2 按运营情况实行分类分担机制

在实行地区差异化的上限运价政府指导价后，政府按照运营情况对高速铁路公司进行分类补贴。①如果高铁公司的运营收入不能弥补债务成本(财务费用)，则优先对财务费用进行补贴；②如果高铁公司的运营收入不能弥补财务费用＋运营成本，则优先对财务费用进行补贴，其次对部分运营成本进行补贴；③如果高铁公司的运营收入不能弥补财务费用＋运营成本＋基础设施折旧，则对部分基础设施折旧进行补贴；④如果高铁公司的运营收入能够弥补财务费用＋运营成本＋固定资产折旧，则不进行补贴，但可以根据情况进行税收政策支持。该分担机制比较容易操作，但也不够精准，因为在委托运营模式下，运营成本存在信息不对称引起的虚高问题。

根据本书调研的情况，兰新高速铁路于 2014 年底通车，2015 年和 2016 年，兰新高铁甘青公司收入来源于线路使用费和接触网使用费，分别为 10 亿元和 12 亿元，而每年的财务费用为 17 亿元，运营收入不能弥补财务费用，运营亏损非常严重。由此可以看出，兰新铁路既属于西部地区高铁，也是属于严重亏损的高速铁路。据此类推，按照高铁所在地区和运营情况，将我国高速铁路进行分类，实行政府、企业和乘客共同分担机制。

10.6.3 实行动态分担机制

随着高铁上限运价调整机制的实施，乘客支付票价随之变化，加上在调整期内地区人均收入水平提高，支付能力有可能增强，高速铁路企业的经营状况也会发生变化。为此，根据上述两种分担机制，政府对高速铁路企业进行动态财政或税收政策支持。

11 我国高速铁路上限运价的调整机制

高铁运价上限定期调整既有利于提高交通资源配置效率又有利于促进公平。由于人均收入水平和物价水平的变化引起居民经济承受能力的变化，电价等成本因素的变化引起高铁运输成本的变化等影响，高速铁路运价上限应定期进行调整，因此，需要建立科学的调整机制。本章从理论和方法上探究我国高速铁路运价上限的调整机制。

11.1 价格上限规制的基本模型及主要变量的确定

11.1.1 基本模型

价格上限规制是一种具有一定激励性的规制定价方法，最早在英国得到应用，并称之为 *RPI-X* 规制。其主要内容是，企业的一揽子服务价格的加权增长不能超过某个特定价格指数的增长（如零售价格指数），再减去 X。减去这个百分比的目的是为了充分考虑技术进步因素[114]。目前已被广泛应用于许多国家的公共事业及基础产业，尤其是自然垄断行业如电信、电力、自来水等行业的规制中。价格上限规制的本质在于规制者对被规制企业的产品或者服务的价格设定一个最高价格，被规制企业只可以在此最高价格之下调整其产品或者服务的价格。价格上限规制模型也被称为零售价格指数规制，采用 *RPI-X* 模型。价格上限规制模型把价格水平同社会零售价格指数和生产效率联系起来，其基本模型如下式所示：

$$P_t = P_{t-1} \times (1 + RPI - X) \tag{11-1}$$

式中，P_t表示规制者所制定的当期价格水平；P_{t-1}表示规制者所制定的上一期价格水平；*RPI* 则表示社会零售价格指数（Retail Price Index），用来代表通货膨胀率，反映了市场上生产资料的价格增长率；*X* 为生产效率因子，表示规制者（通常为政府）所认定的该行业在一定时期内因技术进步而引起的生产效率的增长率。

RPI-X 模型反映了在其他因素不变的情况下，当期上限价格会随着社会零售价格指数的增加而上涨，随着行业预期生产效率增长率的增加而下降。

由于价格上限规制模型是通过规定价格的上升或者下降的幅度来激励被规制企业提高效率或降低成本，它是以一个合理的基期价格上限，即 P_{t-1} 为前提假设。而最初制定 P_{t-1} 时，必然参考了被规制企业的成本信息，因此价格上限规制模型实际上间接地考虑了被规制企业的成本因素[115]。

从式(11-1)中可以看出，要制定科学的价格上限不仅需要合理的基期价格作为前提假设，还需要确定社会零售价格指数 RPI 和生产效率因子 X。

商品零售价格指数 RPI 是由国家统计部门编制并公布，反映一定时期内城乡商品零售价格变动趋势和程度的经济指数。商品零售价格的变动与国家的财政收入、市场供需的平衡、消费与积累的比例关系有关。因此，该指数可以从一个侧面对上述经济活动进行观察和分析。具体来说，零售价格指数的增长会引起被规制企业生产经营成本的增加，因此价格上限规制模型将零售价格指数作为模型中重要的变量，可以有效缓解由于通货膨胀等因素带来被规制企业成本上升的问题。由于零售价格指数主要用来代表通货膨胀率，因此有时 RPI 也用消费价格指数 CPI 来代替。

生产效率因子 X 是通过降低价格确保消费者能够获得运营商预期生产效率提高带来的部分或全部利益。生产效率因子 X 的确定，不仅是价格上限规制模型中一个技术难点，也是规制机构和被规制企业谈判的一个焦点。因为若 X 值设定过低，则被规制企业就可以获得超额利润，而消费者福利就会受到损失；若 X 值设定过高，则消费者可以获得明显的收益，而被规制企业将面临无法实现其收入目标。因此，X 值的设定既要保证其能够对被规制企业产生激励作用，也要保障消费者获得一定的收益，这就需要对 X 值的适用期限做出规定，在一定期限结束时，对 X 值进行重新测算并做出相应的调整以适应该行业的发展需要。

采用价格上限规制模型，使得规制价格不直接与被规制企业的成本相关联，减少了规制者对被规制企业详细运营信息的依赖，只需通过价格和收入的控制就可以使得被规制企业有动力提高配置效率。在这种价格上限规制模型下，一定时期内被规制企业价格上限是确定的，因此被规制企业可以通过提高自身的生产效率或者降低生产成本来获得收益，从而起到较好的激励作用。不仅如此，由于在一定时期内确定了被规制企业的利润率，可以推动企业优化生产要素组合，从而避免了在投资回报率规制下被规制企业出现过度增加投资的情况。

尽管价格上限规制模型具有很多的优势，但也存在一些不足之处，需要在实际操作过程中要采取相应的措施来减少甚至规避其带来的局限性。首先，由于市场环境存在各种不确定性，企业所签订的固定价格合约限制了企业通过改变价格来调整生产的自由性，增大了企业发生亏损的可能性，尤其是增加了企业投资者所面临的风险性。第二，规制者在制定最高限价方面具有很大的自主决策权，可能会诱发被规制企业的寻租行为，产生规制俘获现象。第三，最高限价可能会诱使被规制企业采取消极手段来降低成本，如降低产品或服务质量。第四，如果规制部门只具有有限承诺能力，那么规制者和被规制企业之间的动态博弈过程会诱发棘轮效应，即企业今天的效率会损害它明天的租金。被规制企业对于棘轮效应的预期将对其提高效率的努力产生负激励，从而限制了规制政策的激励绩效，难以实现预期的生产效益。

11.1.2　主要变量的确定

1. 当期价格上限因素

价格上限规制模型主要是在上一期上限价格水平基础上，在考虑了通货膨胀因素和被规制企业所在行业自身的生产率发展因素之后，对上一期价格上限水平进行一个调整来制定下一期价格上限水平。由于我国高速铁路尚未实行价格上限规制，目前没有一个科学合理的可以参考的基期价格上限水平 P_0，因此在第一次实行价格上限调整时，可以使用政府将来制定的运价上限水平 P_0。

2. 社会零售价格因素

价格上限规制模型的本质在于同时考虑了被规制者由于外界因素即通货膨胀因素导致自身成本不可避免的增加和因为本行业自身生产效率提高带来的成本降低这两方面的因素。由于最早提出价格上限规制模型的英国，在电信业私营化时，使用了零售价格指数（*RPI*）作为衡量通货膨胀因素的指标，因此价格上限模型也被称为零售价格指数规制。然而实际上，可以反映通货膨胀因素的指标还有生产价格指数（*PPI*）、消费价格指数（*CPI*）、国内生产总值（*GDP*）指数等。零售价格指数（*RPI*）反映的是全国市场零售物价水平变动趋势和程度的相对数，其中零售商品按现行分类有食品、饮料烟酒、服装鞋帽、纺织品、中西药品、化妆品、书报杂志、文化体育用品、日用品、家用电器、首饰、燃料、建筑装潢材料、机电产品 14 个大类。而在这 14 个大类中，会影响高速铁路企业成本的零售商品只占了比较小的一部分，从这个层面上来说，零售价格指数覆盖面相对比较狭窄，不能完全反映我国高速铁路成本因通货膨胀带来的增加情况。因此，可以考虑在使用零售价格指数（*RPI*）来代表通货膨胀率时，不只参考该指标的单一统计数据，需要对其进行一定的修正。具体来说，就是加入工资、综合运输价格指数进行修正。其中，衡量工资的指数，可以参考使用全国就业人员的平均工资来进行计算;综合运输价格指数可以参考使用居民消费价格指数(*CPI*)中的交通类居民消费价格指数来计算[116]。

3. 生产效率因子

设定生产效率因子 X 的本质是让消费者能够享受到被规制行业因生产效率提高而带来的福利。一般而言,计算生产效率因子 X 值的方法有三种,分别以英国、中国香港地区和美国为代表。

英国建立了一个比较复杂的经营模型,通过将不同的 X 值代入模型中,来预测使用该 X 值规制时带来的绩效情况,然后比较绩效值选取最优的 X 值。这种方法可以说是利用了预测的投资回报率来确定 X 值。

中国香港地区则通过倒推法来确定 X 值。具体公式如下:

$$X = CPI - \sum_{i=1}^{n} a_i \Delta P_i \tag{11-2}$$

式中,CPI 为消费物价指数,ΔP_i 表示不同产品的价格变动幅度,α_i 表示不同产品相对应的收入在总收入中的比重。该方法假定了一个前提,即被规制者价格变动原因就是生产效率提高所导致。

而美国则通过改进投资回报率管制来设定 X 值。具体公式如下:

$$X=(\mathrm{d}TFP_1-\mathrm{d}TFP)+(\mathrm{d}INPUT_1-\mathrm{d}INPUT) \tag{11-3}$$

式中,$\mathrm{d}TFP_1$ 表示被规制者全要素生产率的增长率;$\mathrm{d}TFP$ 表示全社会的全要素生产率的增长率;$\mathrm{d}INPUT_1$ 表示被规制者投入品价格指数的增长率;$\mathrm{d}INPUT$ 表示全社会投入品价格指数的增长率。公式(11-3)将 X 值分成了两个部分:一部分是被规制者全要素生产率的增长率超过全社会全要素生产率的增长率部分;另一部分是被规制者投入品价格指数增长率小于全社会投入品价格指数增长率的部分[117]。

比较这三种计算值的方法,英国使用预测的投资回报率来确定 X 值考虑到了未来被规制者的合理效益,但是其经营模型中考虑因素过多,且 X 值的确定比较繁杂。除此之外,给被规制者一定的收益率容易引起争议和寻租现象的产生。中国香港地区的倒推 X 值方法,在我国内地目前的高速铁路运价体系下,还无法实行。因为当前高速铁路出现的部分降价行为,并非是由于生产效率提高而带来了福利。而美国的两部分 X 值确定法,不仅具有一定的可操作性,也能起到激励被规制者努力提高自身生产效率的作用。

11.2 高速铁路运价上限受物价水平的影响

11.2.1 我国铁路客运价格调整幅度小于物价增加幅度

新中国成立以来，我国铁路客运价格只进行过五次较大的全面调整。第一次是1952年3月，关内外直通旅客列车开行，全国铁路除昆明铁路局外实行统一票价。第二次调价是1955年6月进行了一次带有改革性的全面调整，硬席客票价提高33.3%，基本票价为每人公里1.755分。从1955年至1985年来，基本票价30年没有发生变化。第三次全面调整客票价格是1985年5月1日起，对100 km以内的短途旅客票价平均上调36.75%。硬座客票价（不含市郊客票价）由每人公里1.755分上调到2.4分，短途软座客票价由每人公里3.071分上调到4.2分。因调整后100 km以内的客票价高于原101～120 km的客票价，故将100～160 km的客票价作了调整，其中普快、特快旅客列车的加快票价，分别按里程硬座票价的20%、40%计价；市郊票价由每人公里1分上调到1.5分，提高幅度50%。第四次全面调价是1989年9月5日，经国务院批准调整铁路客运运价，基本票价率由人公里1.755分调整为3.861分。自1995年10月1日起，为了缓解铁路客运价格偏低、企业严重亏损的问题，铁路客运价格进行了第五次调整，也是最近的一次客运价格全面调整。经国务院批准，旅客票价基价率从人公里3.861分调整到5.861分。这一基准票价率从1995年一直执行至今，保持了20多年不变。

自改革开放以来，我国经济迅速发展，物价水平不断上涨且上涨幅度远大于铁路客运价格上涨幅度。根据国家统计局2016年的数据，以1978年的居民消费价格和铁路客运运价基本票价率为基期数100，得出37年来我国居民消费价格和铁路客运运价基准票价率的变化和调整情况如图11-1所示。可以看出，2015年我国铁路客运基准票价率约是1978年的3.34倍，而同期我国居民消费价格则是1978年的6.15倍，远高于客运基准票价率的增加幅度。

11.2.2 我国高速铁路运价上限水平应定期进行调整

我国铁路客运价格虽然有所提高，但是提高的速度明显赶不上物价增加的速度。究其原因，主要是我国铁路客运价格实行政府定价，相关部门没有制定有关票价的联动机制，使得客运价格的制定长时间脱离物价水平。

我国高速铁路也存在类似的问题。自高速铁路开通以来，除了极少线路部

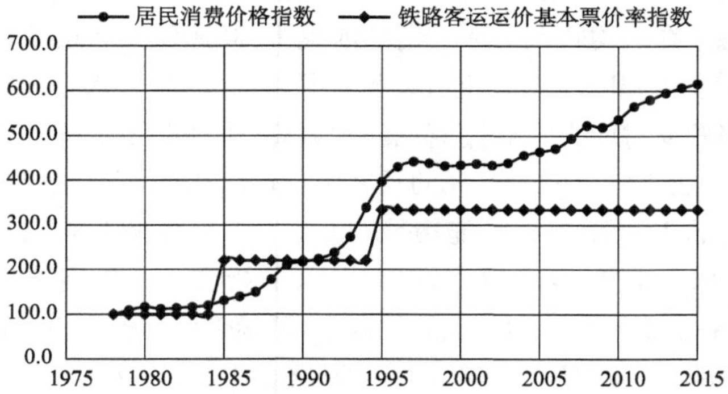

图 11-1　1975—2015 年我国居民消费价格指数和铁路客运运价基本票价率变化

数据来源:《中国统计年鉴 2016》、《铁路统计资料汇编》(2016 年)。

分列车在特定时间有一定的打折和东南沿海高铁部分车次调整过票价外,其他高客运价格几乎没有发生过变动。我国高速铁路具有经营性和公益性,为了提高高速铁路资源配置效率和促进公平,高速铁路运价在实行上限运价的同时,也要定期地对上限运价进行调整。

11.2.3　法国、美国实行运价与物价联动机制

国外建立的高速铁路上限价格与物价水平相联系的调整机制也为我国改革提供了经验。例如,法国高速铁路实行的是上限运价管理,上限运价每年会根据通货膨胀幅度进行上下调整。如 2012 年 7 月 9 日,法国环保和能源部宣布因受到通货膨胀的影响,从 8 月 1 日起铁路票价包括城市间及省级铁路列车票价的上限向上浮动 2%。美国的铁路运价也与物价水平相关联,具体来说就是建立了以铁路成本调整系数为基础的运价与物价联动机制。

11.3　高速铁路运价上限受人均收入水平的影响

11.3.1　上限运价联动机制应与人均收入水平相适应

收入水平决定了出行者的支付能力,直接影响乘客对不同交通方式的选择。不同收入水平旅客,他们的个人时间价值是不相同的,对运输服务的要求水平也自然不一样。单位时间价值越高的旅客,花在旅途中的时间机会成本就越高,对速度的要求越高,这类旅客倾向于速度快、服务好的运输方式,而对价格则相对

不敏感；而单位时间价值越低的旅客，花在旅途中的时间机会成本就越低，对价格相对更敏感。在人均收入水平一定的前提下，高速铁路客运票价的上涨会降低乘客的支付能力；相反，在一定的票价水平下，人均收入水平的提高会增强乘客对高速铁路的支付能力。通过随机问卷调查，也证明了上述的结论。具体来说，月收入水平在1 000～3 000元的乘客中，有32.08%可以接受的最高高速铁路票价是现价的1.1倍，7.81%能接受现价1.5倍的高速铁路票价；月收入水平在3 000～5 000元的乘客中，有7.63%的人能接受1.5倍现价的高速铁路票价；月收入水平在5 000～7 000元的乘客中，可接受最高价格为现价1.5倍的占了8.12%；在月收入水平大于7 000元的乘客中，该比例达到了12.88%，如图11-2所示。

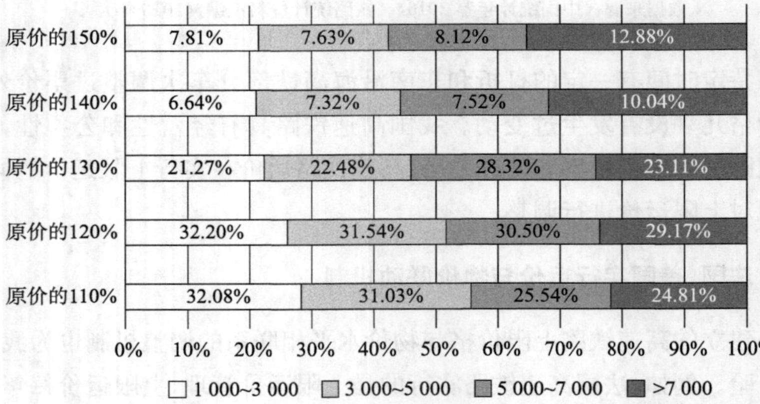

图11-2　乘客可接受最高票价与收入水平变化情况

数据来源：根据本书调查组调查数据统计而得。

当高速铁路票价不变时，随着收入水平的提高，乘客能接受此价格的比例也在增加。具体来说就是，当高速铁路票价涨至现价的1.5倍时，月收入水平在大于7 000元的乘客中，有12.88%的人能接受；而月收入水平在1 000～3 000元的乘客中只有7.81%能接受。当收入水平一定时，随着高速铁路票价的上涨，乘客可接受能力大体呈降低趋势。具体来看，当月收入水平在1 000～3 000元时，乘客可接受最高票价为现价1.1倍的比例为32.1%，最高票价为现价1.3倍的比例为21.3%，当最高票价为现价1.5倍是，该比例下降到了7.8%。不论是哪个收入水平的乘客，能接受最高票价为现价1.2倍的人数占的比例最大。综上所述，可以得出乘客可接受最高票价随收入水平的增加而提高的结论。因此，我国高速铁路上限价格的制定和调整都要考虑到人民的人均收入水平，使得价格在乘客的经济承受能力范围之内。

11.3.2 日本高速铁路充分考虑运价与社会职工平均日工资的关系

日本高速铁路在制定票价的时候十分注重票价与社会职工的平均日工资收入相适应。例如，新干线东京到新大阪线从 1964 年 10 月投入运营开始，新干线旅客票价先后经历了 17 次调整，从最初的 2 480 日元提高到 1989 年的 13 480 日元，票价提高了 4 倍以上，平均每年上涨 7%。随着新干线的运营至今，虽然表面上看，票价水平越来越高，但是与社会职工的平均日工资的比例却维持在 1 倍左右(见表 11-1)。从日本新干线票价调整的实践中可以看出，不仅高铁票价的制定要考虑旅客的工资收入水平，高速铁路上限价格调整也要充分考虑到乘客的经济承受能力。通过数据回归得到，东海道新干线的票价与社会职工日平均工资线性回归方程为 $y=1\ 712.510+0.916x$，x 为平均日工资(日元)，y 为票价(日元)，并且通过检验，表明东海道新干线的票价与社会职工日平均工资相关性显著。

表 11-1 日本东海道新干线东京—新大阪票价与劳动力平均日工资关系[118]

年月	票价(日元)	平均日工资(日元)	票价/平均日工资
1964.10	2 480	1 191	2.08
1966.03	3 330	1 456	2.29
1969.05	4 130	2 101	1.97
1975.11	5 510	5 991	0.92
1980.04	9 900	8 854	1.12
1985.04	12 600	10 852	1.16
1989.04	12 800	11 204	1.15
1993.04	13 065	11 665	1.12
2014.04	14 000	14 806	0.95

11.4 高速铁路运价上限受运营成本的影响

11.4.1 高速铁路成本分析

高速铁路运输成本主要包括固定资产基本折旧、运营成本、财务费用和管理费用四部分，运营成本是指铁路运输企业营运生产过程中实际发生的与运营生产直接有关的各项支出，包括运营作业成本和基础作业成本。如高速铁路在保持高速度的同时必须保障旅客的安全，这就需要专业人才定期对高铁进行维修，因此运输设备养护修理所耗费的材料、配件、燃料、电力及其他费用构成高铁的维修作业成本，发到作业成本主要为从事旅客发送的车站服务人员工资，而运行作业成本则主要包括列车乘务人员工资和列车牵引耗电支出；另外，高速铁路在生产运营过程中需要耗费大量的能源，每个座位的耗电量以及生产经营过程运输设备运用所消耗的材料、燃料、电力和其他费用等构成其能源成本。基本折旧是指高速铁路的固定资产折旧费。财务费用是指企业为筹集资金而发生的各项费用，主要指高铁建设期和运营期间的贷款利息。管理费用是高速铁路企业的管理支出。

在这四大类的成本中，除了运营成本相对具有不可控性之外，每年的基本折旧费用、财务费用和管理费用基本可以确定。而在运营成本中，电务及牵引电成本占了较大的比重。因此高速铁路上限价格一经制定之后，主要会受到运营成本中电价的影响。

11.4.2　运营成本中电力支出占比较高

我国高速铁路运输的动力是电力，而每年电费支出是高速铁路运营成本中的一大项费用。以京沪高速铁路为例，2013 年至 2017 年，京沪高速铁路股份有限公司总营业成本为 892 亿元，其中电费 126 亿元，占比 14.0%。另外，东南沿海铁路杭甬有限责任公司 2016 年总支出 13.9 亿元，其中财务费用 6.1 亿元，折旧 2.7 亿元，委托运营费 2.0 亿元，电费 3.1 亿元，占比 22.3%。

11.4.3　运营成本中工资等支出占比较高

铁路运输属于劳动密集型服务，高速铁路运输需要大量的人力资源，例如，站车服务人员、基础设施维修和养护人员、车辆检修人员、司乘人员、管理人员等等。在高铁运输总支出中，职工的工资及社会保障性的支出占比较高，并且随着经济社会发展而增长。

11.4.4　德国和法国高速铁路因职工工资上调而上调运价

由于德国铁路公司与两个铁路工会组织达成了工资上调 4.5%的协议，直接导致铁路公司运营成本上升，每年多支出约 2.5 亿欧元。为了平衡支出，2007

年 12 月 9 日，德国铁路公司上调价格，使得票价上涨了 2.9%。

法国高速铁路价格上涨则是由于法国法定最低工资标准(SMIC)提高了 5.8%，使得人工成本上涨。高速铁路(TGV)每张票涨价范围为 0.5～3 欧元。法定最低工资的增长不仅使得法国高速铁路价格上调，法国铁路公司和巴黎公交公司(RATP)的车票价格也相应地进行了涨价。如舒适特快车(CORAIL)的票价按路程的长短上涨 0.1～3 欧元。

11.5　模型的建立

根据上限价格规制理论和境外高速铁路运价调整机制的实践经验，在建立高速铁路客运价格上限价格的联动机制时，要同时考虑到两个方面的因素：高速铁路企业自身的成本因素和居民的支付能力因素。对于高速铁路企业来说，需要考虑的成本因素主要指电价和职工工资；对于居民来说，影响支付能力的因素主要指 *CPI* 和人均可支配收入。根据以上影响因素，建立以下两种类型的模型，即从成本角度来建立的模型和从收入角度来建立的模型。

11.5.1　基于成本因素的高速铁路运价上限联动模型

成本是企业制定商品价格的最低经济界限，价格高于成本将产生利润，价格低于成本将带来亏损。但是受高速铁路企业本身的性质和国家政策的限制和要求，在高速铁路客运价格制定过程中不能把追求利润最大化当作目标，但同时作为独立的经营性主体仍需充分考虑企业经营成本。因此，在建立高速铁路上限价格与成本的联动模型时，要同时考虑到电力成本和人工成本即职工工资这两个因素的影响，具体模型如下：

$$P_t = P_{t-1} \times (1 + \alpha\Delta E + \beta\Delta I) \tag{11-4}$$

式中，P_t是指当期高速铁路的上限运价；P_{t-1}是指上一期高速铁路的上限运价；ΔE 是指电价增长的幅度；ΔI 是指全社会在岗职工平均工资增长率。在岗职工平均工资指本单位在岗职工在报告期内平均每人所得的工资额，等于在岗职工工资总额除以在岗职工平均人数。此处使用全社会在岗职工平均工资增长率来代表高速铁路企业内职工工资增长率更加客观合适，因为使用全社会平均工资这个数据而非高速铁路企业职工平均工资，可以排除高速铁路企业人为提高企业内部职工工资来增加运营成本，从而要求提高上限价格这一可能。

α表示的是电费支出占运营成本的比例。β表示的是人工成本占运营成本的比例。

当电价增加时，高速铁路经营成本也相应增加，上限价格可以增加的幅度为$\alpha\Delta E$；当社会在岗职工平均工资提高时，高速铁路企业的人工成本也提高了，上限价格可以增加的幅度为$\beta\Delta I$；当电价和社会在岗职工平均工资都增加时，根据成本端的模型，高速铁路上限价格可以增加的幅度为$\alpha\Delta E+\beta\Delta I$。该模型表明了，随着高速铁路企业经营成本在不可控的情况下提高，高速铁路上限价格也可以相应提高，从而减少高速铁路企业的亏损。

11.5.2 基于居民支付能力因素的高速铁路运价上限联动模型

高速铁路作为众多运输产品的一种，其供给和需求同样影响着运价。高速铁路的潜在需求由居民的出行目的决定，而潜在需求变成现实需求取决于居民的支付能力。居民的支付能力主要受其收入的影响。当居民的实际收入提高时，显然其支付能力会提高。需要注意的是，收入提高并不一定总是能提升其支付能力。收入提升的同时，物价也在发生着变化，只有收入提高的幅度大于物价上升的幅度时，居民的支付能力才能得到提升。所以，在考虑乘客对高速铁路的需求变化时，应关注实际收入的变化，只有实际收入提高时，居民的支付能力上升，才会增加对高速铁路的需求。因此，在建立高速铁路客运票价上限价格与收入的联动模型时，应剔除通货膨胀的影响，具体模型如下：

$$P_t=P_{t-1}\times(1+\Delta I_t-\Delta CPI_t) \tag{11-5}$$

式中，P_t是指当期高速铁路的上限运价；P_{t-1}是指上一期高速铁路的上限运价；ΔI_t是指当期人均可支配收入的增长率；ΔCPI_t反映当期通货膨胀率，是用居民消费价格指数作为衡量通货膨胀的指标，居民消费价格指数是反映一定时期内居民所消费商品及服务项目的价格水平变动趋势和变动程度。

根据国家统计局的数据，1978 年至 2015 年我国城镇居民收入水平增长率在 5%～36%之间，城镇居民消费价格指数增长率，除个别年份外，与城镇居民收入水平增长率的增长趋势大致保持一致，只有极个别年份呈现相反的趋势（如图 11-3 所示）。由此计算出来的 1978 年至 2015 年剔除通货膨胀因素的城镇居民收入水平平均增长率为 7.6%。除 1988 年外,其他年份实际城镇居民收入水平都呈现正的增长。由此可见,我国居民的实际人均可支配收入维持着正的增长趋势。因此我国高速铁路的上限运价可以随着实际收入的增长而增长,建立高速铁路运价与人均可支配收入之间的联动机制,定期根据实际可支配收入增长率调整高速铁路上限价格。

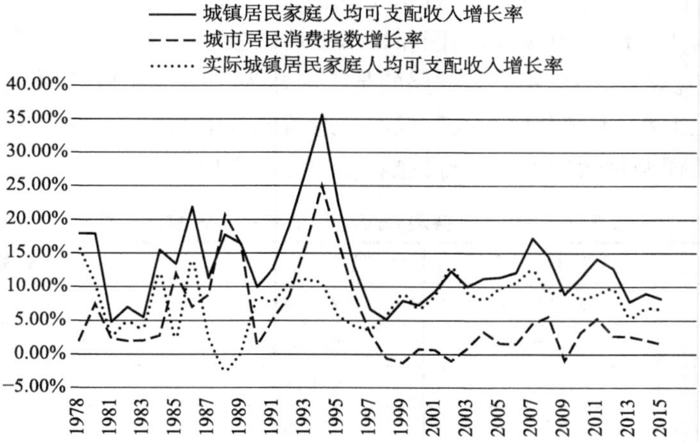

图 11-3　1978～2015 年人均可支配收入与 *CPI* 变化情况

数据来源:《中国统计年鉴 2016》。

11.6　适合我国高速铁路运价上限的调整机制

上一节从成本角度和居民人均收入角度分别建立了高速铁路运价上限调整机制的两个模型。由于在这两个模型中,全社会在岗职工平均工资增长率和通货膨胀率这两个因素不是相互独立的,因此无法将这两个模型合并考虑,需要分开讨论这两个模型对我国建立价格上限调整机制的适用性。

在基于成本的价格上限联动模型中,隐含的前提条件有四个:一是成本尤其是运营成本可以准确测量,只有这样才能测算出模型中的系数 α 和 β;二是电价在运价上限的调整期间内随着市场变化而变化;三是目前行业内员工人数是经济的,不存在过多用工;四是使用成本联动模型的企业是以盈利为企业目标的。

11.6.1　不适合基于内在成本因素的运价上限调整机制

所谓内在成本因素就是高铁及相关企业的内部原因如用工不规范、管理不善等。就我国高速铁路的实际情况而言,不适合建立基于内在成本因素的运价上限调整机制。

首先,我国铁路行业的用工制度市场化程度低。中国铁路总公司是从原铁道部政企分开后组建的国有独资企业。长期以来,我国铁路行业政企不分,市场化程度低,劳动用工沿袭了计划经济时期的制度。近些年来,铁路行业尽管也采取了减员增效等措施,但铁路每公里员工人数仍然较高。2015 年底我国铁路总里程为 12.1 万 km,整个铁路系统员工人数为 209.03 万人,平均每公里的铁路员工人数为 17.3 人,而法国、德国和日本平均每公里的铁路员工人数为 7~9 人(见表 11-2)。我国平均每公里铁路的员工人数为法国、德国和日本的 2 倍左右。过多的员工人数,无疑会增加人工成本在运营成本中的比重,如果以成本建立上限价格联动模型对运价上限进行调整,显然是不合理的。

表 11-2　2013 年各国铁路总长度和员工人数比较情况

国家	铁路总里程(km)	员工人数(人)	员工人数/铁路总里程
法国	29 488.00	249 343	8.5
德国	41 300.00	287 508	7.0
日本	27 400.00	201 000	7.3
中国	103 144.00	2 045 600	17.3

数据来源:根据《2013 年铁道统计公报》和《财富》官网数据整理。

其次,高速铁路运营成本难以准确测算。我国高速铁路是由高铁公司委托给沿线铁路局运营的,由于高铁公司与铁路局存在地位不对等、信息不对称,所以在委托运营费的谈判中处于弱势地位,导致委托运营费比实际运营成本高,占总成本的比例高。例如,2016 年,京沪高速铁路股份有限公司总成本为 167.5 亿元,其中委托运营费为 80 亿元,占总成本的 47.8%。

最后,我国高速铁路具有公益性质,运价调整不能只考虑成本因素,必须明确对公众的责任,考虑目标顾客的承受力。不仅如此,由于国有产权界定模糊,铁路管理层缺乏严格的成本约束。如果将成本作为定价依据,不仅使企业失去降低成本的压力和动力,而且还会诱使企业虚增成本,从而用成本推动价格上涨,最终倒逼政府提高价格。

11.6.2　适合基于电价变化的运价上限调整机制

我国高速铁路运输的动力是电力,动车组高速运行需要大动力而且动力是分散分布的,所以耗电量巨大。据不完全统计,我国高速铁路运营的电费占运营成本的比重超过了 25%。而且,电价的变化不是高速铁路企业所能控制的,因此电价变化因素应纳入运价上限调整机制中;加之,我国的电价不是经常变动,基于电价变化的运价上调机制可操作性强。

11.6.3　适合基于实际支付能力的运价上限调整机制

基于收入因素的运价上限调整机制具有合理性和可行性。首先，根据居民实际支付能力来调整高速铁路上限价格，可以保证高速铁路的上座率和现金流，也体现社会公平原则。实际支付能力取决于居民的实际收入水平，而实际收入水平与可支配收入和通货膨胀有关。通过与居民实际收入水平保持方向一致变化，不仅能使居民保持具有乘坐高速铁路的能力，还能在通货膨胀时期有效保障高速铁路企业的利益，减少通货膨胀对其带来的损失。

其次，从国情来看，我国仍处于社会主义的初级阶段，人均收入水平还不高。将高速铁路上限价格与居民实际收入联动，可以使得高速铁路客运价格在不同经济环境背景下都能保持在多数人可以接受的范围内。

最后，模型的相关影响因素相对而言都可以准确测量，如我国国家统计局每年都会统计计算人均可支配收入和通货膨胀率这两个指标，数据准确且比较容易获取，模型的实际操作性好。

综上所述，我国高速铁路运价上限水平应根据购买力水平和电价的变化进行周期性调整，购买力水平变化程度等于人均可支配收入增长率与通货膨胀率之差。调整机制为：

$$P_{t+1}=P_t\times[1+\alpha(\Delta I-CPI)+\beta\Delta E] \tag{11-6}$$

式中，P_t是当期的高铁运价上限；P_{t+1}是下一期的高铁运价上限；ΔI 是人均可支配收入增长率；CPI 是通货膨胀率；α 是交通支出占总支出的比例；β 是电费占运营成本的比重，ΔE 是电价变化率。

11.7　我国高速铁路上限运价的调整周期

有的学者在关于上限价格管制研究中，涉及上限价格的调整周期。例如，让-雅克．拉丰(2003)在《政府采购与规制中的激励理论》一书中认为“价格上限规制在某段时间之内也固定企业的价格……规制检查之间的间隔是外部给定的(通常是 4 到 5 年)”[119]。张昕竹(2004)在《中国铁路规制与竞争：理论与政策》一书中认为在价格上限规制中，价格控制一般保持在 4～5 年不变，保证企业在此期间有降低成本的动机[120]。

典型国家对高速铁路上限运价进行周期或不定期调整，日本新干线上限运价调整周期为 3 年，由铁路客运企业申请，运输审议会审议，国土交通省批准。

法国高速铁路上限运价调整周期是1年，由政府根据基准成本、居民人均收入变化情况进行调整。德国高速铁路上限运价调整周期不定，最高票价由法律规定。日本高铁网络与旅客运输是“上下一体”的区域公司模式，区域公司之间存在竞争和过轨运输关系。德国和法国的高铁网络与旅客运输是“网运分离”模式，铁路网络和旅客运输各由一家企业运营，不同的是德国的铁路运输公司是私企业，法国铁路运输公司是公企业。

我国高速铁路正处于快速发展时期，已开通的高铁运营时间也不长，已建成或将建成的高铁网络规模大，覆盖东、中、西部地区和东北地区。我国高速铁路网络和旅客运输，表面上是“网运分离”模式，实际是“上下一体”模式，因为高铁网络由中国铁路总公司旗下的众多高速铁路公司所有，由中国铁路总公司旗下的有关铁路局受托运营；从理论上看，“上下一体”的铁路公司具有较大的市场势力。而且，中国铁路总公司属于国有独资企业。综合考虑我国铁路的实际情况，高速铁路上限运价的调整周期应该相对长一些，尤其是在铁路真正的市场主体确立之前。在铁路真正的市场主体确立之后，从实行上限运价形式的政府指导价开始，每隔5年调整一次上限运价为宜。这样既可以保证铁路企业在此期间有降低成本的动力和行动，同时给予铁路企业在运价上限范围内有较为充分的时间进行运价“试错”，为上限运价调整和科学研究，积累更多运价“试错”的运量、成本等数据。而且，根据《价格法》的有关规定，每次调整高铁运价上限需召开听证会。

12 效率与公平的我国高速铁路运价策略

运价策略是指运输企业在运价权限内根据市场需求的特征，通过采取灵活的差异化运价等方式增加生产者剩余，实现企业经营目标。更有效率和更加公平的运价策略是通过运用运价差异化策略，提高企业经营效率，同时增进消费者福利。

根据 2015 年 12 月国家发改委发布的《关于改革完善高铁动车组旅客票价政策的通知》，从 2016 年 1 月 1 日起，我国铁路运输企业完全拥有了高速铁路运输的定价权。我国高速铁路一等座和二等座实行上限运价形式的政府指导价，商务座、特等座和动卧实行市场调节价。高速铁路企业在此价格权限内，应根据需求的特征，运用灵活的差异化运价策略，提高效率和更加公平。本章建立效率与公平的高速铁路运价策略分析框架，并基于需求弹性研究高铁运价差异化策略，为提高铁路经营效率，改善铁路运输企业经营状况，促进高速铁路健康发展和体现机会公平和结果公平提供一种思路。

12.1 效率与公平的高速铁路运价策略分析框架

12.1.1 有关理论

1. 收益管理理论

经典的经济学假设企业以追求利润最大化为目标，然而在现实中，对于处于规模经济显著行业的企业，由于固定成本占总成本比重太高，所以很难实现利润最大化。为此，收益最大化就成了这些行业中的企业的首要经营目标，以增加现金流量，尽可能覆盖财务费用、变动成本和折旧，维持企业的持续经营。

收益管理诞生于 20 世纪 80 年代，最早在运输领域的应用始于美国的航空业。所谓收益管理是指以市场为导向，运用预测和优化科学决策理论和手段，把产品按不同的价格适时地卖给不同类型的顾客，从而实现收益（收入）最大化的过程。美利坚航空公司对收益管理的表述为：收益管理是一套在正确的时间、正确的地点、把正确的产品（座位）销售给正确的旅客的方法，是为了实现收入最大化而进行的有选择地接受和拒绝订座的过程。

收益管理设计的两个核心为题是:差别定价和相关的座位存量控制。差别定价是依据顾客需求的多样性以及在不同时间座位对于旅客的价值的差别等因素,将运输产品(座位)设定为不同价格的过程。座位存量控制是对未来任一给定运输工具上不同等级票价所对应的座位数的限制的过程[121]。

收益管理是企业谋求收益最大化的新经营管理技术。收益管理把科学的预测技术和优化技术与现代计算机技术完美地结合在一起,将市场细分、定价等营销理论深入应用到了非常细致的水平,形成了一套系统的管理理念和方法,使航空售票成为精确化程度很高的营销。收益管理下的航空售票在每一张机票的售出时都追求航班收益最大化和航空公司整体收益最大化。收益管理的基本特征就是"精确的营销"和"以收益为中心"。其思想要包括以下 7 个核心观念:①在平衡供给和需求时主要考虑的是价格而不是成本;②对市场进行精确的细分,并采用多种价格以满足每个细分市场的价格敏感性;③用以市场为基础定价代替以成本为基础定价;④为最有价值的旅客保留座位;⑤根据所掌握的客观情况做出决策;⑥开发产品价值链;⑦持续地重新评估机会,科学地进行决策[122]。

价格策略的核心是企业在价格权限内,针对不同顾客的不同需求,对不同产品或相同产品实行各种差异化的价格策略,实现收益(收入)最大化。

2. 价格歧视理论

价格歧视是指具有市场势力的厂商对同一产品索取不同价格的行为。通过运用价格歧视策略攫取消费者剩余并将它转化为生产者剩余。价格歧视策略有多种常见的形式。

(1)完全价格歧视,即具有市场势力的厂商按每一个人意愿支付的最高价格定价,在这种情形下,全部消费者剩余都被生产者榨取,消费者剩余为零,却增加了生产者的生产者剩余,使之等于完全竞争时消费者剩余和生产者剩余的综合。完全价格歧视时的无谓损失为零,因此实现了效率,但从社会角度看,收取"使用者意愿支付"的价格是不可取的,因为这会造成分配上的不良后果[123]。由此可见,完全价格歧视能提高具有市场势力的厂商的投入产出效率,但对使用者(消费者)不公平。

(2)二级价格歧视,即具有市场势力的厂商根据消费者对同一产品购买数量的不同索取不同价格的行为。如通常所说的数量折扣、阶梯定价属于二级价格歧视;弗里德曼(1979)提供了美国铁路按长短距离的差别实行这种策略的典型例子[124]。在数量折扣的情形下,二级价格歧视可能会增加生产者的剩余,对于消费者而言，多消费的部分会增加福利。

(3)三级价格歧视，即具有市场势力的厂商根据需求弹性不同，将消费者分为两个或多个组群，对需求弹性较小的组群实行较高的价格；对需求弹性较大的组群实行较低的价格。

(4)跨期价格歧视，即具有市场势力的厂商利用不同的需求弹性把消费者分为不同的组别，并通过在不同的时点对消费者索取不同的价格的行为。例如，夜间电影的票价高于白天的电影票价。

(5)负荷定价，即具有市场势力的厂商按照不同时点索取不同价格的一种价格歧视形式。对于某些商品和服务，在特定时间会出现需求高峰。例如，交通高峰时间的公共交通、节假日的交通运输等。高峰负荷定价最适合于负荷能力限制和需求弹性较小的产品。一般地，在高峰时间，供给能力限制而且需求缺乏弹性；在非高峰时间，供给能力充足而且需求富有弹性。因此，在高峰时间可实行较高的价格，而在低谷时间实行较低的价格。在高峰期与非高峰期收取不同的价格对垄断者是有利的，也可以改进整个社会资源配置的效率，因为高峰负荷定价使价格接近于边际成本，这将使消费者剩余与生产者剩余的总额最大。从本质上来看，价格歧视就是收取“使用者意愿负担的费用”，只要费用足以弥补边际成本。换句话说，价格歧视就是试图确定每个消费者(或者更现实地说，每一个可辨认的顾客群体)愿意为运输服务支付的最大数额。需求曲线反映除消费者的支付意愿[125]。

3. 需求的弹性理论

在西方经济学中，弹性是一个重要概念，与需求有关的弹性包括需求的价格弹性、需求的收入弹性和需求的交叉弹性。需求的价格弹性(简称需求弹性)是需求对价格变化的反应程度，用需求量变化的百分比除以价格变化的百分比表示。需求的收入弹性(简称收入弹性)是需求对收入变化的反应程度。需求的交叉弹性是需求对相关产品价格变化的反应程度。

影响需求弹性的因素主要有：①商品的价格水平。一般而言，价格水平较高时，需求弹性较大；价格水平较低时，需求弹性较小。②商品的替代性。通常情况下，商品的可替代产品越多，需求弹性越大；可替代产品越少，需求弹性越小。③商品对人们生活的重要程度。例如，在需求旺季，商品对人们生活的重要程度较高，需求弹性较小；在需求淡季，商品对人们生活的重要程度低，需求弹性较大。④人均收入水平。一般地，人均收入水平越高，商品的需求弹性越小；收入水平越低，需求弹性越大。

三级价格歧视、跨期价格歧视和高峰负荷定价与需求弹性有密切的关系。

也就是说，需求弹性可以是实施价格歧视的依据。

12.1.2 高速铁路的需求弹性及其影响因素

高速铁路客运需求与自身运价、人均收入水平和相关运输产品的价格有关。由于短期内的人均收入水平相对稳定，所以假设高速铁路的需求函数为：

$$Q=f(P,I,P_r) \tag{12-1}$$

其中，Q 为高速铁路运输需求量；P 为高速铁路的运价；P_r 为相关运输产品的运价；I 为人均收入水平。

同样，高速铁路运输需求弹性是高速铁路运量对运价变化的反应程度，用高速铁路运量变化的百分比除以运价变化的百分比表示。

用 ΔQ 和 ΔP 分别表示高速铁路运输需求量的变动量和运价的变动量，用 e_d 表示需求的价格弹性系数，则：

$$e_d=\frac{\Delta Q}{Q}\div\frac{\Delta P}{P} \tag{12-2}$$

用 ΔQ 和 ΔP_r 表示高速铁路运输需求量的变动量和相关运输方式运价的变动量；e_s 表示高速铁路运输需求的交叉价格弹性系数。则：

$$e_s=\frac{\Delta Q}{Q}\div\frac{\Delta P_r}{P_r} \tag{12-3}$$

根据需求弹性理论，影响高速铁路运输需求弹性的因素主要有：①高速铁路的运价水平。一般而言，运价水平较高时，需求弹性较大；运价水平较低时，需求弹性较小。②高铁运输的替代性。通常情况下，高铁客运的可替代产品越多，需求弹性越大；高铁的可替代产品越少，需求弹性越小。例如，在综合运输通道，高铁、民航、高速公路客运竞争，高铁的替代性较强，高铁运输需求弹性较大。③高铁对人们生活的重要程度。例如，在需求旺季，高铁对人们生活的重要程度较高，需求弹性较小；在需求淡季，高铁对人们生活的重要程度低，需求弹性较大。④人均收入水平。一般地，人均收入水平越高，高铁运输需求弹性越小；收入水平越低，高铁运输需求弹性越大。

12.1.3 高速铁路收益与需求弹性的关系

一种商品的收益等于该商品的需求量与价格之积，记为 $R=Q\times P$。绝大多数商品的需求量与价格呈现负相关关系。对于高速铁路而言，每一个起讫点运输对应一种运输产品。所以，高速铁路运输产品非常之多，一条高速铁路运输的收益由多种运输产品的运量及其票价的乘积之和构成。为了简便起见，在这里只针对一种运输产品，可以得到：

$$\frac{dR}{dP}=\frac{d(P\times Q)}{dP}=Q+P\times\frac{dQ}{dP}=Q\left(1+\frac{P}{Q}\times\frac{dQ}{dP}\right)=Q(1+e_d) \qquad (12\text{-}4)$$

式(12-4)表明高铁运输收益与需求弹性关系密切。这种关系可归纳为三种情况:第一种情况,在其他条件不变的情况下,对于富有需求弹性的高铁运输产品或当高铁运输产品富有弹性时(即$|e_d|>1$),降低票价可增加运输收益,提高票价会减少运输收益。第二种情况,在其他条件不变的情况下,对于缺乏需求弹性的高铁运输产品或当高铁运输产品缺乏弹性时(即$|e_d|<1$),降低票价会减少运输收益;提高票价可增加运输收益。第三种情况,在其他条件不变的情况下,对于单位需求弹性的高铁运输产品或当高铁运输产品处于单位弹性时(即$|e_d|=1$),降低票价或提高票价对运输收益不会产生影响。

12.1.4　高速铁路运价策略综合分析框架

具有市场势力的高速铁路企业运用运价策略提高效率的前提是识别不同的运输需求并以不同的运价满足不同的运输需求。尽管高铁企业凭借其市场势力攫取了部分的旅客消费者剩余,从而提高了投入产出效率,但与此同时,在旅客内部,消费者剩余也发生转移,从低需求弹性的群体转移到高需求弹性的群体,在一定程度上促进公平。如图12-1所示,效率与公平的高速铁路运价策略与运输需求空间、运输需求时间、运输需求数量和运输需求弹性密切相关。运输需求空间按经济社会发展水平分为发达地区运输需求、较发达地区运输需求、欠发达地区运输需求;运输需求时间按峰谷分为高峰(旺季)运输需求和低谷(淡季)运输需求;运输需求数量可分为运输需求数量(人数)、运输需求距离和运输需求次数;运输需求弹性按收入分为:高收入群体的需求弹性、中收入群体的需求弹性和低收入群体的需求弹性。

图12-1　效率与公平的运价策略综合分析框架

12.2 我国高速铁路运输需求的空间差异

我国高速铁路空间分布广，已连通东部地区、中部地区、西部地区和东北地区。由于地区发展水平、人口规模以及沿线地区的人口集聚程度的差异，高速铁路运输需求具有明显的空间差异性。

表 12-1 是 2015 年我国部分高速铁路线路（区段）旅客发送量、旅客运输周转量、运输强度和运输密度数据。运输强度是指一条线路（区段）每公里所承载的运量（这里用旅客发送量替代），主要用于衡量线路的运输负荷；运输密度是指一条线路（区段）每公里所完成的运输周转量，主要用于衡量线路的运输效率。从该表可以看出：①不同高铁线的需求量（旅客发送量、旅客运输周转量）差距较大，如东部地区的京沪高铁、杭深高铁等旅客发送量和旅客运输周转量较大，中西部地区的石太客专线和徐兰高铁线郑西段较小。②不同地区高铁需求量差距较大，总体上，东部地区线路较大，如杭深线等；中西部地区线路较小，如徐兰高铁线郑西段等。③不同地区线路运输强度和运输密度差异较大，东部地区线路最大，如京沪高铁、沪宁城际等；中西部地区线路较小，如徐兰高铁线郑西段等。④海南东环线的旅客发送量和运输周转量、运输强度和运输密度都较小，主要原因是海南人口规模较小。

表 12-1　2015 年部分主要高铁线路（区段）运输数据

高铁线（段）	旅客发送量（万人）	旅客运输周转量（亿人公里）	运输强度（万人/公里）	运输密度（万人公里/公里）
京沪高铁线	9 660	635.57	7.3	4 822
京津城际线	2 820	32.81	23.5	2 734
沪宁城际线	7 178	126.53	23.8	4 204
广深港线	3 372	40.12	30.4	3 614
广珠城际线	2 636	18.83	14.9	1 064
广九线	3 580	38.24	19.6	2 090
杭深线	13 296	457.65	9.1	3 126
宁杭高铁线	2 085	69.49	8.4	2 791
胶济客专线	3 681	143.70	10.1	3 959
京广高铁线	9 886	763.26	4.4	3 321
沪昆高铁线沪新段	8 949	294.78	6.1	2 015
京哈高铁线沈哈段	1 504	92.05	2.8	1 711
沈大高铁线	2 070	61.05	5.2	1 526
石太客专线	1 152	67.74	5.0	2 920
宁蓉线宁渝段	6 646	351.76	4.9	2 585

续上表

高铁线(段)	旅客发送量（万人）	旅客运输周转量（亿人公里）	运输强度（万人/公里）	运输密度（万人公里/公里）
昌九城际线	776	43.90	5.5	3 092
徐兰高铁线郑西段	1 561	58.89	3.1	1 166
海南东环线	1531	28.86	5.0	937

数据来源：旅客发送量和旅客运输周转量来源于《铁路统计资料汇编》(2016)；运输强度和运输密度分别根据旅客发送量、旅客运输周转量和线路长度计算而得。

图 12-2 和图 12-3 是 2015 年主要高铁线路运输强度和运输密度的排序情况。从图 12-2 可以看出：东部地区城际铁路的运输强度较大，中西部地区高铁的运输强度较小，如徐兰高铁线郑西段和京哈高铁线沈哈段最小。从图 12-3 可以看出：京沪高铁、沪宁城际、胶济客专等东部地区主要高铁线运输密度较大，沈大高铁、徐兰高铁郑西段等中西部高铁和海南东环线等沿线人口密度较小的高铁运输密度较小。

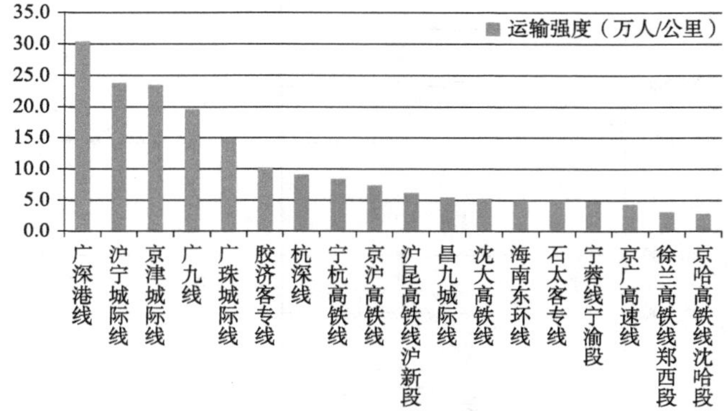

图 12-2 2015 年主要高铁线(段)运输强度排序

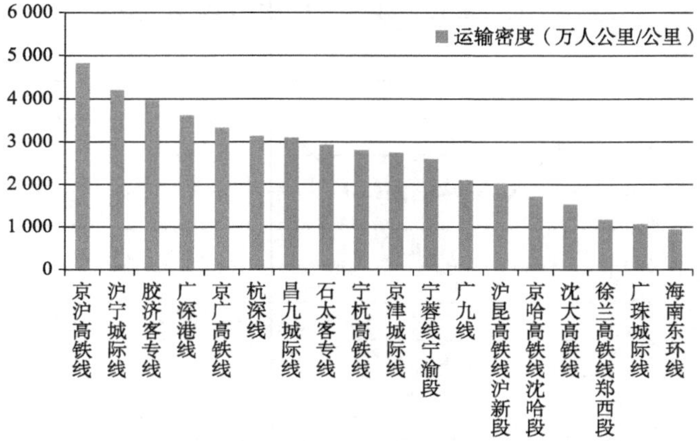

图 12-3 2015 年主要高铁线(段)运输密度排序

12.3 我国高速铁路运输需求的时间差异

我国人口多，地区和城乡发展不平衡，人员流动性大，对运输需求巨大。由于传统文化、节假日、旅游季节等因素的影响，我国运输需求具有明显的季节性特征。对高铁运输也是如此，而且，高速铁路速度快，同城化趋势和职住分离现象明显，商务流一日往返、两日往返也成为可能。高速铁路需求不仅表现为季节性特征，而且表现为出行峰谷特点。

图 12-4(a)和图 12-4(b)分别是 2016 年每月铁路旅客发送量和旅客运输周转量的时间分布图。从图中可以看出：2 月、7 月、8 月和 10 月的旅客发送量和旅客运输周转量较大，其中 8 月最大。3 月、11 月和 12 月的旅客发送量和旅客运输周转量较小，其中 11 月和 12 月最小。

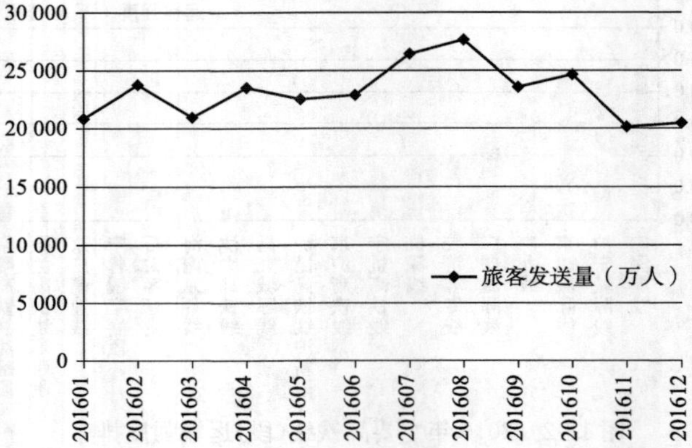

图 12-4(a)　2016 年 1～12 月份铁路旅客发送量

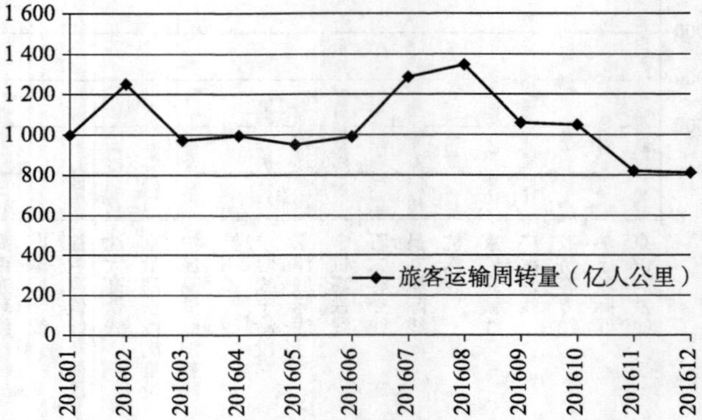

图 12-4(b)　2016 年 1～12 月份铁路旅客运输周转量

由于高铁线路需要每日检修，所以从1点左右到4点左右为“天窗”时间，期间列车不运行或间断运行。从每天看，根据12306网站的车次数据，对于中长距离线路，考虑到半天达或当日达的出行时间需求，8～10点和16～18点发车频次较高，是高铁出行需求的高峰时间；对于短距离线路，由于考虑到当日往返的出行时间需求，7～9点和17～20点发车频率较高，是高铁出行需求的高峰时间，其余时间的发车频次一般较低。

12.4 我国高速铁路运输需求的数量差异

由于高铁旅客的出行目的不同，对高速铁路的需求量具有差异性，主要表现为乘坐高铁的频次、一次出行的人数、出行距离、单程和往返等差异。

从乘坐高铁的频次看，根据对高铁乘客的2 918份问卷数据可知：每周乘坐高铁1～2次的乘客为160人，占比5.5%；每月乘坐高铁1～2次的乘客为622人，占比21.3%；几个月乘坐1次的乘客为1 143人，占比39.2%；极少乘坐高铁的乘客为993人，占比34.0%。

从出行距离看，不同线路的平均运距不同，表12-2是2015年不同线路的平均运距，根据线路长度不同，平均运距也有差异。同一线路内，由于乘客的出发站和到达站不同，出行距离有长有短。再以京沪高铁2016年的数据为例，其总运量为14 453.7万人，平均运距为510 km，其中本线运量为5 102.5万人，北京与上海区段直达乘客约占本线运量的20%。

表12-2 2015年部分高铁线路的平均运距

线路名称	平均运距(km)
京沪高铁线	658
京津城际线	116
京广高铁线	772
京哈高铁线沈哈段	612
沈大高铁线	295
胶济客专线	390
徐兰高速线郑西段	377
沪宁城际线	176
沪昆高铁线沪新段	329
广九线	107
广深港线	119

续上表

线路名称	平均运距(km)
广珠城际线	71
宁蓉线宁渝段	529
杭深线	344
宁杭高铁线	333
海南东环线	189

数据来源:根据《铁路统计汇编》(2016)计算而得。

12.5 我国典型高速铁路运输需求的弹性测算

经过十多年的快速发展,我国"四纵四横"高速铁路骨架网基本成型,珠江三角洲、长江三角洲和京津冀等城市群城际铁路系统初步建成。选取京沪、京广、郑西高速铁路和京津城际铁路作为典型高速铁路,主要原因是:①京沪高速铁路地处东部地区,沿线经济发达;京广铁路主要处于中部地区,沿线经济较发达;郑西高速铁路地处中西部地区,沿线经济欠发达;京津城际铁路连接北京和天津两座巨型城市。②京沪、京广、郑西高速铁路分别是"四纵四横"高速铁路的"两纵"和"一横"中的一段,是高速铁路网中的主干线,京津城际铁路在城际铁路中具有代表性。③这四条高速铁路的运营里程具有代表性。京广铁路全长 2 118 km,京沪高速铁路全长 1 318 km,郑西高速铁路全长 505 km,京津城际铁路全长 120 km。

12.5.1 数据获取

我国高速铁路运营历史较短,而且基本没有采取灵活的运价策略,尤其是占座席比重最高的二等座运价没有变化,所以没有不同运价水平下的运量数据。为了测算高速铁路的需求弹性,采用问卷调查法,通过在问卷中设置不同情境,获取在其他因素不变的条件下票价的变化引起的高铁需求量的变化量数据。问卷调查共收回有效问卷 4 146 份。

根据我国高速铁路的需求特征,在设计调查问卷时对以下情况进行了区分,分别获取有关数据:①我国高速铁路客运需求表现出明显的季节性,所以区分了旺季和淡季两种情形。②高速铁路的席别为一等座、二等座、特等座和商务座,其中二等座和一等座的数量占总座席数量的 95%以上,所以重点获取二等座和一等座的有关数据,特等座和商务座不作为测算的对象。③对不同职业和不同收入的群体进行了区分。④区分已乘坐过高速铁路的乘客和未乘坐过高速铁路的乘客。

12.5.2 典型高速铁路运输需求弹性测算

由于不同群体在不同季节对高铁票价变动的敏感程度不同，所以在测算需求弹性时，分别针对不同季节和不同群体进行测算。

1. 不同季节的高铁需求弹性

表 12-3 表示典型高速铁路旺季票价上涨 10%、20%、30%和 40%的需求弹性，从中可以看出：在旺季，典型高速铁路运输需求对运价上浮富有弹性，而且弹性较大，表明即使在旺季人们对高铁票价上涨也很敏感，但对铁路运输仍然是刚性需求。

表 12-3 典型高速铁路旺季需求的价格弹性

价格上浮幅度	京沪高铁	京广高铁	郑西高铁	京津城际
10%	−2.60	−2.78	−2.34	−2.54
20%	−2.70	−2.87	−2.31	−2.85
30%	−2.60	−2.96	−2.55	−2.75
40%	−2.20	−2.31	−2.02	−2.26

表 12-4 表示典型高速铁路淡季票价下浮 10%、20%、30%和 40%的需求弹性，从中可以看出：在淡季，典型高速铁路运输需求对票价下浮富有弹性，而且，郑西高铁的需求弹性大于京广高铁和京津城际铁路。表明在淡季人们对高铁票价下浮敏感，其中对郑西高铁票价下浮最敏感。

表 12-4 典型高速铁路淡季需求的价格弹性

价格下浮幅度	京沪高铁	京广高铁	郑西高铁	京津城际
10%	−2.94	−1.55	−4.55	−1.10
20%	−2.75	−1.75	−3.59	−2.20
30%	−2.67	−2.25	−2.90	−2.45
40%	−2.45	−2.00	−2.22	−2.13

2. 不同职业群体的高铁需求弹性

受调查人群按职业划分为工人、商务人士、事业单位人员、公务员和其他，对需求弹性的测算结果如表 12-5 所示：①对于所有人群，高速铁路运输需求富有弹性，说明对高速铁路票价变化敏感。②所有人群的淡季需求弹性均高于旺季需求弹性，说明在淡季所有人群对运价变动更敏感。③不论是淡季还是旺季，公务员和商务人士的需求弹性最小，事业单位人员的需求弹性较小，工人的需求弹性最大，其他群体的需求弹性较大，说明工人群体和其他群体对高铁票价较为敏感。

表 12-5　不同职业群体的需求价格弹性

不同职业群体	旺季需求弹性	淡季需求弹性
工人和其他	−2.93	−3.45
事业单位人员	−2.61	−2.82
公务员	−2.34	−2.37
商务人士	−2.33	−2.57

3. 不同收入群体的高铁需求弹性

不同收入人群旺季和淡季需求弹性的测算结果见表 12-6。从中可以看出：在淡季和旺季，不同收入群体高铁需求弹性存在较大差异。在旺季，低收入和中低收入群体的需求弹性比中高收入和高收入群体的需求弹性大，表明在旺季低收入和中低收入人群对高铁降价更敏感；在淡季，中高收入群体的需求弹性最大，表明在淡季中高收入群体对高铁降价更敏感。

表 12-6　不同收入人群在旺季和淡季的需求弹性

不同收入群体	月收入水平（元）	运价下浮幅度							
		10%		20%		30%		40%	
		旺季	淡季	旺季	淡季	旺季	淡季	旺季	淡季
低收入者	1 000～3 000	1.7	2.7	1.1	1.9	0.3	0.7	0.5	0.5
中低收入者	3 000～5 000	1.5	2.8	1.0	1.9	0.3	0.8	0.4	0.4
中高收入者	5 000～7 000	2.2	3.7	0.9	2.5	0.2	0.9	0.2	0.5
高收入者	7 000 以上	1.4	1.5	0.7	1.9	0.2	0.7	0.2	0.4

12.5.3　典型高速铁路运输需求的收入弹性测算

典型高速铁路二等座和一等座的收入弹性如表 12-7 所示：第一，典型高速铁路运输需求的收入弹性均为正，说明随着收入的提高，高速铁路运输需求增加，但是，不同高速铁路运输需求的收入弹性存在差异。对于二等座而言，京津城际铁路的收入弹性最小，京沪高铁的收入弹性较小，而且都小于 1，而郑西高铁和京广高铁的收入弹性较大，表明经济欠发达地区高速铁路运输需求对收入提高的敏感程度比较发达地区大。对于一等座而言，京津城际铁路的收入弹性最小，而且都小于 1，京沪高速铁路的收入弹性较小，而郑西高速铁路的收入弹性较大且大于 1，表明郑西高铁郑州至西安段一等座是奢侈品。第二，总体上看，一等座的收入弹性比二等座大。

表 12-7　典型高速铁路二等座和一等座的收入弹性测算

月收入变化量(元)	京沪高铁		京广高铁		郑西高铁		京津城际	
	二等座	一等座	二等座	一等座	二等座	一等座	二等座	一等座
250	0.34	0.83	1.04	0	1.01	1.17	—	0
750	0.64	1.21	0.58	2.57	1.09	1.36	0.02	0.17
1 250	0.54	1.97	0.54	—	0.41	1.25	0.17	—
1 750	0.62	0.89	—	—	0.18	1.51	0.22	0.37
2 500	0.45	0.33	0.34	0.38	0.21	1.35	0.11	0.40
3 000	0.58	0.47	—	0.48	0.32	1.50	0.19	0.66

12.5.4　高铁需求的交叉价格弹性测算

同一运输通道中的公路、铁路和民航可看作替代品，民航与高铁的竞争主要表现为中长距离的竞争，所以本文选取京沪高铁的北京—上海段、京广高铁的北京—广州段作为对象，测算高铁对民航的交叉价格弹性。目前，在北京—上海和北京—广州区段，飞机经济舱的全价与高铁二等座票价的比价为 2.2，如果飞机票打折后与高铁二等座票价的比价分别为 1.2、1、0.8 和 0.5，那么测算高速铁路与民航的交叉价格弹性如表 12-8 所示。

表 12-8　高铁与民航的交叉价格弹性测算

飞机票价与高铁票价的比价	1.2	1	0.8	0.5
北京—上海	6.63	7.38	6.68	5.22
北京—广州	2.02	2.04	2.05	1.50

从表 12-8 可以看出：第一，高铁与民航的交叉价格弹性大于 1，说明民航对高铁存在较强的替代性。第二，北京—上海区段的交叉弹性比北京—广州区段的交叉弹性大得多，说明北京—上海区段民航对高铁的替代程度比北京—广州区段强得多，也就是说，北京—上海区段民航与高铁的竞争程度比北京—广州区段更激烈。

综上所述，通过设置不同情境的问卷调查获取有关数据，测算四条典型高速铁路需求的价格弹性和两个区段高铁需求对民航的交叉价格弹性，归纳为：①在旺季，人们对高铁票价上涨敏感；在淡季，人们对高铁票价下浮敏感，其中对郑西高铁票价下浮最敏感。②不同收入群体高铁需求弹性存在较大差异，在旺季，低收入和中低收入人群对高铁降价更敏感；在淡季，中高收入群体对高铁降价更敏感。③不同职业人群对高速铁路票价变化敏感，而且在淡季对运价变动更敏感；工人和其他群体对高铁票价比商务人士和事业单位人员对高铁票价变动敏感。④京沪通道的北京—上海区段和京广通道的北京—广州区段，高铁需求对民航票价打折敏感，而且北京—上海区段比北京—广州区段更敏感。

12.6　我国高速铁路企业应采用运价差异化策略

我国高速铁路企业具有市场势力，可以在上限运价范围内运用价格策略，以增加运输收益和提高经营效率。基于高速铁路的需求特征和需求弹性，借鉴典型国家高铁运价策略经验，运用多种差异化的运价策略，既有利于提高高速铁路运营效率，改善经营状况，又有利于增加中低收入者的福利，体现社会公平。

12.6.1　采用时间、空间和人群差异化运价策略

由于我国高速铁路需求及需求弹性呈现时间、空间、人群的差异性，高速铁路企业可实行差异化的运价策略。第一，由于高速铁路运输需求对淡季降价都富有弹性，所以应该实行非高峰定价策略，即淡季实行票价折扣策略。第二，每日需求高峰时间实行较高的运价或上限运价，低谷时间实行较低的运价。第三，由于不同线路的需求弹性差异明显，所以对不同线路采取不同的运价策略，对于沿线经济发达的线路，如京沪高铁、京津城际等，可实行小幅降价的策略；沿线经济欠发达地区的线路，如郑西高铁、兰新高铁等，实行大幅度降价策略。第四，由于不同收入人群的需求弹性差异较大，所以应针对不同收入人群实行差异化运价策略，对低收入和中低收入群体实行较低的票价，如对学生和老年人实行票价优惠；对中高收入和高收入群体实行较高的票价策略。在操作上，实行提前订票价格优惠措施，而且提前时间越长，票价折扣幅度越大；也可设计星级乘客服务机制，提高高收入人群的服务质量和增加服务体验。

12.6.2　针对高铁需求的不同数量采用差异化运价策略

随着我国高速铁路网络不断扩大，服务范围越来越广，人们乘坐高铁出行越

来越便捷，高铁的旅客发送量和运输周转量逐年增长。为了激励和吸引更多的旅客，高速铁路企业可针对高铁需求的不同数量采用差异化运价策略：第一，往返票优惠策略；第二，家庭出行优惠策略；第三，乘坐里程累积优惠策略；第四，次数卡优惠或月票、季票、年票等优惠；第五，对大客户（旅行社、大型企业）实行合约价；第六，团购票价优惠。

12.6.3 针对民航票价采用实行竞争运价策略

由于我国客运市场竞争格局已形成，综合运输通道内高速铁路、民航、高速公路具有一定的替代关系，高速铁路运输需求富有交叉价格弹性。民航票价灵活，优惠票价对高速铁路需求产生较大影响。针对通道内民航票价优惠，高速铁路应实行针对性的票价折扣策略。

13　结论及建议

13.1　结　　论

定价是一种资源配置的方法，不存在所谓“正确的”价格，只有可以实现预期目标的优化定价。本书以效率与公平为目标，基于我国高速铁路的特性，运用效率与公平、价格及运价等理论，构建我国高速铁路运价分析框架，通过比较境外高速铁路和国内其他运输方式，对我国高速铁路的运价管理体制、运价形成机制、运价水平及调整机制、运价策略进行了研究，形成以下主要结论。

13.1.1　我国高速铁路具有诸多特性，承载着重大的历史使命

我国高速铁路的主要特性：一是建设标准高，运输能力巨大；二是网络规模大，覆盖范围广；三是兼有基础性和战略性；四是自然垄断、外部竞争和内部垄断并存；五是具有经营性和公共性；六是建运一体，国有国营，委托运营；七是需求时空不均衡。

我国高速铁路作为国家战略性基础设施和大运量快速交通方式，在促进区域协调发展、新型工业化、城镇化和实现中华民族伟大复兴的进程中承载着重大的历史使命，对全面建成小康社会、全面建设社会主义现代化强国、实现中华民族伟大复兴，具有重大意义和深远影响。

13.1.2　我国高速铁路运价目标应该是提高效率与促进公平

我国高速铁路运价目标是提高效率与促进公平，即实现高速铁路资源配置效率，体现经济公平和社会公平。以效率与公平为目标改革高速铁路运价，是高速铁路诸多特性和历史使命的客观要求，是高速铁路可持续发展的内在需要，是高速铁路充分发挥经济效益和社会效益的根本保证，是科学发展观的具体体现，是党的十九大精神的贯彻落实。

13.1.3　建立“行业管理、适度放权、监管有效”的高速铁路运价管理体制

我国高速铁路诸多特性和运价目标决定的运价管理体制是适度放权和有效

监管。高铁运价管理职能应从综合管理部门向行业主管部门过渡；赋予高速铁路企业适度定价权，商务座、特等座和动车卧铺的定价权完全下放给高速铁路企业，一等座和二等座的定价权有限下放给高速铁路企业。铁路运价主管部门对运价进行有效监管。

13.1.4 分类实行市场调节价和地区差异化上限运价形式的政府指导价

根据高速铁路动车组的席别，分类实行运价形成机制。商务座、特等座和动车卧铺实行市场调节价，由高速铁路企业自主定价；一等座和二等座实行上限运价形式的政府指导价，上限运价根据东部、中部、西部和东北地区的人均可支配水平实行差异化，上限运价由政府制定，高速铁路企业在运价上限范围内自主定价。

13.1.5 高铁上限运价水平应不高于现行的运价水平

以效率与公平为目标，从我国国情出发，结合我国高速铁路的特性，以促进供求均衡为方向，以逼近线路运输能力的供求均衡定价法为主，以竞争定价法、居民经济承受能力定价法为辅，综合考虑供求关系、时间价值和舒适程度、人均可支配收入水平等因素，以京沪高铁为标杆，分类测算不同地区的上限运价水平范围(见表 13-1)：①东部地区高速铁路，运行时速 300～350 km 的动车组二等座上限运价可选择范围为 0.34～0.45 元/人公里，运行时速 200～250 km 的动车组二等座上限运价可选择范围为 0.23～0.30 元/人公里；②中部地区高速铁路，运行时速 300～350 km 的动车组二等座上限运价可选择范围为 0.22～0.30 元/人公里，运行时速 200～250 km 的动车组二等座上限运价可选择范围为 0.15～0.20 元/人公里；③西部地区高速铁路，运行时速 300～350 km 的动车组二等座上限运价可选择范围为 0.20～0.27 元/人公里，运行时速 200～250 km 的动车组二等座上限运价可选择范围为 0.13～0.18 元/人公里；④东北地区高速铁路运行时速 300～350 km 的动车组二等座上限运价可选择范围为 0.26～0.35 元/人公里，运行时速 200～250 km 的动车组二等座上限运价可选择范围为 0.17～0.23 元/人公里。一等座与二等座的上限运价比为 1.5∶1。

表 13-1 不同地区的上限运价水平范围

地区 \ 时速 / 席别	300～350 km		200～250 km	
	二等座	一等座	二等座	一等座
东部地区	0.34～0.45	0.47～0.68	0.23～0.30	0.34～0.45
中部地区	0.22～0.30	0.33～0.45	0.15～0.20	0.22～0.30

续上表

地区 \ 席别 \ 时速	300～350 km		200～250 km	
	二等座	一等座	二等座	一等座
西部地区	0.20～0.27	0.30～0.40	0.13～0.18	0.20～0.27
东北地区	0.26～0.35	0.39～0.53	0.17～0.23	0.26～0.35

13.1.6 高铁上限运价应根据实际购买力水平和电价的变化定期进行调整

高速铁路上限运价水平应根据居民的购买力水平和电价的变化进行周期性调整，购买力水平变化程度等于人均可支配收入增长率与通货膨胀率之差。调整周期以 5 年为宜。

13.1.7 高速铁路企业应在运价权限内采取多样化和差异化的运价策略

高速铁路应实行多样化和差异化的运价策略。根据高铁需求的时间、空间、人群和数量不同，采用差异化运价策略；针对民航票价策略采用竞争性的运价策略。

13.2 建　　议

基于上述研究结论，结合我国铁路管理体制的实际情况，对完善我国高速铁路运价的管理体制、形成机制、运价水平和调整机制提出如下建议。

13.2.1 完善高铁运价管理体制，加强对管制运价的有效监管

(1)强化高速铁路运价管理职责。长期以来，国家发改委作为价格主管部门行使铁路运价管理的职责，但由于铁路管理体制改革滞后和铁路运输的复杂性等原因，对铁路运价管理力不从心；在交通运输综合管理部门(交通运输部)组建后，借鉴国际经验，运输价格管理职责应该逐步向交通运输行业主管部门转移，这样有利于实行专业化管理，也有利于建立综合交通运输运价体系，既促进综合交通运输资源优化配置又体现不同运输方式之间的规则公平。

(2)适度下放高铁定价权，赋予高速铁路企业一定范围的定价权。商务座、特等座和动车卧铺的定价权完全下放给高速铁路企业，一等座和二等座的定价权有限下放给高速铁路企业。高速铁路企业在国家赋予的定价权限范围内，自主定价。

(3)加强对高铁运价进行有效监管。建立运输价格审议制度，成立运输价格

审议机构。由高铁运价主管部门设立运输价格审议机构，成员由专职委员和兼职学术委员组成，主要职责是从专业角度对高铁运价事项提供咨询和提出审议意见。

13.2.2 完善高铁运价形成机制，分类实行市场调节价和上限运价的政府指导价

高速铁路运价形成机制既要提高效率又要促进公平；既要发挥市场配置资源的作用，也要发挥政府的作用。根据高速铁路动车组不同席别数量、商业性和公共性的差异，分类实行运价形成机制。商务座、特等座和动车卧铺实行市场调节价，一等座和二等座实行上限运价的政府指导价，上限运价由运输价格主管部门制定，并依据《价格法》规定举行听证会。

13.2.3 高铁上限运价水平实行地区差异、速度差异和席别差异

由于高铁所在地区发展水平存在不平衡性，上限运价应根据东部、中部、西部和东北地区的人均可支配水平实行差异化。以京沪高铁时速 300～350 km 动车组二等座上限运价为基准，根据地区人均可支配收入与东部地区的差异程度，实行东部、中部、西部和东北地区高速铁路时速 300～350 km 动车组二等座差异化上限运价；根据运行速度不同所导致的时间距离差异，对高速铁路时速 200～250 km 动车组二等座与时速 300～350 km 动车组二等座执行 1∶1.5 的比价。对高铁动车组的一等座与二等座执行 1.5∶1 的比价。在操作层面上，对于跨越不同地区线路、不同时速的高铁运输产品，例如北京—乌鲁木齐的高铁运输，途经京广高铁东部地区段(时速 300 km)、京广高铁中部地区段(时速 300 km)、徐兰高铁中部地区段(时速 300 km)、徐兰高铁西部地区段(时速 250 km)和兰新高铁(时速 200 km)，二等座的上限票价由对应区段里程、运行时速、地区上限运价计算而成。

13.2.4 建立高速铁路运价联动机制，定期调整高铁上限运价水平

随着我国经济社会快速发展，影响高速铁路运价的诸多因素动态变化，有必要对高速铁路运价上限根据居民人均可支配收入、*CPI* 和电价的变化进行定期调整；基于有关理论，借鉴典型国家的经验，结合我国的实际情况，建议每五年调整一次，并依据《价格法》规定举行听证会。

13.2.5 对高速铁路运营亏损进行分类和动态的政策支持

为提高高速铁路的效率和促进公平，在成本监审的前提下，按照高铁所在地

区及经营情况进行分类和动态的财政、税收等政策支持。尤其是对西部运营严重亏损的高速铁路企业，实行“建运分离”模式的财政补贴，即对基础设施折旧和财务费用进行补贴。从长期看，对于不发达地区和人口稀少地区的高速铁路，应实行“建运分离”模式，即由国家投资建设、由高速铁路企业运营。

13.2.6 加大高速铁路企业化改造力度，使其成为真正的市场主体

目前，我国高速铁路企业尽管是独立的法人，但不是真正的市场主体。由于处于弱势地位，高速铁路企业的经营行为受到铁路局集团公司和中国铁路总公司的双重制约，自主经营权利得不到保障，缺乏自主定价权。为了实现高速铁路的运价目标，必须加快推进铁路企业化改造，使铁路局集团公司和高速铁路公司真正成为权利清晰、独立经营、自负盈亏的市场主体。2013 年铁路部门政企分开后，新组建的中国铁路总公司承担了铁路部门 2.66 万亿元债务，2016 年末债务规模达到 4.72 万亿元，其中的绝大部分债务，由于高速铁路建设发生，由众多高速铁路公司背负。巨大的债务负担严重影响了高速铁路企业尤其是西部高速铁路企业的经营，也直接影响高速铁路的可持续发展。以京沪高铁为范例，实行企业化改造。以高铁整条线为单元、以资产为基础、以股权为纽带，探索股权多元化，组建高速铁路股份制企业，促进提高经营效率。

13.2.7 优化高速铁路产业组织，形成客运竞争格局

从短期看，完善高速铁路委托运营机制，实行委托运营费与运量直接挂钩机制，促进相关铁路运输企业提高市场意识，主动运用运价手段适应市场变化。从长期看，推进高速铁路资产重组和优化高速铁路产业组织，有序探索实行“建运分离”和“网运分离”模式。对于经济欠发达地区高速铁路，探索实行“建运分离”模式，即高铁基础设施由国家投资建设、由高速铁路企业运营。对于经济发达地区高速铁路，探索实行“建运合一、网运分离”模式，即以一整条高铁线路为单元，组建一家高速铁路公司，负责高铁的投资建设和运营维护，由多家铁路运输企业提供高铁运输服务，形成高铁客运竞争格局。高速铁路公司与铁路运输企业是市场交易关系而不是委托代理关系，铁路运输企业通过市场获得票款收入，并向高速铁路公司支付线路使用费。

参 考 文 献

[1] SIMON H A. Theories of decision-making in economics and behavioral science[J]. American Economic Review,1959(49):253-283.

[2] BAUMOL W J. On the theory of the expansion of the firm[J]. American Economic Review,1962(52):1078-1087.

[3] 庇古.福利经济学[M].金镝,译.北京:华夏出版社,2013:105-119.

[4] WISEMAN J . The theory of public utility price:an empty box[J]. Oxford Economic Papers Oxford University Press(New Series),1957(9):56-74.

[5] LIPSEY R G,LANCASTER K. The general theory of second best[J]. Review of Economic Studies,1956/7(24):11-32.

[6] 桑普森.运输经济:实践、理论与政策[M].赵传云,荣朝和,译.北京:经济管理出版社,1989:31-38.

[7] NILSON J E. Second-best problems in railway infrastructure pricing and investment[J]. Journal of Transport Economics and Policy,1992(26):245-259.

[8] 巴顿.运输经济学[M].冯宗宪,译.北京:商务印书馆,2002:183-184.

[9] BOYER K D. Principles of transportation economics[M],New York: Addison Welsey Longman,Inc. ,1997.

[10] 巴蒂.运输管理[M].刘南,周蕾,李燕,等译.北京:机械工业出版社,2009:43-49.

[11] 李保知.缓解铁路运输紧张的根本措施是合理调整铁路运价[J].开发研究,1989(5):22-24.

[12] 丁铭.建立新的铁路运价机制[J].价格理论与实践,1993(1):31-34.

[13] 张秋生.深化铁路运输投资与价格改革的设想[J].北方交通大学学报,1994(3):404-410.

[14] 张笑雪.铁路运价改革采取激励性政府管制方式的思路[J].铁道运输与经济,1998(6):4-6.

[15] 国建华,文力.关于放松铁路运价管制问题的研究[J].铁道学报,2000(3):107-111.
[16] 张丽.我国铁路运价的体制改革[J].综合运输,2002(5):19-20.
[17] 欧国立.中国铁路运价体制和运价政策的变迁[J].综合运输,2006(4):22-25.
[18] 李文兴.我国铁路运价模式改革的初步设想[J].中国国情国力,2007(11):7-9.
[19] 黄磊碧.我国运价规制与竞争的制度变迁:以铁路运价为例[J].广西大学学报:哲学社会科学版,2008(6):76-82.
[20] 林媛春.浅议铁路运价体制改革[J].中国集体经济,2011(9S):51-52.
[21] 赵新刚,李学伟,冯善唐.试论铁路运价机制改革[J].中国铁路,1999(12):37-39.
[22] 李文兴,刘世峰,马忠,等.中国铁路运价形成机制改革的“三步曲”[J].价格理论与实践,2000(7):36-37.
[23] 李文兴.铁路运价形成机制改革的设想[J].北方交通大学学报,2001(5):1-5.
[24] 李书田.铁路客运票价选择政府指导价[J].粤港澳价格,2002(9):16-18.
[25] 张晓玲.我国铁路运价形成机制存在的缺陷及解决思路[J].中原市场大观,2002(4):30.
[26] 周望军.铁路运价改革的目标与对策[J].中国铁路,1996(9):13-14.
[27] 蔡美芬,徐曙.铁路定价原理的理论分析[J].价格月刊,1998(6):4.
[28] 梁小民.铁路涨价与人文关怀[J].东西南北,2000(6):23-24.
[29] 李文兴.铁路运价指数编制方法的探讨[J].统计研究,2003(7):54-57.
[30] 赵新刚,郭树东.中国铁路运价水平动态调节模型研究[J].北京交通大学学报:社科版,2006(1):18-22.
[31] 程谦,牛惠民.需求弹性理论在铁路运价调整中的应用[J].兰州交通大学学报:自然科学版,2007(6):68-71.
[32] 桑炜.我国铁路运价管制的租值消散分析[J].铁道运输与经济,2012(10):5-8.
[33] 张光远,张东生,王伟.运价管理:政策、现状、借鉴与分析[M].北京:中国市场出版社,2005:96-165.

[34] 赵小平. 价格管理实务[M]. 北京：中国市场出版社，2005：410-431.
[35] 赵小平. 重大价格问题研究[M]. 北京：中国市场出版社，2006：519-553.
[36] 刘泊. 中国铁路客运的收益管理研究[D]. 北京：北京交通大学，2006.
[37] 张秀敏. 我国铁路客票价格决定与收益管理研究[M]. 上海：上海交通大学出版社，2010：101-125.
[38] 王绣春. 我国高速铁路价格体系和运价管理体系研究[J]. 中国铁路，2011(2)：29-33.
[39] 王会宗. 论铁路运输业行政垄断问题研究的必要性：基于对国外已有相关文献的梳理[J]. 西安财经学院学报，2009(6)：84-87.
[40] KIMES S E. Yield management：a tool for capacity-constrained service firms[J]. Journal of Operations Management，1989(8)：348-363.
[41] STRASSER S. The effect of yield management on railroads[J]. Transp. Q，1996(50)：47-55.
[42] CIANCIMINO A，INZERILLO G，LACIDI S. A mathematical programming approach for the solution of the railway yield management problem[J]. Transp. Sci.，1999(23)：168-181.
[43] 王彤. 关于京沪高速铁路客运科学定价的思考[J]. 价格理论与实践，2006(5)：33-34.
[44] 于立强. 铁路运价改革之浅见[J]. 管理观察，2011(22)：104.
[44] 张计划. 高铁的定价创新研究[J]. 中国经济与价格，2011(4)：19-21.
[45] 李群仁. 高速铁路的运价弹性[J]. 铁道运输与经济，1999(1)：29-31.
[47] 苗晓艳，胡昊，高林杰. 城际高速铁路客流的系统动力学研究[J]. 铁道运输与经济，2012(2)：40-45.
[48] 韩建宇. 高速铁路运输需求的价格依存[J]. 现代商业，2012(15)：54-54.
[49] 杨宇正，周文梁. 基于需求弹性的高速铁路列车开行方案优化[J]. 铁道科学与工程学报，2012(3)：34-38.
[50] 姚晓春，刘云. 经济学视角下的武广高速铁路经济效益分析[J]. 交通企业管理，2012(5)：1-3.
[51] 罗雁君，黄柱中. 客运专线初期票价制定的思考[J]. 世界轨道交通，2007(9)：50.
[52] 王修华. 客运专线旅客票价制定机理研究[J]. 铁道勘察，2008(2)：91-93.

[53] 郭书英. 高速铁路成本优化探索[J]. 现代企业文化,2009(21):74-75.
[54] 强丽霞,刘军. 关于高速铁路客运票价体系的探讨[J]. 综合运输,2009(3):75-77.
[55] 彭进. 关于南广客运专线合理票价的探索[J]. 中国物价,2011(6):28-30.
[56] 栾维新,张旭,赵冰茹,等. 诱发客流影响下高速铁路及航空运输客票动态定价研究[J]. 铁道运输与经济,2012(7):8-13.
[57] 蒋金亮. 基于非合作博弈的高速铁路票价优化研究[D]. 北京:北京交通大学,2012.
[58] 冯华,薛鹏. 中国高速铁路的综合效益与支持政策探析[J]. 广东社会科学,2011(3):12-19.
[59] 韦凌翔,陈红,蒋金亮,等. 基于广义费用函数的高铁票价双层规划模型研究[J]. 铁道科学与工程学报,2015,12(2):250-256.
[60] 侯敬,姜鸿. 国外高速铁路的旅客运价水平[J]. 中国铁路,1995(5):35-38.
[61] 帅斌,孙朝苑. 高速铁路运价制定的系统动力学模型及仿真[J]. 西南交通大学学报,2006(2):206-209.
[62] 刘晓佳,李友好. 未来京沪高速铁路运营票价制定的探析:基于有效性原理的应用[J]. 价格理论与实践,2009(8):22-23.
[63] 周焱,李鹏飞,朱绪斐,等. 竞争条件下高速铁路定价方法研究[J]. 交通运输工程与信息学报,2016,14(1):101-106.
[64] 郝丹. 我国中西部地区高速铁路票价合理性研究:以郑西高速铁路为例[J]. 价格理论与实践,2017(5):41-44.
[65] 王苏成,杨涛. 铁路客运专线公司开展收益管理的探讨[J]. 中国铁路,2007(5):63-65.
[66] 蓝伯雄,张力. 高速铁路客运专线的收益管理模型[J]. 中国管理科学,2009(4):52-59.
[67] 魏楠. 城际高速铁路市场营销分析[J]. 交通企业管理,2010(9):26-27.
[68] 王涛. 建立我国高速铁路客票动态定价营销体系[J]. 中小企业管理与科技,2011(19):68.
[69] 张力,蓝伯雄. 基于旅客选择的高速铁路客运收益管理研究[J]. 运筹与管理,2012(2):116-125.
[70] 吴明方,李健. 中国高速铁路经营管理的思考[J]. 铁道运输与经济,2012

(3):46-50.
[71] 谢俊楠. 基于价格歧视理论的我国高速铁路动态定价策略分析[J]. 对外经贸,2015(1):135-137.
[72] 李明琨,鹿艳,张佳玮. 基于市场细分的我国高速铁路客运定价方法与策略[J]. 价格月刊,2015(7):12-15.
[73] 黄志伟. 基于不同目标客户群的高速铁路差别定价研究[J]. 青海交通科技,2016(5):43-47.
[74] 周茵,宋小满,王怀相. 基于收益管理的高速铁路定价机制及应用策略研究[J]. 铁道运输与经济,2016(5):10-14.
[75] 奥肯. 平等与效率:重大的抉择[M]. 陈涛,译. 北京:中国社会科学出版社,2013:2.
[76] 萨缪尔森. 谈效率、公平与混合经济[M]. 萧琛,译. 北京:商务印书馆,2012:31.
[77] 平狄克,鲁宾费尔德. 微观经济学[M]. 6 版. 王世磊,等译. 北京:中国人民大学出版社,2009:590.
[78] 曼昆. 经济学原理[M]. 梁小民,译. 北京:三联书店,1999:153.
[79] 平狄克,鲁宾费尔德. 微观经济学[M]. 6 版. 王世磊,等译. 北京:中国人民大学出版社,2009:585.
[80] 斯密. 国富论[M]. 唐日松,等译. 北京:华夏出版社,2005:9-17.
[81] 余斌,张国玉. 被交锋:公平与效率的苦斗[M]. 北京:东方出版社,2011:13.
[82] 罗宾斯. 过去和现在的政治经济学:对经济政策中主要理论的考察[M]. 陈尚霖,王春育,译. 北京:商务印书馆,1997:111.
[83] 哈耶克. 法律、立法和自由:一卷[M]. 邓正来,张守东,李静冰,译. 北京:中国大百科全书出版社,2000:142.
[84] 米尔顿·弗里德曼,罗斯·弗里德曼. 自由选择[M]. 胡骑,席学媛,安强,译. 北京:商务印书馆,1982:151-152.
[85] 余斌,张国玉. 被交锋:公平与效率的苦斗[M]. 北京:东方出版社,2011:16.
[86] 萨缪尔森,诺德豪斯. 微观经济学[M]. 17 版. 萧琛,等译. 北京:人民邮电出版社,2004:321.

[87] 奥肯.平等与效率[M].王奔洲,译.北京:华夏出版社,1987:80.
[88] 帕金.微观经济学[M].8版.张军,等译.北京:人民邮电出版社,2009:107-109.
[89] 斯蒂格利茨.经济学[M].2版.梁小民,黄险峰,译.北京:中国人民大学出版社,2000:359-376.
[90] 马克思.资本论.3卷.[M].北京:人民出版社,1975:397.
[91] 杨继瑞.价格理论与实践[M].成都:四川大学出版社,2006:8-9.
[92] 萨缪尔森,诺德豪斯.谈效率、公平与混合经济[M].萧琛,译.北京:商务印书馆,2011:69.
[93] 斯密.国民财富的性质和原因研究[M].郭大力,王亚南,译.北京:商务印书馆,1972:511.
[94] 萨缪尔森,诺德豪斯.宏观经济学[M].6版.萧琛,译.北京:人民邮电出版社,2014:20.
[95] 萨缪尔森,诺德豪斯.宏观经济学[M].6版.萧琛,译.北京:人民邮电出版社,2014:21.
[96] 帕金.微观经济学[M].8版.北京:人民邮电出版社,2009:309.
[97] 吴金明,荣朝和.对运输业属性认识的理论综述[J].铁道学报,2004(5):104-114
[98] 荣朝和.西方运输经济学[M].2版.北京:经济科学出版社,2008:172-173.
[99] 荣朝和.西方运输经济学[M].2版.北京:经济科学出版社,2008:183-184.
[100] BECKER G S. A theory of the allocation of time[J]. The Economic Journal,1965(75):493-517.
[101] 侯敬,姜鸿.国外高速铁路的旅客运价水平[J].中国铁路,1995(5):35-38.
[102] 马淑芳,吴昊,邱梦真.国外高速铁路运价策略及启示[J].中国铁路,2014(7):12-15,19.
[103] 胡锦涛.坚定不移沿着中国特色社会主义道路前进为全面建成小康社会而奋斗:在中国共产党第十八次全国代表大会上的报告[EB/OL].[2012-11-19]. http://www.xj.xinhuanet.com/2012-11/19/c_113722546.htm.
[104] 习近平.决胜全面建成小康社会夺取新时代中国特色社会主义伟大胜利:在中国共产党第十九次代表大会上的讲话[M].北京:人民出版社,2017:28-29.

[105] 中共中央国务院. 国家新型城镇化规划(2014-2020)[EB/OL]. [2014-3-17]. http://www.gov.cn/xinwen/2014-03/17/content_2639873.htm.

[106] 国务院. 国务院关于加快培育和发展战略性新兴产业的决定[EB/OL]. [2010-10-18]. http://www.gov.cn/zwgk/2010-10/18/content_1724848.htm.

[107] 世界银行. 可持续发展的交通运输:政策改革之优先课题[M]. 建设部城市交通工程技术中心,译. 北京:中国建筑工业出版社,2002:18.

[108] 邹玉辉. 高速铁路与其他运输方式的合理分工及相互关系[J]. 铁道勘测与设计,1993(2):17-22.

[109] 彭峥,胡华清. 高速铁路对航空运输市场的影响分析[J]. 综合运输,2009(7):70-74.

[110] 张旭,栾维新,蔡全德. 高速铁路与航空运输竞争研究[J]. 大连理工大学学报:社会科学版,2011(3):42-46.

[111] 王博文,张健,王远. 公路客运与高速铁路客运竞争中经济运距的探讨[J]. 交通科技与经济,2011(1):82-85,89.

[112] JANIE M. High-speed rail and air passenger transport: a comparision of the operational environmental performance[J]. Journal of Rail and Rapid Transit,2004(27):259-269.

[113] 荣朝和. 试论铁路建立现代企业制度的基础[J]. 铁道经济研究,1999(2):18-21.

[114] 张昕竹. 中国铁路规制与竞争:理论与政策[M]. 北京:国家行政学院出版社,2004:57.

[115] 王燕. 网络型产业价格规制模式改革研究:以我国铁路业为例[D]. 北京:北京交通大学,2007.

[116] 李学伟,冯善唐. 运价调整的影响及建立新型运价体制可行性论证[C]. 第五届中国投入产出学会年会,2001:263-273.

[117] 董耀华. 我国铁路价格规制模式改革问题研究[D]. 天津:南开大学,2007.

[118] 于欣宇,王伟. 发达国家高铁票价调整的经验及其对我国的启示[J]. 中共青岛市委党校青岛行政学院学报,2017(2):57-61.

[119] 拉丰,梯若尔. 政府采购与规制中的激励理论[M]. 石磊,王永钦,译. 上海:三联书店,上海人民出版社,2003:14.

[120] 张昕竹. 中国铁路规制与竞争:理论与政策[M]. 北京:国家行政学院出版

社,2004:57.

[121] 张秀敏.我国铁路客票价格决定与收益管理研究[M].上海:上海交通大学出版社,2010:28-29.

[122] 胡质健.收益管理[M].北京:旅游教育出版社,2009:6-9.

[123] 巴顿.运输经济学[M].冯宗宪,译.北京:商务印书馆,2002:200.

[124] 巴顿.运输经济学[M].冯宗宪,译.北京:商务印书馆,2002:204.

[125] 巴顿.运输经济学[M].冯宗宪,译.北京:商务印书馆,2002:198.